湛庐CHEERS

与最聪明的人共同进化

HERE COMES EVERYBODY

变革的引擎

ENGINES OF CHANGE

A HISTORY OF THE AMERICAN DREAM IN FIFTEEN CARS

[加] 保罗·英格拉西亚 著
PAUL INGRASSIA
苏健 译

天津出版传媒集团
天津科学技术出版社

上架指导：商业传记

天津市版权登记号：图字 02-2021-030 号

图书在版编目（CIP）数据

变革的引擎 / (加) 保罗 · 英格拉西亚著；苏健译. -- 天津：天津科学技术出版社，2022.11

书名原文：ENGINES OF CHANGE

ISBN 978-7-5742-0595-6

Ⅰ. ①变… Ⅱ. ①保… ②苏… Ⅲ. ①汽车工业—工业史—世界 Ⅳ. ① F416.471

中国版本图书馆 CIP 数据核字（2022）第 196976 号

变革的引擎
BIANGE DE YINQING
责任编辑：王 冬
责任印制：兰 毅

出 版：天津出版传媒集团 / 天津科学技术出版社

地 址：天津市西康路 35 号
邮 编：300051
电 话：（022）23332377（编辑部）
网 址：www.tjkjcbs.com.cn
发 行：新华书店经销
印 刷：石家庄继文印务有限公司

开本 710 × 965 1/16 印张 20.5 插页 16 字数 309 000
2022年11月第1版第1次印刷
定价：119.90元

重塑人们的思维与生活

20 世纪 90 年代，克莱斯勒的高管中流传着这样一则笑话：只要看一个人戴的手表就能知道他开的是吉普车还是小货车（minivan）[①]。天美时手表最受务实的人青睐，因为这些人不介意外表，自然也不会在乎自己开的车是一款广受妈妈们青睐的小货车。

相反，那些对小货车不屑一顾，想要彰显自己热衷狂放户外生活的人通常会被劳力士迷住。他们所谓的狂放也许可能只是去趟超市也要坐在奥维斯版的吉普大切诺基（Grand Cherokee Orvis Edition）里享受特有的颠簸，杯托里放上一大杯的脱脂拿铁罢了。

数十年来，许多人意识到了个人形象与汽车之间有着一定的联系并就此做

① minivan 是美国的一种称呼，其车型集旅行车宽大乘员空间、轿车的舒适性和厢式货车的功能于一身，一般为两厢式结构，可以乘坐 7 ~ 8 人。这种车类似于欧洲的 MPV，我国也习惯称其为商务车、保姆车或妈咪车，直译为“小货车”或“面包车”。——编者注

了一些研究。就拿沙滩男孩组合（Beach Boys）来说吧。他们 1964 年推出的歌曲《好玩，好玩，好玩》（*Fun, Fun, Fun*）与其说是关于福特雷鸟（Thunderbird），还不如说是关于驾驶雷鸟的那些拥有自由灵魂的少女。

还有一些歌曲传唱的却是那些与自己座驾的刻板风格截然相反的车主形象。简 & 迪安组合（Jan & Dean）于 1964 年推出的歌曲《帕萨迪纳的小老太太》（*The Little Old Lady from Pasadena*）唱的就是一个驾驶“红得闪闪发亮的道奇肌肉车”的老奶奶在高速公路上飞驰的故事。在为本书取材时，我听说了关于另一位老奶奶的真实故事，她就像歌曲的主人公一样让其他的驾驶员跌破眼镜，唯一不同的是她的爱车是一辆福特野马（Mustang）。要不是她住在威斯康星州的一个名叫奥科诺莫沃克的偏僻小镇上，可能也会有人为她写一首歌。到时候“来自奥科诺莫沃克的小老太太”也许就成了一代美国人共同的谈资。

不过，在美国历史上也有屈指可数的一些车型不仅仅代表车主个人的形象，而且升华到了更高的层次。就像电影《大寒》（*The Big Chill*）和小说《麦田里的守望者》（*The Catcher in the Rye*）中所描绘的那样，这些车型很长时间以来都是美国文化的“名片”，是时代的塑造者，他们以独特的方式反映了时代精神。这些汽车以及它们引领的文化潮流，正是本书的主题。

现代美国文化基本上就是一场浩大的拔河比赛。它是务实与虚荣之间的阴阳对立，是朴素与华丽、城市与乡村、宏大豪华与小巧精致，以及周六狂欢与周日困倦的抗衡。本书首先介绍了福特汽车公司的 T 型车（Model T）和通用汽车公司的拉塞勒（LaSalle），这两款车型就是这两种价值观之间基本冲突的充分佐证。

廉价的 T 型车是实用性的巅峰之作，是第一款适合普通民众的汽车。虽然它的模样算不上时髦，但是从 1908 年到 1927 年，在令人叹服的长达 20 年的生命周期内，T 型车为农民带来了前所未有的出行便利和一览城市风光的机会。

相反，拉塞勒是第一款面向普通大众市场的豪车，作为雅皮士①的早期座驾，它不仅满足了人们的驾乘需要，也迎合了人们想炫耀的欲望。它问世于1927年，正好是T型车谢幕的那一年。这两款车型刚好形成了一次完美的承接。它们也是本书所收录的仅有的两款在第二次世界大战之前出现的汽车，这与美国文化在20世纪三四十年代的发展中所遇到的阻碍有一定关系。

在那个年代主要是大萧条和战争。二战期间，民用汽车的生产一度中断，底特律的工厂也都转而生产飞机和坦克。美国文化的变化，至少在表面上发生了停滞，美国人生活的注意力都集中在为了生存寻找食物和工作上。

直到1953年，这段持续20多年的经济萧条和战争终于画上了一个句号。当时的美国人已经迫不及待地想要释放自我，这就给美国第一款现代跑车，即雪佛兰科尔维特（Corvette）的诞生创造了完美的时机。人们可能想象不到，科尔维特发展史上的最关键工程师，在他离开俄罗斯踏上北美土地加入通用汽车公司之前还只是个普通的小男孩。

最能为二战后美国标新立异风尚代言的就是“尾鳍”这一汽车设计元素了。在克莱斯勒销售的车型里，“尾鳍”的设计其实原本只是为了提高安全性，结果该公司的首席设计师却因此受到哈佛商学院的赞赏。就在克莱斯勒快要成为底特律“尾鳍大战”的霸主之时，通用汽车公司却在1959年凭借拥有史上最大尾鳍的凯迪拉克杀了个回马枪。最大尾鳍设计者查克·乔丹（Chuck Jordan）在2010年年底去世，享年83岁。我有幸在他生前进行过一次采访。尽管已经过去将近50年，但乔丹回忆起这段尾鳍传奇依旧神采飞扬。

---

① 雅皮士（Yuppies）是美国人根据嬉皮士（Hippies）仿造的一个新词，意思是“年轻的都市专业工作者”，雅皮士一般是指都市里那些思想前卫、懂得享受、从事那些需要受过高等教育才能胜任的职业人士，他们虽然比较容易接受新事物，但缺乏离经叛道的精神，小主意不少，大主见不多，更没有励志创新和冒险的意识。——编者注

尽管科尔维特和尾鳍都将装饰性展现得淋漓尽致，但来自战争敌对方的德国的一款进口车型却将钟摆拉回到了实用性上。作为对抗凯迪拉克的终极武器，小巧的大众甲壳虫（Volkswagen Beetle）在 20 世纪 30 年代以“平民汽车”身份崭露头角。数十年后，它竟成了美国嬉皮士约定俗成的标志性座驾，形成了一种史诗级的汽车和文化的潮流。

大众汽车公司在甲壳虫的市场营销中巧妙地运用了自嘲式的广告手法。有一则广告讲述了一对住在欧扎克斯小木屋里的农场夫妇买了一辆甲壳虫，替代了离他们而去的任劳任怨的骡子的故事。

为了应对甲壳虫，通用汽车公司在 1959 年末推出了实用型的雪佛兰考威尔（Corvair），但这款车的问题层出不穷，后来也只能惨淡收场。这件事还给一位名叫拉尔夫·纳德（Ralph Nader）的名不见经传的年轻律师带来了灵感，纳德创作出了一本名为《任何速度都不安全》（*Unsafe at Any Speed*）的书。考威尔留下的后遗症主要是使美国的法律诉讼行业快速增长。这款车型让数百万美国人不得不在电视上观看律师事务所投放的有关人身伤害问题的商业广告，除非他们能很快转换频道或关了电视。

尽管本书所涉及的每一款车型要么体现了实用性，要么体现了装饰性，但也有几款车型跨越了这两者之间的巨大鸿沟。皮卡就是这样，这种卡车原本只是经常看起来脏兮兮的档次较低的生产工具而已，但后来底特律却发现他们可以在极尽奢侈的名牌卡车身上赚取数十亿美元。有些卡车座椅上用皮革包裹的部分比奶牛都要多。

对许多人来说，尤其是那些还不到 35 岁的年轻人，汽车的重要性远不如个人电脑和智能手机。现代人对电子设备十分狂热，而我们却在写一本讲述福特野马汽车的社会意义的书，这听起来似乎有点可笑，就像过去还是高科技代名词的“笔记本电脑”，现在却成了那个时代的遗物。

但是，汽车现在依然能给人们带来不可或缺的自由自在的出行。无论是兴奋地获得人生第一辆车，进行温馨的家庭自驾游，还是第一次胆战心惊的冒险之旅，都给人们留下了美好的回忆。几乎没有谁会把买第一台电脑的收据像宝贝一样收藏，也没有谁会给电子设备起个昵称。但这样的事情却时常会发生在许多美国人的第一辆汽车上。

本书体现了我对汽车和汽车文化的迷恋，这种迷恋在数十年来与日俱增。在20世纪50年代，我还是个住在密西西比州劳雷尔市的小男孩，我们家在那里被叫作“眼大利人”（EYE-talians）①，那时我就受到了汽车行业早期两大探索者赫德森（Hudsons）和德索托（DeSotos）故事的熏染。直到多年后我才意识到，并不是所有的汽车都是旅行车。

1960年，10岁的我跟着家人搬到了芝加哥的郊区，和数百万其他美国人一样，我家拥有两辆汽车。从此以后，坐着旅行车回东海岸看望祖母和外祖母成了一个家庭传统：每年在宾夕法尼亚州的收费高速公路上奔波。说起来我还挺怀念这段时光。

我在高中的时候并不是个飙车的追风少年，而是个乖学生，但是汽车却在我青少年时期的心中留下了深刻的印记。1964年，野马与庞蒂亚克（Pontiac）GTO初次问世，当时我就读于伊利诺伊州惠顿市圣弗朗西斯高中，麦高恩老师是我高一数学老师。我讨厌数学，但喜欢麦高恩老师，是他让我们这群男生在枯燥的小数和高深莫测的分数中解脱出来，偶尔还能聊一聊汽车。当时我们讨论了庞蒂亚克和雪佛兰的车型孰优孰劣（我没记错的话是庞蒂亚克胜出），讨论谁家的老爸刚买了一辆野马V8（可惜不是我老爸）。不过，我还是坐在老爸那辆平淡无奇的六缸雪佛兰贝尔艾尔（Bel Air）里学会了开车，那车配备的三级变速杆是在转向柱上，也就是众所周知的一杆三挡（three on the tree）。

---

① 此处为Italians（意大利人）的谐音。——编者注

在上了伊利诺伊州立大学之后我才买了第一辆车，是一款 1969 年的雪佛兰诺瓦（Nova），它的六缸发动机性能不佳，即使在香槟分校的双车道上驾驶也像冒险似的。那辆诺瓦花了我大概 2 200 美元，放在今天这些钱只能买一个全新的挡泥板。我的朋友戴尔·萨哈利本（Dale Sachtleben）拥有一辆 1969 年版的庞蒂亚克 GTO，那可是大学里最热门的车型。有一次我们开车去东海岸玩，回来后萨哈利本就收到了一张特拉华州的超速罚单，说他的车速达到了每小时 145 公里，但其实这已经是全程中最慢的一段了。

30 多年后，当庞蒂亚克推出一款沉寂多时的 GTO 升级版时，我又跟萨哈利本再次重逢，坐上这辆新车来了一场满载回忆的试驾。此时的他头发已经花白，而我刚从癌症中康复过来。我们开着新版 GTO 来到了伊利诺伊州的格林维尤，这个毗邻斯普林菲尔德之北的小镇是他的故乡，四周种植着玉米和大豆。我们在曾经举行过赛车比赛的农场小路上跑来跑去，恍惚回到了童年。只有汽车才能带来这样的魔力。

1973 年，我大学毕业后开始工作的地方位于伊利诺伊州的迪凯特当时的隔壁邻居惠特尼一家拥有一辆 1960 年版的雷鸟。1955 年版雷鸟初次亮相时还只是一辆空间紧凑的双座车，而 1960 年福特汽车公司已经为它增加了一个后座，同时还保留了低悬架和大道巡洋舰强动力车型风格。惠特尼家的儿子克莱现在已经从一个小小少年成长为一家公司老板，但那辆经典的雷鸟依然在他的车库里。

本书中我所拥有的第一辆汽车要比它们更偏重代步性和实用性——1984 年版的克莱斯勒小货车。我和妻子当时住在克利夫兰，我供职于《华尔街日报》，家里有三个不满 6 岁的男孩儿。这辆小货车的内部空间非常宽敞，设计成了类似非军事化区域的样式，孩子们各有其位相安无事，我们在开车的时候就无须担心他们会在后头折腾出什么花样。在那几年，小货车真的还挺酷，只是后来就被冠上了“保姆车”的帽子。

1985 年，我的老板，《华尔街日报》的总编辑诺姆·珀尔斯坦（Norm

Pearlstine）把我调到了底特律。我也不知道自己犯了什么错误被好端端地从克利夫兰发配到了这里，但最后我却真心爱上了这个地方。

我感觉自己就像是一个人类学家，周围都是些怪异的土著人，他们崇拜着各种所谓的“多气门发动机”“百公里加速”[①]和“牛米扭矩”的“神明”，还有什么“中冷器”和“增压器”这对“双子神”。后面的两种装置可以大幅提高内燃机的动力，自然而然成了汽车神坛的崇拜对象。我在底特律才真正了解了汽车行业的许多基本情况，从企业的资金平衡表到汽车的平衡轴。这篇汽车行业发现之旅的报道还帮我赢得了普利策奖（Pulitzer Prizer）。当时还在念小学的儿子查理还骄傲地告诉老师他老爸赢得了“普利策大惊喜”（Pulitzer Surprise），这两个发音确实有些相似。老实说我自己也难以置信。

1994 年，我离开底特律，成为《华尔街日报》母公司道琼斯的一位管理者。但我对于汽车行业及其文化的热情丝毫未减，这与我仍时常为公司一本名为《财智月刊》（*Smart Money*）的杂志撰写汽车评测文章不无关系。

我曾试驾过一辆福特远足（Excursion），它在 2000 年刚推出时是史上最庞大的 SUV。由于远足实在太大了，以至于福特汽车只能在蒙大拿州唯一能容纳这辆车的地方召开新闻发布会。我并没有参加发布会，而是在相对狭小的格林威治村试驾了远足，虽然场地有所限制，我还是成功地在街道上完成了平行泊车。即使最靠外的两个轮子毫无悬念地被挤在了人行道上，但由于远足大约有 4 吨，重得夸张，所以我都没有感觉到任何颠簸。

我在 2003 年年底评测的日产泰坦（Titan）皮卡也是个差不多大的巨无霸。我参加了在纳帕谷举行的新车发布会，一方面是冲着车去的，另一方面也是冲着当地的美酒去的。就在那段时间里，我萌生了创作这本书的念头。汽车已经无处不在，但很少有人能够意识到某些车型恰恰就是他们思维和生活方式的写照，也

① 本书所指百公里加速为汽车从静止状态到每小时 96.6 千米的速度所需要的时间。——编者注

是其所在时代的塑造者和象征。尽管我已经为汽车行业执笔近 25 年之久，但依然发现，汽车和汽车背后的人物充满了曲折的故事。

这项开始于 2007 年的研究促使我游历了整个美国。我曾驾驶普锐斯（Prius）经过密歇根州，驾驭吉普穿越了科罗拉多州，还开着皮卡游览了如同自己家乡的得克萨斯州希尔县和恍若外星球的曼哈顿城区。

我参加了一系列的汽车展会，其中就包括 2008 年夏天在印第安纳州举行的福特 T 型车一百周年庆祝活动。我在那里碰到一个人，他说自己是开 T 型车从 UCLA[①] 过来的，等我问清楚了才知道原来是从“亚拉巴马州下角”（Upper Corner of Lower Alabama）来的。这老兄的老家刚好就是《杀死一只知更鸟》（*To Kill a Mockingbird*）的作者哈珀·李（Harper Lee）的隐居地门罗维尔市。正如福特 T 型车一样，这本著作也曾重塑过美国人的生活和思想。

在其中一场车展上，喜剧演员乔恩·斯图尔特（Jon Stewart）告诉我他的第一辆车就是 1975 年款的 AMC[②] 格雷姆林（Gremlin），而就在他高中毕业的那一天，他家的猫还在这辆车的后座撒了一泡尿。怪不得这家伙一直是个乐天派。

伊利诺伊州的布卢明顿黄金科尔维特（Bloomington Gold Corvette）年度盛典和位于肯塔基州的科尔维特国家博物馆（National Corvette Museum）都给我留下了深刻的印象。我觉得这家见证了科尔维特辉煌历史的博物馆真应该把名字改成科尔维特大教堂。

每年 8 月在加利福尼亚州佩布尔比奇（Pebble Beach，又名卵石滩）举行的年度老爷车展堪称各大车展的一个缩影。当你在早上 6 点挤入人群，感受着从

① UCLA 一般指加州大学洛杉矶分校（University of California, Los Angeles，简称 UCLA）。——编者注

② 即 American Motors Corporation（美国汽车公司）。——编者注

海洋吹来的寒冷雾气，看着一辆辆价值连城的西班牙－瑞士车（Hispano-Suizas）和德拉奇德维拉尔双座敞篷车（Delage De Villars Roadster）经过第 18 号展示通道，这种体验是无与伦比的。

我也深入研究过一些有关汽车的档案，这些工作虽然比较单调，但最终的收获还是很丰富的。我曾去过密歇根州迪尔伯恩的本森·福特研究中心（Benson Ford Research Center）、佛罗里达州那不勒斯的科利尔博物馆与图书馆（Collier Museum and Library）、纽约公共图书馆（New York Public Library）的各个分馆，以及位于底特律公共图书馆（Detroit Public Library）内的国家汽车历史收藏馆。

在调研的过程中，我走了一次弯路，而这也成了整段旅途中最惊险刺激的部分。2008 年秋，底特律的各大汽车公司突然遭遇了一场危机，其中通用汽车公司和克莱斯勒两家公司更是宣告破产。尽管凄凉，但如此重大的历史事件还是将我的注意力吸引了过去。

我在 2010 年出版的《速成课》（*Crash Course*）由此诞生，这本书虽然写的是紧急援助与破产，但真正表现的是人类的行为。而《变革的引擎》也是类似主题的一本书。

在写完这次事件之后，我又回到了本书的创作中。我来到了加利福尼亚州萨利纳斯的国家斯坦贝克中心（National Steinbeck Center），经常在书中描写汽车的诺贝尔奖得主作家约翰·斯坦贝克（John Steinbeck）就成长于这片土地。斯坦贝克在《罐头厂街》（*Cannery Row*）里说 T 型车彻底改变了性和婚姻，在《愤怒的葡萄》（*The Grapes of Wrath*）中描述了一段坐着简易皮卡一路向西的艰辛旅途。斯坦贝克中心还展出了他 1962 年出版的旅行札记《和查理一起旅行》（*Travel with Charley*）中描述的周游美国所驾驶的深绿色吉姆西（GMC[①]）皮卡。

① 即美国通用汽车公司旗下商务用车品牌，GMC 取自该公司缩写。——编者注

为了调研，我还去过日本和一个很少去的海外目的地：哥本哈根。我在那里跟着丹麦凯迪拉克俱乐部一起参加了周末公路拉力赛。这个组织的存在让我感到惊讶，我以前绝对不会想到丹麦和凯迪拉克这两个词能放在一起。尽管俱乐部的成员们都是跟我生活在同一时代的人，但他们却在中世纪的城堡里驾驶着与之一样古老的带有尾鳍的汽车，这些车在我有生之年居然“还活着”。

我的调研既是一次文学之旅，也是一次汽车之旅。我重新阅读了杰克·凯鲁瓦克（Jack Kerouac）寻找自我的汽车之旅——《在路上》(*On the Road*)。我还阅读了另外两本同样来自20世纪50年代的精彩作品，它们对这个时代的汽车过剩现象提出了尖锐的讽刺：《傲慢的战车》(*The Insolent Chariots*）和《隐藏的说客》(*The Hidden Persuaders*)。P.J. 奥罗克（P.J. O'Rourke）的《共和党爬虫》(*Republican Party Reptile*）则抓住了皮卡和啤酒之间的密切联系。

这条调研之路也少不了电影和电视剧，其中包括我童年时看的《罗伊·罗杰斯秀》(*The Roy Rogers Show*)、少年时看的《66号公路》(*Route 66*）和成年后看的《消消气》(*Curb Your Enthusiasm*)。汽车在以上三部影视剧中都扮演着非常重要的角色，除此之外，汽车也影响了许多其他的电视节目和电影。

在后记中，我会提到几款原本有资格被编入此书但并未收录的车型。虽然这些未入选车型的爱好者们可能会对我的决定有些不服气，但这本书的目的并不是要给每一款车型贴上好或者坏的标签。相反，这本书讲述的是汽车是如何在一定程度上塑造了我们的思维和生活方式，符合这种定位的车型并不多。换句话说，就好比一出被分成四幕的戏剧一样，这是一场由15款车型演绎的美国现代文化史。

究竟是汽车塑造了文化，还是文化塑造了汽车，这个问题就跟“先有鸡还是先有蛋”一样。我们可以说，这两个结论都没有错。一些读者可能很想问我：你开的是什么车呢？我会直截了当地回答：如果你真想知道的话……那是一辆红色的汽车。

测一测

你了解汽车的发展和演化吗？

扫码鉴别正版图书
获取您的专属福利

扫码获取全部测试题及答案，
一起了解改变世界的
15 款汽车

- 廉价的 T 型车是亨利 · 福特为美国工业精英量身打造的吗？（ ）

  A. 是

  B. 否

- 关于 1953 年款雪佛兰科尔维特，以下说法错误的是：（ ）

  A. 美国第一款现代跑车

  B. 深受青年人，改装车爱好者喜爱

  C. 经济实用，物美价廉

  D. 象征着当时美国嘈杂、叛逆、不受控制的年代特征

- 美国第一款面向普通大众市场的豪车是：（ ）

  A. 福特的 T 型车

  B. 大众的甲壳虫

  C. 通用的凯迪拉克

  D. 通用的拉塞勒

扫描左侧二维码查看本书更多测试题

目录

第 1 章　福特 T 型车与通用拉塞勒，实用主义与炫耀心理的交锋

福特 T 型车在道德、物质和美学方面对美国的影响深远。在整整两代美国人中，即使有人不了解女性身体的构造，也一定熟悉福特汽车线圈的模样；即使有人数不出太阳系有多少颗行星，也一定见过行星齿轮系统。

——约翰·斯坦贝克《罐头厂街》

在底特律市中心北边的一条名叫皮科特的街道上，有一座临街的教堂，名叫富信大教堂（Abundant Faith Cathedral）。在周边杂草丛生的荒地和空荡荡的厂房之中，人们所需要的恰恰是“富信”（充满信心）和希望。虽然这里是一片后工

业时代的贫民区，但就在教堂对面的老式建筑里，却有一家正在营业的亚麻服装洗衣店（General Linen & Uniform Service）。有谁能想得到，就是在这栋老式建筑的一间办公室里，翻开了现代美国的新篇章。

1908 年的初秋时节，亨利·福特就是在这里生产了他的第一辆汽车——T 型车，这个名字的由来其实只是延续了过去福特汽车 N 型车、R 型车和 S 型车的惯例。但 T 型车是如此别具一格且富有魅力，以至于福特竭尽所能也要制造出来。

和当时大部分其他车型不同的是，T 型车并不是为美国新兴的工业精英量身打造的，它简单、实用且物美价廉。“我要为普通民众打造一款汽车，”福特说道，“任何一个有体面收入的人都能拥有一辆——并且在广阔天地与家人共享快乐时光。”

要实现架车享受快乐时光，而不是在维修车间里苦闷工作，关键就在于汽车的设计必须安全可靠和容易驾驶。尽管 T 型车的底盘容易受到崎岖道路的影响而产生令人不快的颠簸，但在陷入壕沟的时候，比起那些重型车，T 型车更容易走出困境。福特最爱讲这样一则笑话：有个农民说什么都要让 T 型车为他陪葬，因为他说，不管在哪个坑洞，T 型车都能把他带出来。这款车的车身可以改装成很多形状，从朝气蓬勃的敞篷跑车到五座的大轿车应有尽有。经过一番改造，它甚至可以装下野营者的水箱、睡床等全套装备，而同样的理念直到 50 年后才在大众微型客车（Microbus）上重现。

如今已经没有人确切知道 T 型车的绰号“锡罐莉齐”（Tin Lizzie）因何而起，可它确实提供了前所未有的出行便利，将美国的农场与城市连接起来，终结了乡村贵族时代。虽然 T 型车一开始与同等车型 1 000 美元的起步价相比，其 850 美元的售价并没有拉开明显差距，但到了 1924 年，它的售价已经骤然降至了 260 美元。如此大幅度的降价得益于另一项革新，即装配流水线，这是福特发展壮大后，搬离皮科特街工厂至数公里外的更大工厂后所开发的。他为装配流水线工人开出的薪水是每天 5 美元，这相当于当时普通工厂工人工资的两倍有余。

T 型车和批量生产触发了一场连锁反应，创造了一个全新的世界。有人这样描述这款车创造之初的故事："亨利·福特带来了 T 型车，T 型车又带来了批量生产，批量生产又带来了 5 美元日薪。而就是这些东西，带来了中产阶级、郊区生活、购物中心、麦当劳、塔可贝尔、驾车直通式银行，以及其他为现代的普通民众所钟爱的东西。"虽然这可能还达不到斯坦贝克理想的值得大书特书的档次，但也充分说明了福特的成就。

T 型车比 Facebook 早 100 年就开始推广社交网络，比避孕药早 50 年就开始酝酿性别革命。"在那个年代，大多数孩子都是在福特 T 型车里受孕的，甚至还有不少是在车上出生的，"斯坦贝克写道，"来自盎格鲁 - 撒克逊家庭的一些观念开始变得扭曲，以至再也没有复兴的机会。"T 型车改变的并不仅仅是盎格鲁 - 撒克逊家庭，到最后，它已遍布从澳大利亚到阿根廷的 19 个国家。

T 型车影响了世界，其丰富的遗产促使 1.3 万名收藏者在 2008 年的 7 月齐聚美国中心地带，共同庆祝这款革命性汽车的百年华诞。"福特 T 型车从来都不只是一辆车。从许多方面来说，它是空前绝后的，"福特汽车公司的一位发言人在一次公开演讲中说道，"那是一款创造历史的车，是一款把世界装在轮子上的车，是一款改变了世界的车。"这位与其曾曾祖父长得惊人相似的发言人正是当时 28 岁的采购经理亨利·福特三世。

虽然从 1908 年至 1927 年，T 型车称霸公路长达 20 年之久，但这段风光无限的日子最终还是戛然而止了。它被咆哮的 20 年代的流星击中，汽车不再只是运输工具，更成为个人表现的载体。1927 年，随着 T 型车的没落，一款以实际行动证明时代已经发生变化的汽车登场了，它是第一款面向大众市场的设计师车型。正如一张宣传小册子上写的那样："天生丽质、与众不同、热情、奔放，是这个充满激情的时代缩影。"它就是凯迪拉克初级版本拉塞勒，也是通用汽车公司品牌体系中最负盛名的车型。

虽然都是由同一家经销商运作，海报上也被标榜为凯迪拉克的“伙伴品牌”，但比起凯迪拉克其他车型，拉塞勒更小、更轻，也更具有运动时尚。它们的用户群体是“精英一族”，也就是20世纪20年代的“雅皮士”。与彻头彻尾注重实用性的终极家用的T型车相比，拉塞勒充满了无尽的时尚风格。而它的设计者哈利·厄尔（Harley Earl）与亨利·福特也正好是两个极端。

如果说福特是一只技艺高超的“乡下老鼠”，从小生活在美国内战之后的密歇根东南部农村里，那么厄尔则是一只见多识广的“城市老鼠”。他出生于洛杉矶的一个富足的家庭。1912年厄尔自好莱坞高中毕业后，他先后入学南加州大学和斯坦福大学，后来自己创业制作定制汽车车身。在厄尔的顾客中，有一位名叫汤姆·米克斯（Tom Mix）的牛仔演员，米克斯委托厄尔设计了一款引擎盖上有马鞍的汽车（平心而论，这也就是一次性的合作项目）。

机缘巧合，通用汽车公司的大佬们在1926年邀请厄尔到底特律去介绍一下自己的设计作品。厄尔很快就意识到，底特律和好莱坞一样，是一个制造梦想的地方。1927年，厄尔受雇于通用汽车公司，成立了汽车行业第一个设计部门，而他这一待，就从爵士时代到了太空时代，干了整整31年。“人们喜欢视觉上的娱乐。”厄尔后来回忆说，而这就是他带给顾客的东西。

当T型车为人们出行的便利立下了汗马功劳时，拉塞勒也在其14年的生命中，为追求与众不同奠定了基石。这两款车型展现了汽车、社会和人类的不同哲学理念。它们一个是乡村，另一个是一贵族的乡村俱乐部。一个是恪尽职守、自力更生，另一个是美丽迷人、自我放纵。这两款车型的阴阳对比体现了不同的哲学，也塑造了美国的文化，并将在未来的汽车行业产生共鸣，让每一代汽车都如T型车和拉塞勒那样，为每一个时代的社会风潮留下注脚。

独断专行的亨利·福特

在 20 世纪 20 年代早期有过这样一段故事：一位社会科学家询问一位农村妇女，为什么他们家花钱买了 T 型车，却没有安装室内自来水管道。她的回答是："浴缸能把你送进城里去吗？"这则故事无论真伪，都将 T 型车的吸引力表露无遗。但是，亨利·福特的成功之路就好比 T 型车出了名的颠簸一样，从来都不是一帆风顺的。

福特是个多福多寿的人，他出生于美国南北战争期间，在二战结束之后去世。他属于人们常说的大器晚成的那一类人，1863 年 7 月 30 日，就在葛底斯堡战役结束不到一个月的时候，福特出生于底特律市区以西 16 公里的密歇根州迪尔伯恩（Dearborn）的一个农场。作为 6 个孩子之中的老大，小时候的福特非常讨厌琐碎的农活儿，而热衷于捣鼓机械。16 岁他就离开家乡，到底特律的一家机械厂打工。

1893 年，30 岁的福特已经成为底特律爱迪生照明公司的首席工程师，但他并未就此止步。1896 年，福特在一本杂志中看到一款汽车的设计方案，就在自家后院的棚屋中按图纸制作出了自己的第一辆汽车，就像 80 多年后史蒂夫·乔布斯和史蒂夫·沃兹尼亚克（Steve Wozniak）在车库里制作第一台苹果电脑一样。

福特的这辆汽车其实就是在四轮自行车上装了一个两缸发动机和一个操纵杆，因此他将其命名为四轮车。福特当时全身心地投入到这件作品的机械创造中，以至于作品完成后才发现棚屋的门过分狭小无法使车子通过。想要看见自己的宝贝奔驰起来的迫切心情使他挥起斧子把墙砸开。就这样，在 1896 年 6 月 4 日的清晨 4 点，第一辆福特汽车开上了底特律的大街。不过，它才刚开出几个街区就熄火了，此情此景引起几个夜归路人的阵阵哄笑。但福特不以为意，他为创造了一辆可以使用的汽车而欣喜若狂。

1899 年，福特得到了本地投资者的赞助，辞职创办了底特律汽车公司。然而，这家公司仅仅维持了两年就破产了。和其他几十位早期的汽车企业家一样，福特遭遇了失败，但在开创的路上，这并不是他最后一次失败，可福特依然勇往直前。

1901 年 10 月，福特参加了在底特律东部的格罗斯波因特（Grosse Pointe）的一条土路上举办的一场汽车比赛。这场车赛的冠军奖金为 1 000 美元，幸运的是，除了福特和另一位参赛者之外，其他人的车都跑不起来。而另一位参赛者就是克利夫兰名流亚历山大·温顿（Alexander Winton），当时他已经有一家以自己的名字命名的汽车公司。与之相比，福特倒成了仰慕温顿的一个无名小卒。

刚开始，温顿的汽车轻松地占据了领先位置，但比赛进行到一半的时候，温顿的汽车发动机突然冒起烟来，这使他不得不放慢车速。而此时，福特也正在竭尽全力不让自己的汽车翻个底儿朝天。一名当地的机械师被福特安排站在汽车一侧的踏板上，就像冲浪运动员站在帆船一侧那样努力保持着汽车的平衡。这架势虽然看起来滑稽，但着实奏效，帮助福特夺得了胜利，将 1 000 美元收入囊中。

福特因此声名大振，吸引了许多投资者，创办了另一家汽车公司：亨利·福特公司，福特担任首席工程师，并享有六分之一的股份。尽管这家公司看起来前途光明，但仅仅 4 个月，倔强的福特在与投资者的一次争执中辞职了。因为投资者想制造面向高端消费者的豪华汽车，而福特则想专注于赛车，为他最近获得的成功续写辉煌。

在福特退出之后，投资者找来亨利·利兰（Henry Leland）担任新的首席工程师，并将公司的名称改成了凯迪拉克。之后，这家公司又被通用汽车公司收购，凯迪拉克称霸汽车行业数十年，成为美国高档汽车的象征。38 岁的福特先后参与创建了两家汽车公司，都以失败告终。他立下誓言，此生不再受雇于人，或者用他的原话来讲，“再也不让自己受制于人”。

但前进的道路布满荆棘。困难不仅在于他自己已经失败了两次，也因为当时美国的汽车公司已经多如牛毛，大概有60家左右，其中不乏一些早就被人遗忘的名字，比如麦克斯韦（Maxwell）、托马斯（Thomas）、霍尔斯曼（Holsman）、怀特（White），以及领先于时代一个世纪就开始制造电动汽车的来自布法罗（Buffalo）的巴布科克电动汽车公司（Babcock Electric Carriage Company）。

尽管如此，当地的商人们还是给了福特第三次机会，这一次，他们雇用了一位名叫詹姆斯·卡曾斯（James Couzens）的年轻记账员为其新公司进行新一轮的风险融资。卡曾斯拥有福特所缺少的财务和管理才能。在不到15年的时间里，这两个人克服重重困难，给世界带来了一场革命。新公司命名为福特汽车公司，1903年6月16日创办。一个月后公司就将第一辆四座A型车卖给了芝加哥的一名牙医。在10个月内，福特汽车公司又售出了657辆A型车，账上的利润已经接近10万美元，这个数字相当于今天的240万美元。1904年1月，福特在圣克莱尔湖附近的结冰路面上试车，创下了每小时147公里的新纪录。此时距离他的第二家公司遭遇滑铁卢才过了不足两年，福特依然宝刀未老。

尽管运气发生了变化，但福特那股独断专行的倔强脾气依然没有改变。他再次与投资者在开发什么类型汽车的问题上发生了争执。大多数投资者都偏好福特K型车那种又大又重的汽车，并且K型车的售价在2 000美元以上。但福特对于新兴的汽车市场的看法发生了转变，他想在1906年推出重量轻、价格便宜的新款福特N型车的方向上更进一步。当时这款车的售价仅为500美元，目标群体是买不起K型车的低端消费者。这种关于大型车与小型车的经典争论在汽车产业之后的一百年里持续发生，纷争不断。

随着争论不断升温，福特和他的盟友开始排挤那些比较难缠的投资者。他们建立了一家名为福特制造的实体公司，为福特汽车公司提供零件，并且仅向福特的盟友出售这家新公司的股票。福特制造公司向福特汽车公司销售的每一个零件的价格都很高，在赚取高额利润的同时，让福特汽车公司陷入了危机。

要是福特和卡曾斯在一个世纪后再运用这种财务欺诈手段，那么就会违反有关公司内部自我交易的法律，其结果他们就不是在工厂里制造汽车，而是在联邦监狱里制作车牌。但他们这一厚颜无耻的战术确实行之有效，让那些意见不同的投资者都乖乖臣服，使他们把福特汽车公司的股票尽数抛售，福特轻而易举拥有了全公司 58% 的股份。卡曾斯则以持有 11% 的股份成了第二大股东。不久以后，完成使命的福特制造公司将其所有股份卖给了福特汽车公司并宣告解散。福特终于一手掌握了自己公司的控制权，总算可以开发他想要的汽车了。

福特在 1906 年写给《汽车》（*The Automobile*）杂志的信中，讲述了自己的梦想。“现在最大的需求，”他写道，“就是一款重量轻、价格便宜的汽车，配有最新的发动机，马力充足……足以应付美国现有糟糕的公路，并可以将乘客带到马车所能抵达的任何地方。”

福特将皮科特工厂三楼的东北角围出了一个小房间，挂上一把锁，并开始与自己的小型技术团队一起研究。这个秘密房间一直被保留到现在。他们推出了福特 N 型车和两款稍加改良的车型，即 R 型车和 S 型车。尽管这 3 款车型又小又慢，而且在当时满是车辙的道路上显得并不那么坚固耐用，但他们还是取得了不错的业绩。由于福特并不相信制图员的图纸，只认可能够亲自测试和评估的实物的原型零件，所以开发过程变得非常耗时，并且经历了大量的测试和试错环节。T 型车到 1907 年 10 月才首次上路，而开发最终版本又花费了一年的时间。

1908 年 9 月，福特亲自主持了 T 型车的最后一次试驾，计划绕密歇根湖行驶 2 184 公里。他们沿着密歇根下半岛的脊线一路开着，搭乘摆渡船穿越麦基诺水道，接着通过密歇根上半岛的偏远荒野，再转而沿着湖的西岸前行。然后，他们又穿过了荒芜的芝加哥市郊，最后当他们返回底特律的时候，这辆车看起来简直像在泥水里滚过一样。好在 T 型车经受住了考验，仅仅在路上爆了一次胎而已。福特认为自己的作品可以推向市场了。

T 型车粉墨登场

当 T 型车于 1908 年 10 月 1 日闪亮登场时，它并不是市场上最便宜的汽车。Brush 公司的“平民车”朗博特（Runabout）售价仅为 500 美元，比 T 型车低了 350 美元。但是，Brush 汽车配置的是单缸发动机，且底盘、车轴和轮子都是木质的。诋毁 Brush 的人编了这样一个段子：“木框，木轴，不能跑。”

相比之下，T 型车的关键零件是用新型钒钢制作的，比起传统的碳钢更轻更坚固。“如果有谁能弄断福特的钒钢转轴、弹簧和轮轴的话，那就让他尽管试试好了……”公司的销售人员自信地说。这款车型的四缸发动机还采用了一体化设计，盖子可拆卸，这在那个年代可是不同寻常的。因此人们能更方便查看发动机内部，和大多数其他发动机相比，它的制造和维修都更为简单。

至关重要的是，T 型车是第一辆零部件完全可以互换的汽车。如果有一个零件出现故障或者损坏，那么就能迅速且便宜地更换。这款可载 5 人的旅行车重量仅为 544 千克，比同类车的重量轻约 180 千克至 270 千克。T 型车并没有依赖厚重的底盘来应对糟糕的道路，而是采用了轻型的“三点式”底盘和随着路面弹性伸缩的悬挂系统，这一设计有利有弊。当时流传着一则笑话：有个人给自己的 T 型车取名为泰迪·罗斯福，别人问他原因，他解释说这辆车就像“狂野骑士”[①]。

T 型车的速度可以达到每小时 64 公里，百公里耗油 11.8 升。尽管驾驶操控起来感觉较为奇怪，但还算有效。车内有 2 个前进挡和 3 个踏板：一个是倒车挡，一个是刹车，还有一个是离合。油门是安装在转向柱上的杆，类似于现代的转向灯开关。整车的结构并不包含汽油表、减震器或者燃油泵。化油器则是依靠重力获取汽油的。因此，一辆油量不足的 T 型车是爬不上陡坡的，因为汽车在这个角度下，汽油已经无法流入发动机。解决办法就是屁股朝上倒着开上去。

---

① 西奥多·罗斯福总统，昵称泰迪（Teddy），曾经是骑士团的陆军中校。——译者注

尽管缺点不少，但当福特汽车公司生产出最新产品的消息传开之后，人们所表现出来的巨大热情只有在时隔一个世纪后 iPhone 和 iPad 的出现才能与之匹敌。1.5 万份 T 型车的预购订单就像潮水一样涌向福特汽车公司，这个数字已经接近该公司去年总销量的两倍之多。1909 年 5 月，福特汽车公司连续两个月暂停接收 T 型车的新订单，原因是未交付的订单实在太多了。6 月，T 型车在一场从纽约到西雅图的万众瞩目的横跨全美的越野赛中拔得头筹，总共耗时 22 天，平均时速 12.47 公里。不过，这场胜利后来又蒙上了一层阴影，因为他们在比赛过程中更换过发动机，公然违反了比赛规则，故而被取消了比赛资格。不过在这之前，福特汽车公司已经在声势浩大的宣传活动中赚足了眼球。

物美与价廉的两相结合让 T 型车轰动一时，成千上万名原本从没想过能买得上汽车的人都成为有车一族。随之许多公司纷纷成立，主要是为福特汽车公司的廉价小车生产各类配件。其中一家公司的一款设备可以给 T 型车装上带刺的钢轮，农民可以把汽车开到田里去，拖动机械收割机。还有的公司利用 T 型车的发动机来锯木头或者从井里抽水。此外还有数十种小型配件，有一款可以将车子的发动机歧管改装成烧烤架。

1912 年，福特汽车公司制造了将近 7 万辆 T 型车，双座基本款“鱼雷朗博特”（Torpedo Runabout）的价格也降到了 590 美元。1913 年，福特又推出了另一项创举：装配流水线。他手下的工程师在芝加哥畜牧场的屠宰流水线上看到工人们各自负责切割牛的某一个部位，从中获得了一些启发。福特首先在部件的组装上尝试了流水线的概念，结果发现这些部件的产量立刻就上涨了约 40%。

福特将这个概念推广到其他部件组装领域：仪表盘、发动机和底盘。接着，他就建立了一条整车装配流水线。为了进一步简化生产和提高产量，T 型车取消了多年来的红色、绿色、灰色和深蓝色的配色方案。福特宣布，消费者可以拥有“任何想要的颜色——只要是黑色的”。具有讽刺意味的是，他真正采用的色彩是“日本黑釉色”。要是福特知道日本的竞争对手在数十年后会对底特律下那样的狠手，或许他就会选择其他颜色了。

随着销量的激增和利润的暴涨，福特汽车公司接下来要改变的就不只是汽车产业了，而是整个美国。1914 年 1 月 5 日，卡曾斯在办公室里召开了记者会，宣读了一份声明。他说，福特汽车公司“将每天的工作时间从 9 小时降为 8 小时，并为每个男工的薪水增加一份公司收益的分成。任何年满 22 周岁及以上的男工每天将获得不低于 5 美元的薪水”。刚开始，这项新政策并不包括女工。他们认为女性不是支撑家庭的顶梁柱，不过这项政策多年后在这方面也有了改动。基于这项规定，不足 22 周岁的人也没有涨薪，不过卡曾斯声称“那些养家糊口、母亲守寡、家中有弟弟妹妹的年轻人也可以得到同 22 岁以上男工一样的待遇”。

许多历史学家认为，支持这项 5 美元日薪政策的人其实并非福特本人，而是一丝不苟的经济专家卡曾斯。不管真相如何，我们都能清晰地看到，商业考量和理想追求有同等的重要性。由于当时不少养家糊口的人平均工资每天只有 2.34 美元，所以工人们心生不满，怨天尤人。福特的海兰帕克工厂（Highland Park）一年的人员流动率几乎达到了 400%，而培训新员工的固定成本也居高不下。也许最重要的一点是，掌管销售和分销大权的卡曾斯相信，5 美元日薪的爆炸性新闻可以成为市场营销的妙招。

其他的工业家对福特的这一举动大力谴责。《华尔街日报》发表社论称，福特“在其营销行动中破坏了市场规则，犯了经济上的严重错误，甚至可以说是犯罪。这些错误将反过来伤害他自己和他所代表的行业，同时也会伤害其他行业，影响社会发展”。在其进步性的背后，这项新的薪资政策还附上了一条家长式作风的条件。在 5 美元日薪制度公布前夕，刚刚成立的社会部的员工会定期拜访工人家庭，进行调查，以确保工人信息的真实可靠。福特和卡曾斯想要确保工人不会把他们的财产挥霍在饮酒作乐或其他有违道德的事情上。违反规定的人会受到训导，如果屡教不改，则会被开除。

这项举措带来的市场反响证实了卡曾斯眼光独到。福特不仅正在成为世界上最富有的人，而且凭借 5 美元日薪制度，他还成了劳动阶层的英雄。工人们的感谢信蜂拥而至，个个对福特感恩戴德，他们再也不用让孩子们去当用人来补贴家用了。这也带来了一波小的移民浪潮。在过去近一个世纪后，许多老底特律人还会津津乐道地提起他们的祖父辈是如何为了 5 美元日薪离开欧洲、远赴重洋。无数的求职者涌向福特汽车公司，其他公司也被逼无奈将工资提高到同等水平。1914 年福特汽车公司售出了 30 万辆 T 型车，是之前 3 年的 4 倍有余。在之后的两年内，T 型车的销量又增长了一倍以上，达到了 70 万辆。

在激动人心的 6 年时间里，福特展现出了超过常人两三辈子的创造力，而 5 美元日薪制度就是其中的高潮。在这个短暂的时期，他发明了一款适合普通民众的汽车、推行了批量生产，提高了工人的薪资，从而创造了大规模的繁荣。T 型车成了美国人生活中的一大必需品，关于 T 型车缺点的各类玩笑风靡全美。1915 年出版的《原创福特笑话大全》（*Original Ford Joke Book*）里头收录了这则《第 23 首（福特）赞美诗》[*The Twenty-Third(Ford)Psalm*]。

我的爱车是福特，我甘愿受它驱使
它叫我钻到车底
它让我灵魂受苦
它让我被众人嘲笑
它带我穿越山谷爬上高山
但可怕的车轴和引擎，总叫我心神不宁
轮胎打满补丁，散热器漏水不断
仇敌面前假报怨
若这玩意儿常伴我
早晚得进疯人院

“世纪之车”落下帷幕

到了 1915 年，福特的成功使他相信自己无所不能，而他的狂妄则带来了一种怪异而破坏性的结果。那年的 12 月，他租下了一艘“和平号”船，与美国一些显要人物一起前往挪威，想要阻止欧洲大战，完成一场堂吉诃德式的冥想之旅。这次的任务不仅滑稽可笑，还引起了许多争议，最后以失败告终。这次事件还导致他与卡曾斯分道扬镳，卡曾斯 1915 年辞职，之后走上了政治生涯，并最终成为密歇根州的参议员。

1918 年，福特竞选了密歇根州参议院席位。尽管坐拥大量财富，但他并没有在竞选活动中掏过一分钱。最终他竟然险些赢得了选举。福特由于无法相信自己以微弱差距落败，他还雇用了一个小型私人调查团队，试图找出选举中的猫腻，结果无功而返。接着，福特又将视线从政治转移到了出版业上，但带来了同样具有破坏性的结果。他买下了老家的报纸《迪尔伯恩独立报》(*Dearborn Independent*)。没过多久，这份报纸上就充满了福特的不良情绪，发表了一些不当言论。

1918 年年末，福特宣布将要从福特汽车公司总裁的位子上退下来，将这顶"王冠"传给他唯一的儿子，年仅 25 岁的埃德塞尔·福特（Edsel Ford）。在这条重磅消息发布 5 个月后，埃德塞尔也令人惊讶地宣布：他也将离开福特汽车公司，将与父亲一起创立另一家独立的汽车公司。

显而易见，这就是想要吓唬福特汽车公司的小股东，使他们赶快出售自己的股票。他们的如意算盘得逞了。最终福特以 1 亿多美元的价格买下了所有非家族的股份，巩固了对福特汽车公司的掌控。卡曾斯得到了超过 2 900 万美元的巨款，并将其中大部分都捐给了慈善机构。福特则成功摆脱了苍蝇般烦人的外来投资者，成为福特汽车公司实质上的独裁者，而埃德塞尔只不过挂了个总裁的虚名罢了。

由于福特认为 T 型车代表了汽车发展的顶点，所以并不愿意对其进行任何改进，即使有也只是很小的调整。T 型车直到 1919 年才将笨重的手动曲柄换成了电子启动器，而这时距离凯迪拉克推出这一装置已经过去 7 年了。更不可思议的是，福特还将其作为一款需额外付费的配件进行销售。从 20 世纪 20 年代早期开始，在福特汽车公司内部有越来越多的管理人员意识到T型车已经变得过时了，但几乎没有人敢当众说出。有一次，当福特夫妇去欧洲度长假时，一些有追求的福特工程师开发了一款新车的原型，准备等老板回来时给他一个惊喜。可是当福特看到这辆新车的时候却大发雷霆，徒手将它拆成了碎片。由此可见，福特不需要员工有这样的主动性。

福特拒绝改变的态度曾一度看起来是个正确的策略。1921年，福特汽车公司在美国市场的占有率创下了60%的新高。T型车在1923年的销量超过了190万辆，再度创下纪录，其惊人的多功能性是一大功臣。T型车的底盘可以进行各种改造，能创建一系列车辆变体。其中有一款名为拉姆斯泰德露营车（Lamsteed Kampkar），有了这款售价535美元的螺栓固定式车身外壳，再配上内嵌在帆布墙面上的折叠床、饮用水箱和灶具，你就可以把福特汽车变成一个带轮子的家。令人意外的是，露营车配件的生产厂商居然是安海斯－布希（Anheuser-Busch），这家酿酒厂在1919年禁酒令生效之后拓展了这个新的行业。

在此期间，福特仍坚持着基本的市场营销策略，提高制造过程的效率，并不断降低售价让利于消费者。在1924年到1926年的连续3年里，带手动曲柄而非电子启动器的基本款T型朗博特售价已经低至260美元了，相当于今天的3 500美元。

但是在经过了1923年这个巅峰之年后，T型车的销量就开始持续下降。尽管他们在1926年对外观进行了一次时髦的翻新，还姗姗来迟地将电子启动器作为标准配置替代了过时而危险的手动曲柄，但下降的趋势仍未改观。这款将整个美国变成车轮上的国家的经典车型在许多方面或多或少都已经越来越落后于竞争对手了。

尽管埃德塞尔已经认识到设计一款更现代、更时髦的汽车的必要性，但他的老爸仍固执己见。具有讽刺意味的是，面对自己曾为之付出努力建立起来的欣欣向荣的美国汽车市场，他却感到繁荣得有些做作，并由此心生不悦。到1926年，福特汽车公司的市场份额已经降至 50% 以下。通用汽车公司的雪佛兰成了大赢家，该公司将注意力放在舒适、便捷和品牌形象上，与固执地抓住低价策略不放的福特截然不同。许多美国人开始渴望社会地位和与众不同，而拥有相应财力的人也越来越多。

“咆哮的 20 年代”可不是随随便便产生的。破产了的迪森贝格汽车公司（Duesenberg Automobile & Motors Company）凭借售价高达 2 万美元（相当于今天的 24.5 万美元）的新款顶级车型的热销起死回生。尽管迪森贝格后来在大萧条中被彻底摧垮，但“那是一辆迪森贝格”还是流传下来，表露了人们的崇拜之情。道琼斯工业平均指数在 20 世纪 20 年代初还只是 90 左右，到了 1927 年 5 月 20 日，当年轻飞行员查尔斯·林白开始单机横跨大西洋时，这一指数已经达到了 171.75。

1937 年 5 月 25 日，在林白历史性的飞行开始后的第 5 天，福特也创造了一个历史性的事件：他宣布将停产 T 型车。在之前的将近 20 年里，T 型车总计生产了 1 500 多万辆，这种单一车型的生产纪录直到 45 年后才被德国人生产的新一代大众汽车打破。全美上下无不为 T 型车的落幕感到遗憾，但这是不可避免的。在北达科他州，《俾斯麦论坛报》（*Bismarck Tribune*）这样写道：“多年来，福特这款平凡的廉价小汽车一直供不应求。但大概 3 年前，事情发生了变化。人们淘汰了小汽车，换成了更时尚的车型，这种趋势一开始还只是星星之火，随之便愈演愈烈。”其中就有这么一款车成了新时代汽车的标杆。

一股年轻而运动的新风尚

当电视情景喜剧《全家福》（*All in the Family*）于 1971 年首播时，阿奇·邦克（Archie Bunker）和伊迪丝·邦克（Edith Bunker）在每一集播出前都加上了主题曲《往日情怀》（*Those Were the Days*）。但是，许多人都不理解第四句歌词“瞧，我们的老拉塞勒跑得多快呀！”（Gee, our old LaSalle ran great.）其实这里说的就是一个失落已久且被人遗忘的品牌。

拉塞勒于1927年3月5日闪亮登场，距离福特宣布T型车的终结仅仅相差11周。虽然这两款车型并非直接的竞争对手，因为即使是最便宜的拉塞勒的售价都将近是双座T型朗博特的7倍，但是这两大事件却预示着两个时代的交替。随着美国从一个农业国家逐渐转变成一个城市化国家，呆板正在被时髦取代，实用正在被美观取代，老式正在被摩登替代。

其他的汽车公司试图趁此潮流捞一桶金。1927年，斯图德贝克（Studebaker）推出了一款名为“独裁者”（Dictator）的高档车型，其寓意自然是该车主宰着汽车的标准，成为行业的领头羊。不过，到了20世纪30年代中期，由于“独裁者”这个词容易令人联想到墨索里尼和希特勒的形象，斯图德贝克决定放弃这个名字。

但拉塞勒是个特例。1927年9月，俄亥俄州中部的一家报纸报道称，一伙来自特拉华州某个小镇的小混混在过去的5个月里“恶作剧”般地盗窃了25辆汽车，开着出去兜风。其中一辆就是拉塞勒，“这伙男孩对警长说，这是他们偷过的‘最帅气的’车，并且告诉警长谢里夫·兰伯特（Sheriff Lambert），他们还打算再偷一辆拉塞勒去兜风，因为这车开起来实在太棒了。”

尽管这些俄亥俄州的小混混缺乏教养，但对汽车很有鉴赏力。通用汽车公司能将福特汽车公司从销量宝座上拉下来，并在接下来的80年里成为世界上最大的汽车公司，拉塞勒立下的汗马功劳是不可磨灭的。亨利·福特朴素的价值观正是败给了哈利·厄尔的精致生活观。

厄尔生于1893年，成长的环境与来自农村的福特截然不同。他和4个兄弟姐妹在好莱坞的一栋3层楼的房子中长大。他家的邻居之一就是塞西尔·德米尔（Cecil DeMille）导演。年轻的厄尔身高1.9米，长得又高又帅，运动全能，比起学术他更爱好足球、橄榄球和田径。

他在就读法律预科的南加州大学和斯坦福大学里参加各种球队活动，后来从两所学校退学，到父亲J.W.厄尔（J. W. Earl）开办的厄尔汽车厂工作。这是一家手工制作个性coach的工厂，而所谓的coach就是当时人们对汽车车身的叫法。1919年，J.W.厄尔将他的公司卖给了一家当地的凯迪拉克经销商。而这个交易的条件之一便是让天才少年厄尔继续留在公司。

厄尔设计的车身呈现一种流畅的时尚线条，与当时大部分汽车方方正正的样式形成了鲜明对比。他的部分作品参加了芝加哥和纽约的汽车展览，得到了通用汽车公司的几位高管的赞美，其中就包括实力雄厚、能呼风唤雨的菲舍尔（Fisher）兄弟。这7个兄弟把父亲在俄亥俄州的铁匠铺改造成了一家大规模生产汽车车身的公司，并于1919年将60%的产权卖给了通用汽车公司。1926年他们将剩下的40%全都卖给通用汽车公司，同时成为该公司的第二大股东。时至今日，底特律还有一条以他们名字命名的菲舍尔高速，就像福特高速一样。

1925年12月，距离圣诞节还有几天，通用汽车公司凯迪拉克部门的主管拉里·菲舍尔（Larry Fisher）给身在洛杉矶的厄尔打了一个电话。他解释说，凯迪拉克想要开发更具时尚性、运动性的豪车来与对手帕卡德（Packard）竞争，帕卡德当时正将富有的年经车主从凯迪拉克旗下吸引过去。但是，通用汽车公司的工程师团队却似乎已不可救药地陷入了无趣而呆板的深渊中，这种状态倒是跟许多凯迪拉克车主的性格极为相似。菲舍尔想邀请厄尔成为凯迪拉克的顾问，尝试设计一些新的东西。

1926年的1月6日，1893年出生厄尔坐上了从洛杉矶开往底特律的火车。在接下来的3个月里，他一直窝在位于城市西南角的凯迪拉克工厂里，忙于设计和开发。那年春天，他将自己的作品展示给通用汽车公司的执行委员会，位列其中的有首席执行官阿尔弗雷德·斯隆（Alfred Sloan）。不过，厄尔并不是单纯地展示自己的设计图，而是上演了一出堪比好莱坞电影的好戏。

展现在众人面前的是人们从未见过的4个全尺寸模型，这些都是按照厄尔的设计把黏土覆盖在木制框架上，然后雕刻出来的。在喷涂了黑色珐琅和一层闪亮的透明清漆后，4 辆模型车给人一种水润绚丽的感觉。通用汽车公司的老板们绕着这几辆模型转了一圈又一圈。“把厄尔叫过来，让大家都认识认识。”斯隆说道。

当这位年轻的设计师到来后，斯隆宣布：“厄尔，很高兴地通知你，你的设计已经通过了！”接着，他建议拉里·菲舍尔以凯迪拉克的名义奖励厄尔去参加即将开幕的巴黎汽车展。笑容满面的菲舍尔回答道：“斯隆先生，我已经给他买好票了！”

对于厄尔来说巴黎之行是一个再合适不过的奖励，因为厄尔的灵感就源自法国汽车，尤其是喜事伯－苏珊（Hispano-Suiza）。与“希苏”（Hisso）一样，厄尔的模型车在引擎盖上也使用了突出的垂直前格栅，并在两侧有百叶窗式的通风口，从而形成一种更长、更高级的观感。不管从什么角度看，这些模型车富有魅力的线条，让人忍不住想凑近仔细观察。它们优雅却不显傲慢，紧凑却不显局促。这些设计恰好满足了通用汽车公司大佬们的需求：一股年轻而运动的新风尚，可以拓宽凯迪拉克久负盛名但沉闷古板的产品线。由于厄尔的设计独树一帜，所以通用汽车公司在决定进入凯迪拉克的经销商渠道时还为这款车型冠以独立的品牌名：拉塞勒。这个名字起得很贴切。凯迪拉克和拉·塞勒（La Salle）都是从法国来到美洲的早期探险家。凯迪拉克是底特律的创建者，而拉·塞勒在被他自己的手下谋杀前声称拥有路易斯安那州的领土。这个梗也与这款车型非常贴切，厄尔的管理风格也证明了这一点。

斯隆的大众营销

斯隆在一个恰当的时机发现了厄尔。1923 年，斯隆成了通用汽车公司的掌舵人，而就在几年前，该公司才刚刚因为创始人、外号“比利”的威廉·杜兰特（William “Billy” Durant）的鲁莽领导而经历了一场破产风波。斯隆得出结论：如果陷入福特那场不断削减成本的游戏，那么他将永远无法击败福特。于是斯隆转而改变了游戏规则。1924 年，他在通用汽车公司的年报中给股东们写了一封信，概述了自己的战略。斯隆写道：通用汽车公司，将要施行“不同的钱包、不同的目标、不同的车型”的市场细分战略，不会追随福特的“一刀切”的理念，而是要建立一个品牌等级体系。大多数车主将会从实用而廉价的雪佛兰开始，将来则会有可能升级到庞蒂亚克、奥尔兹莫比尔（Oldsmobile）和别克，而那些在社交和财产方面攀上人生巅峰的美国人最终将会购买凯迪拉克。

斯隆之于大众营销的意义就相当于福特之于批量生产的意义。但斯隆的个性却丝毫没有市场营销人员所具备的那种张扬气质。他刻板而冷静，就像他每天穿的衬衫上浆洗得直挺高耸的白色领口一样。就是这样一个为人拘谨、言简意赅的商人发现了针对大众虚荣心理的无穷的销售潜力。斯隆和厄尔成了一对完美的搭档。

1927 年，在斯隆认可厄尔设计的一年后，第一辆拉塞勒在波士顿的科普利广场酒店向世人揭开了神秘的面纱。宾客们跟随身穿白色礼服的乐手进入舞厅，一位波士顿凯迪拉克经销商的女儿在这辆新车的格栅上打碎了一瓶香槟，为拉塞勒举行了一场如同新船下海的仪式。“融汇了设计师大量的智慧、才智和心血才创造出的尤物啊，你将会驶上高速公路，穿行在世界各个角落，”她吟诵道，“我为你赐名：拉塞勒。”

拉塞勒有 6 种车身款式，从标价 2 495 美元的双人敞篷车到标价 2 685 美元的五座轿车，与帕卡德相比具有一定的竞争力，与价格最低的凯迪拉克相比则便宜了 500 美元左右。拉塞勒轿车版的造型比较传统，以至于《纽约客》嗤之以鼻地称其为“方正，硕大，郊区家庭风格……对扶轮社[①]市场的妥协。”不过，《纽

---

① 国际性社团。1905 年 2 月由美国律师保罗・哈里斯（Paul Harris）在芝加哥发起成立。因在各个社员的办公处轮流集会而得名。提倡以“服务的理想”“促进国际了解、善意与和平”为宗旨。1922 年更名为“扶轮国际”。——编者注

约客》对拉塞勒双座和活动敞篷车却极具褒扬："其线条，从整体上看，就像是在艾奥瓦州得梅因的舞厅里看见一袭巴黎礼服一样令人眼前一亮。"通用汽车公司后来就把该杂志对拉塞勒的溢美之词用在了广告中，当然并没有指名道姓地写出"得梅因"三个字。

拉塞勒可不仅仅是有漂亮的格栅这么简单，这辆车所展现的技术能力也令人印象深刻。在那个把 V8 发动机作为美国公路上豪车的代名词的年代，每一辆拉塞勒都配备了功率为 56 千瓦的 V8 发动机。1927 年 5 月，一个通用汽车公司的机械师驾驶拉塞勒绕着公司的密歇根试验场跑道试车，以平均每小时 153 公里的速度行驶了将近 1 532 公里，这一成绩让拉塞勒成为那一年的印第安纳波利斯 500 大奖赛的配速车。这可是一项非比寻常的成绩，因为 1927 年获胜的那辆 119 千瓦的迪森贝格时速也只比它高出 3.2 公里，里程却只有一半长。

拉塞勒在规模不大但增长很快的女性司机当中尤为流行。"拉塞勒是一辆优雅的汽车，其流畅的线条在女性的眼中拥有很大的魅力。"《时尚》(*Vogue*)在描写驾驶拉塞勒的女性时这样写道。在洛杉矶，默片时代的性感女星克拉拉·鲍(Clara Bow)就经常与她的 1927 年款拉塞勒跑车合影。

由于拉塞勒的轴距要比最小的凯迪拉克的轴距短将近 18 厘米，所以女性车主感觉操控更灵活。同样，拉塞勒的传动比能让它在不换挡的情况下轻松转变，尽可能地减少了因过多操控技术给一般的女性驾驭者带来麻烦。一则针对女性的广告这样说"只需稍微用心，拉塞勒就能在女人的手下变得非常听话。"这在当时是难能可贵的。其他的广告则在大标题中使用了法文，例如"La Nouvelle Arrivee"(意为新品驾到)或者"Bon Voyage"(意为旅途愉快)。通用汽车公司的拉塞勒的第一年销量接近 2.7 万辆，这毫无疑问是一次巨大成功。通用汽车公司拥有了一个新的品牌，不久又迎来一位新的主管：哈利·厄尔。

懂时尚的哈利老爹

从 20 世纪 30 年代到 50 年代，通用汽车公司的设计师们都会唱这样一首小调：

> 我们的老爹最懂时尚，
> 他的名字叫哈利。

这大概是他们唯一一个直呼老板名字而非“厄尔先生”的场合，他们总是把“厄尔先生”连读成一个词。不过，哈利·厄尔并不仅仅是懂时尚而已，他本身就很时尚。

斯隆对厄尔为拉塞勒所做的贡献颇为认可，在新产品线发布后刚过几个月，也就是 1927 年夏天，这位首席执行官向通用汽车公司的执行委员会递交了一份高级主管任用建议材料。斯隆提议，厄尔应该被全职聘任为艺术色彩部的主管，艺术色彩部是一支刚成立的规模不大但十分重要的设计团队。在美国汽车行业的青春时期，这样的事情可谓是绝无仅有。

厄尔和他的设计师们将设计变成通用汽车公司在车型开发流程中的一个必要环节，并使之成为该公司在那些缺乏想象力的竞争对手面前的一项优势。因此厄尔不得不从气候宜人的洛杉矶搬到一个似乎只有隆冬和临冬两个时节的地方。他举家来到了底特律，定居在了格罗斯波因特市郊的高档社区。

工作上的协调相比之下要更为困难。厄尔并没有在充斥着拉帮结派、职场谋略和办公室政治的大型组织里工作的经验。菲舍尔车身部是负责为厄尔设计的汽车冲压金属板材的部门，这个部门是一个半自治性的地方，不管是菲舍尔兄弟还是他们的下属都对该部门没有太多的管理权限。他们有时候会对厄尔的设计进行整体上的改动，只因为他们觉得厄尔的设计要求会损害汽车的结构完整性或者会增加生产成本。

1929 年，通用汽车公司发布了一款由厄尔设计的新型别克轿车。这款车凸显了位于汽车车窗下方向外扩展的“腰线”。时任通用汽车公司的高管、后成为竞争对手的沃尔特·克莱斯勒（Walter Chrysler）将这辆车称为“怀孕的别克”。这个名字深入人心。那一年，在股票市场崩溃之前，别克的销量就已经暴跌了25%。

这场惨败引发了一轮互相指责的战争。菲舍尔车身部宣称他们忠实地执行了厄尔的设计方案。而厄尔反驳说自己从未允许加宽腹部的尺寸，并将带着过时的小礼帽且身材矮小的菲舍尔车身部的人称为“7 个小矮人”。与此同时，厄尔坚持要对所有更改设计的行为进行管控，并雇用了一批工程师加入他的私人团队，以免自己再次被菲舍尔车身部门的金属折弯机欺骗。

厄尔还借助跟斯隆的私人关系来解决争端。“我们来问问斯隆对此怎么看。”他会抛出这句话，但很少会真的拨通这个号码。大家都明白，厄尔的权力来自斯隆。1937 年，在通用汽车公司干了 10 年的厄尔被提拔为副总裁，而艺术色彩部则成为通用汽车公司设计部。随着职位的提升，厄尔开始打造自己掌控范围内的组织结构。

他为每一个通用汽车公司子品牌，即雪佛兰、庞蒂亚克、奥尔兹莫比尔、别克和凯迪拉克都创立了拥有一定权限的独立设计工作室，而只有他一个人有权了解所有工作室的情况。他希望手下的设计师相互竞争。随着在相同的老式汽车基础框架上堆放重塑的金属板材成为更新年度车型的惯例，设计的重要性也相应提高。尽管福特对这种做法非常鄙夷，但通用汽车公司和厄尔却玩上了瘾。有计划地更新产品可以让人们多去展厅里逛逛，而展厅里的人流有助于销量的提升。

1938 年，厄尔设计出了第一款未来主义的“梦幻车”，其目的并不是生产，而纯粹是为彰显时尚和制造舆论话题。这就是别克 Y-Job，它的名字灵感来源试验飞行器。这款车呈流线型，拥有超低车身、隐蔽式的前灯、宽大的铬合金保险杠和与当时典型的垂直格栅形成对比的水平前格栅。

Y-Job 既是厄尔多年来驾驶的私人汽车，也是他的个性表现。“我的主要目的，”他后来说，“就是将美国汽车变长变低，变成现实总要花费些时间，但我至少要起到这样的视觉效果。”他对自己的设计哲学曾用这样一句精练的语言表述：“如果你开车经过校园，却没有年轻人对你吹口哨，那么这样的车就得回炉重造。”

虽然厄尔已经离开了好莱坞，但好莱坞并没有离开厄尔。他在通用汽车公司工作时的各个办公室实质上就是以厄尔本人为明星的摄影棚。这些办公室的四壁嵌有暗色镶板、屋顶带梁，地板上还铺着豪华的东方地毯。因为老板的办公桌被置于凸起的讲台上，所以当他与对面坐着的人对话时看起来总是高高在上。

大部分通用汽车公司高管都打扮得沉闷而齐整，在深色的西装下配一件白色的衬衫，打一条深色的窄领带。但厄尔才不会这样。他穿着深褐色、灰色，甚至是白色的定制西装，搭配亮色的丝质衬衫和领带，口袋里塞一条同样花哨的手帕，脚上则穿着小山羊皮或软质皮革的骚气鞋子。他一直在办公室的衣橱里备有完全相同的好几套服装，在中午的时候就换上，当别人在密歇根盛夏的湿热中萎靡不振的时候，他总是显得精神抖擞。厄尔有着高大宽阔的肩膀、淡蓝色的眼睛和时常展现出的恰到好处的小麦色的健康皮肤，他塑造了一个仪表堂堂的形象。

厄尔会在工作室的大厅里四处悠闲地走来走去，直到晚上 10 点甚至是半夜，才审视员工的成果，对他们的工作做出评价。他常常会叫设计师们拿着设计图来让他审核，当所有人在他前面围成一个半圆的时候，他就跷着二郎腿坐着，看到喜欢的部分就抬起一只脚，用鞋尖指一指。当时的人们还没有发明小组讨论和市场调研这样的手段。厄尔的判断都依赖于直觉。在设计出拉塞勒之后，他就极少，甚至是不再亲自构思新的车型了，而是将这些任务交给了下属。

“我们总对厄尔先生存有一丝畏惧，”凯迪拉克的元老级设计师戴夫·霍尔斯（Dave Holls）在回忆录中写道，“我觉得他很享受这种感觉。”在甫入职场时，霍尔斯曾站在一旁听厄尔与凯迪拉克的工作室主管讨论一款新车型的设计。厄尔问道："我们何不找几个年轻人问问，看看他们喜欢什么？"在被问到有什么想法时，霍尔斯简单说了一下自己的理解，接着他就发现厄尔的想法与自己不同。"如果我想让这小伙子说什么，"厄尔厉声道，"我会问他的。"在接下来的两周里，霍尔斯生怕自己会被炒鱿鱼。

另一位年轻设计师也有同样的经历。那是在厄尔漫长职业生涯的中期，这个年轻人有一天看到老板的手臂夹着两个大包裹，大步走向停车场。"你好，先生！"这个设计师不假思索地开玩笑道，"我看到你刚才兑现了支票！"厄尔停下脚步，死死地瞪了他一眼，然后又快步离开，只留下这个惊魂未定的年轻人暗自庆幸没有当场被开除。

其他人就没这么幸运了。长期担任厄尔助理、最终成为其继任者的比尔·米切尔（Bill Mitchell）曾经尝试为两位同事向老板求情，这两位同事因为不断受到厄尔的批评而情绪崩溃。"有几个小伙子，你把他们快要吓坏了，"米切尔在下班后的一个傍晚跟厄尔吐露，"他们会精神错乱的。"厄尔面露同情地听他说完，"我很高兴你把这事告诉了我"。但是几天之后，他就把米切尔叫到跟前，大吼道："该死的混蛋，如果他们不喜欢这份工作，那就赶紧滚蛋吧！"这两个设计师就这样被开除了。

实用与美观之战

当厄尔在通用汽车公司巩固了自己的统治地位时，他的拉塞勒却没有迎来美好的结局。大萧条让那些原本买得起豪车的人转而选择了更廉价的车型。1933年，拉塞勒的广告为了迎合美国盛行的节俭风潮，在宣传其档次的同时也提到了耐用的特点。尽管如此，拉塞勒在那一年的销量还是大幅跳水，即使价格降至2 235美元，比1927年售价低了10%，也只售出了3 500辆。

一时间传闻四起，说拉塞勒系列将会被腰斩。但当通用汽车公司的高层开会讨论评审 1934 年新版车型的设计方案时，厄尔直接将这个话题摆到了桌面上。“先生们，如果你们决定终止拉塞勒，”他说，“那么就将失去制造这款车的机会。”帷幕旋即拉开，展现出一款令人瞠目结舌的全新设计的车型。

这款车的全新线条要比过去更修长圆润。格栅也收窄了，看起来就像是一座高塔。引擎盖的两边各有 5 个圆形的气孔。一尊象征振翅之鸟的颇具现代感的抽象装饰耸立在修长的引擎盖上。作为对商业现状的妥协，1934 年款拉塞勒借鉴了通用汽车公司低价位的奥尔兹莫比尔部门的发动机和其他关键零件，从而降低生产成本。这一战术卓有成效。通用汽车公司在 1934 年卖出了 7 200 辆拉塞勒，相比 1933 年提高了一倍有余。到了 1937 年，拉塞勒的销量达到了 3.2 万辆。在那一年里，拉塞勒再次装上了凯迪拉克的发动机，并用类似百叶窗的不锈钢条纹取代了引擎盖的气孔。为了促进销售，拉塞勒的售价也大幅降低，根据具体车身的选择，最低降到了 1 000 美元。尽管 1937 年是拉塞勒的巅峰之年，但这样的成功来得快去得也快。

拉塞勒的销量在 1938 年急剧下降。当时拉塞勒已经发展壮大，成为凯迪拉克的廉价版的替代品。例如，生活在纽约布法罗的帕斯克一家 7 口人会挤在他们的 1939 年款拉塞勒轿车里，穿过整个州，举家前往莱克乔治（Lake George）去度假。三儿子雷蒙德不得不坐在后排座的地板上，一边躲着兄弟们的臭脚，一边忍受着汽车废气。不过，即便把帕斯克一家人和度假的行李都塞进拉塞勒里也并不显得多么拥挤。“通用汽车公司逐渐发现，拉塞勒和凯迪拉克实际上已经成了相同的东西，”《汽车季刊》（*Automobile Quarterly*）杂志后来这样评论道，“一山难容二虎。”1940 年款拉塞勒将成为这一系列的绝唱。

1940 年战争已经在世界范围内蔓延开来，离美国加入战争还有将近两年的时间。民用车生产出现了停滞，底特律的工厂都转而制造起了飞机、坦克、运输车，以及名为吉普的奇奇怪怪的军用车辆。直到 20 世纪 50 年代的第一缕新时代的曙光来临时，汽车才再一次成为美国文化潮流的风向标。

而由 T 型车和拉塞勒建立起来的简单与时尚、实用与美观的两种文化张力却持续发展。福特的销售对象属于比较理性的人群，而厄尔的销售对象更倾向于感性的客户。这两个人设计的汽车承载着的两种相反的价值观正界定着美国社会数十年来的历史断层线。随着美国文化在 20 世纪五六十年代乃至之后的不断加速变化，新时代的汽车会继续将它们的风格以新的方式呈现出来。

“我的办公室里放着一只等比例模型，那是我为公司设计的第一款轿车，即 1927 年款拉塞勒 V-8，”厄尔在 1954 年时写道，“虽然我对老式汽车怀有深沉的热爱，但也不得不承认它们侧面平整、头重脚轻且两肩僵直。”那个时候，汽车的造型的确发生了进步。而厄尔正在为战后美国富裕而乐观的时代创造出最强大的文化图腾：科尔维特镀铬汽车及尾鳍。

T 型车

时间 1908 年

特点 轻便、实用，物美价廉，四缸发动机

定位 普通人买得起的交通工具

背景 美国文化在 20 世纪三四十年代的发展中遭遇阻碍

影响

1. T 型车的批量生产带来了 5 美元日薪，提高工人薪资创造了大规模繁荣
2. 将美国农场生活与城市生活连接了起来，并终结了乡村贵族时代
3. 为人们出行带来前所未有的便利

拉塞勒

时间 1927 年

特点 运动、时尚，V8 发动机

定位 大众市场的豪车，雅皮士座驾

背景 美国从农业国家向城市化国家转变

影响 1. 首次将“时尚”概念引入汽车设计中

2. 挑战福特“一刀切”的理念，开启汽车品牌等级体系

第2章　雪佛兰科尔维特，一辆真正意义上的跑车

> 我们每个人生来就是孤独的，被囚禁着。在整个余生中，我们一直都在发出微弱的求救信号，期望有人能听得到。
>
> ——乔治·马哈瑞斯（George Maharis，《66号公路》中默多克的饰演者）

当《66号公路》于1960年10月登陆电视屏幕时，评论家们纷纷称赞这是一部错综复杂的好剧，与电视台乏味的“神奇面包”（当时的面包品牌）似的节目截然不同。这部剧讲述了“两个坐着跑车一路向西的年轻的东方流浪者”的故事，《电视指南》（*TV Guide*）在一则充斥溢美之词的评论文章中写道：“马丁·米

尔纳（Martin Milner）饰演一位年轻的刚刚成为孤儿的耶鲁人，而乔治·马哈瑞斯饰演纽约街头的一名流浪者。片中跑车的饰演者顺理成章地就是赞助商的产品了。”这里说到的赞助商就是通用汽车公司的雪佛兰部门，而产品就是科尔维特。

在这部剧的第一集里，科尔维特就在密西西比州的一个小镇里抛锚了。这两个年轻人与当地的一个贪赃枉法的警长发生了冲突，并处于被私刑处死的边缘，幸好长期生活在痛苦之中的警长儿子在最后时刻站出来反抗父亲，出手救了他们。这样的剧情与科尔维特本身的故事有一种诡异的巧合，因为这款车也差点儿“英年早逝”，在一位从天而降的大英雄的帮助下才起死回生。

科尔维特的初次登场是在 1953 年的 12 月，距离它以 EX(“试验”的首字母）122 原型车的形象展出已过了将近一年。第一眼看来，其流线型的车身非常养眼，但打开引擎盖后看到虚弱的六缸发动机，便暴露了这辆车最多也就是一辆成人卡丁车的事实，它并非一款真正意义上的跑车。“奥斯汀 – 希利（Austin-Healy）和捷豹（Jagaur）都能把它生吞活剥，”《机械图解》（*Mechanix Illustrated*）的汤姆·麦卡希尔（Tom McCahill）写道，接着就摆出了美国汽车评论界的主流意见，“如果你想要买一辆美国制造的‘跑’车，那么科尔维特就是最合适的选择。”如此不走心的赞美实则就是批评，以致科尔维特早期的销量一蹶不振。尽管其售价超出当时汽车均价 3 倍有余，接近 4 000 美元，但它依然赚不到钱，不久之后，雪佛兰就计划终止这款车的生产。

但是，1953 年是美国的转折之年。德怀特·艾森豪威尔入主白宫，《星期六晚邮报》（*Saturday Evening Post*）在一篇文章中还对来自马萨诸塞州的新任参议员杰克·肯尼迪就其个人逸事大加评论。这一年，持续 20 多年的经济萧条也终于走到了尽头。迷茫中自我否定和个性丧失的一代美国人需要释放。战后蓬勃发展的经济开始让一切成为可能。

就在一批新的政治领袖脱颖而出之际，几个意气风发的年轻人也开始向历史悠久的传统文化发起了挑战。其中一个是来自密西西比东北部农村的贫穷白人男孩，他的噪音酷似黑人，跳起电臀舞更像个陀螺，这就是猫王埃尔维斯·普雷斯利（Elvis Presley），他 1953 年开始走上了音乐生涯。

另一个年轻的叛逆者名叫休·赫夫纳（Hugh Hefner），他出身于芝加哥的中产阶级家庭，读过伊利诺伊大学，其间他在学校的《伊利诺伊人日报》（*Daily Illini*）上发表过漫画。1953 年 12 月，与科尔维特初次亮相的同一个月里，赫夫纳创立了一本名叫《花花公子》（*Playboy*）的新杂志，他用故弄玄虚的文字配上真实的裸体女郎照片作为封面。其创刊号就令人震惊地刊登了热门影片《绅士爱美人》（*Gentlemen Prefer Blondes*）中的女星玛丽莲·梦露的裸体照片。《花花公子》迅速取得了成功。虽然猫王来自南方农村，赫夫纳来自北方城市，但这两人都引发了一些人士的猛烈谴责。

当时还有一个不那么为人所知的年轻叛逆者：佐拉·阿库斯－邓托夫（Zora Arkus-Duntov）。虽然他年轻时并不引人注目，但相比于赫夫纳和猫王，他的故事要更加跌宕起伏。作为犹太人的儿子，邓托夫成长于俄国革命时期的圣彼得堡。当时环境复杂，他和普通的年轻人一样，满怀激情地忙着鼓捣汽车和追求女孩。1940 年，他从法国逃到美国，那一年他 30 岁。

到了美国，邓托夫和在欧洲时一样过着赫夫纳一直奢望的花花公子般的生活。他把对汽车的兴趣爱好转变成了谋生手段，开始从事高性能发动机部件的开发。后来他想办法在通用汽车公司谋得了一份工作，目的就是为开发科尔维特。所以，在得到科尔维特可能早早宣告落幕的消息时，也就不难理解邓托夫为什么会那么悲伤了。他用蹩脚移民英语结合规矩的职场用语写了许多备忘录，想要延续这款车型的生命。

“如果说一辆汽车的价值是由实用价值和情感诉求组成的，”他在其中一份备忘录中写道，“那么跑车在实用价值方面并没有多少优势，因此只有在情感诉求上找市场。什么样的小客车能有这样的吸引力呢？能带来桃花运的双座小轿车就能使消费者掏 4 000 美元来购买。”邓托夫的作品正是要为科尔维特赋予这种原始的性的冲动。最终青年市场的崛起，不管好与坏，那些永无止境的祛痘霜、名牌牛仔裤和 MTV 的商业广告也随之兴起。

邓托夫并不是科尔维特的创造者。但他将科尔维特拯救于水火之中，并将其转变成一款真正的跑车。科尔维特后来从一款车型演变成了一种崇拜，并借助一众形形色色的资本之手催生出了自己的微型产业。

大救星邓托夫

在二战之后，改装车的亚文化开始在洛杉矶及周边地区生根发芽。那里的孩子们开始给发动机“加料”，产生额外的马力，在干涸的湖床上赛车。1948 年，最初在美高梅（MGM）做过信差的外号“皮特”的宣传人员罗伯特·彼得森（Robert “Pete” Petersen）创办了《改装车》（*Hot Rod*）杂志，写些文章来吹捧那些在后院里完成的改装车订制工作。彼得森在当地的车赛上以 25 美分一本的价格兜售自己的杂志。1949 年，《改装车》所取得的巨大成功激励彼得森又创办了一家新的杂志《汽车趋势》（*Motor Trend*），这家杂志将关注点放在了新车上。

改装车的短暂繁荣和彼得森的成功吸引了哈利·厄尔的注意。厄尔在战后参加了在法国勒芒举办的车赛，抢先目睹了双座跑车的风靡，尤其是捷豹 XK120 双座敞篷车，它是捷豹在 1948 年推出的战后第一款跑车。它搭载六缸发动机，拥有曲线修长且优美的车头，以及短而肌肉发达的后臀，这使得它看起来像准备突袭的豹子，如同它的名字一样。XK120 和其他的欧洲跑车在 1951 年纽约北部的沃特金斯峡谷车赛中都是粉丝们的最爱，而当时驾驶配速车的就是厄尔本人。在去大学里探望两个儿子的时候，厄尔观察到双座敞篷车在美国大学校园里也开始出现了。

受到这些汽车的启发，厄尔指挥手下的设计师开发了一款线条简洁的双座敞篷跑车，他希望能超越 XK120。1952 年春天，厄尔在两个关键性人物面前展示了他的新跑车，这两位人物分别是通用汽车公司总裁哈洛·柯蒂斯（Harlow Curtice）和受命为死气沉沉的雪佛兰系列增添一些活力的雪佛兰新任首席工程师爱德华·科尔（Edward Cole）。三人决定在 1953 年 1 月于纽约华尔道夫（Waldorf-Astoria）酒店举办的被称为“汽车展”（Motoram）的通用车展上展出一辆原型车，以此来观察公众的反响。通用汽车公司举办汽车展就是为了有一个集中的机会向媒体和大众展示自己的新车，制造一些轰动效果。通用汽车公司在 1949 年和 1950 年分别在纽纽和波士顿举办过两次这样的活动，但在后来的几年里暂时放弃了这一宣传方法。

不过，1953 年 1 月 17 日举办的汽车展弥补了此前的缺憾。和前两届不同的是，1953 年的展览陈列的都是未来主义的汽车和原型车，而不仅仅是时下的车型。EX 122 原型车成了整场车展的焦点。通用汽车公司 1953 年第一季度的财务报告上有一张照片，一群穿着时髦的男女迷恋地围在这辆车的旁边。有人还拍到女星黛娜·肖尔（Dinah Shore）在路过这辆车的时候坐在驾驶座上的照片。在这些簇拥的人群之中，有一个来自纽约的中年移民工程师，他的名字就叫佐拉·阿库斯－邓托夫。

佐拉·阿库斯－邓托夫原名扎卡里·阿库斯（Zachary Arkus），儿时大家都称呼他为佐拉，1909 年的圣诞节出生于布鲁塞尔，那里也是他的俄罗斯双亲雅克·阿库斯（Jacques Arkus）和雷切尔·阿库斯（Rachel Arkus）出国读书的地方。佐拉的家里还算有吃有喝，偶尔也会略显拮据。由于少年时期成天吃洋葱三明治，所以在成年之后，佐拉就很少碰洋葱。当时暴力事件随时发生。当 10 岁的佐拉被派去领取分配的面包时，他都会携带一把手枪保护自己。有一次他甚至用手枪胁迫一位拒绝为他生病母亲看病的医生改变了主意。

佐拉在其他方面表现得就没这么老道了。由于父母忙于生计，就派他去帮弟弟尤拉报名上学，结果佐拉因迟到未能成功报名。为了掩饰自己的疏忽大意，他每到上学时间就把 5 岁的弟弟藏在衣橱里，整整持续了一个月。学校认为佐拉"不可救药"而开除了他。他的母亲也这样唠叨他，"说的次数太多以至于我都信了"，数十年后他这样回忆道。

佐拉少年时代所经历的混乱在其父母离婚后仍在继续。由于住房紧张，当他母亲的新欢约瑟夫·邓托夫（Josef Duntov）搬过来跟他们一起住的时候，他父亲还没有搬出去。到最后，佐拉和尤拉都在自己的姓氏后面加上了邓托夫。"我们玩起了英国人的那套，"佐拉后来解释说，"用了连字符。"时间久了，大家有时也就忽略了这个连字符，直接用邓托夫来称呼佐拉。

1927 年，邓托夫随家人搬到了柏林，他买了一辆摩托车，开始玩起了赛车，这让他的父母非常恼怒。1934 年，他获得了柏林久负盛名的夏洛滕堡学院的工程学学位，但这也无非是让他从一个乏味的工作换到了另一个乏味的工作上去而已，这个未来的科尔维特狂人还在此期间为一台小型机械锯设计过马达。作为一个年轻人，邓托夫喜欢冒险。他在柏林学习了业余拳击，还在一场比赛里被打得肩膀脱臼，后来又在驱车回家的路上因汽车车祸而撞断了一条手臂。于是他的拳击生涯就此终结了。

1935 年，发生了两件改变邓托夫命运的事情。他学着朋友们的做法，尝试用一辆旧塔尔博特（Talbot）赛车的底盘来制作自己的跑车，还取名为阿库斯（Arkus）。虽然这辆车的机械毛病不断，从未进过赛场，但是邓托夫却在这一努力过程中感觉到了从未有过的兴奋。其间，他还认识了一个金发碧眼的姑娘，她的名字叫埃尔菲·沃尔夫（Elfi Wolff），是个身材娇小的业余舞蹈演员和杂技演员。她的父亲是德国最大贺卡公司之一的老板。

沃尔夫一家和邓托夫家族一样，都是犹太人，所以当这对小情侣的关系公开之后，大家就清楚地认识到德国成了一个越来越危险的地方。1937 年，这对情侣踏上了巴黎的土地，埃尔菲在舞蹈剧团里找到了一份工作。与此同时，邓托夫则通过向比利时走私黄金来挣钱。1939 年 2 月 11 日，埃尔菲和邓托夫结婚。7

个月后，欧洲燃起了战火。

邓托夫报名参加了法国空军，但令他恼火的是他被任命为尾炮手而不是飞行员。不过这其实并没有什么关系。因为在 1940 年 5 月，他还没接到什么任务，德国人就绕开法国军队攻占了巴黎。埃尔菲在德军到来之前就开着名爵（MG）双座敞篷车及时逃走了，她来到了邓托夫驻扎的盛产波尔多葡萄酒之乡的梅里尼亚克（Mérignac）。在 4 天的逃亡里，她一路与法国和苏格兰士兵讨要汽油和寻找落脚地才得以抵达目的地。这对夫妇与同样驻扎在梅里尼亚克的尤拉一起商议如何逃出巴黎。

三人先是躲在马赛的一家妓院里，因为妓院老板贿赂过当局，所以那里还算是个安稳的地方。当地的西班牙领事为他们办理了签证，这其中多半可能是为了让这对放荡的邓托夫兄弟远离他的妹妹。三人卖掉了埃尔菲的名爵车，预订了去马德里的火车票，随后一路前往里斯本，在那里见到了邓托夫的母亲和继父。他们一行从里斯本登上了一艘名叫尼亚萨号的老旧货船，并于 1940 年 12 月 4 日抵达了新泽西州的霍博肯（Hoboken）。经历了常人无法想向的惊险刺激之后，佐拉·阿库斯－邓托夫终于踏上了美国的土地。

被嘲笑的玩具跑车

邓托夫接下来相对平静的数十年也上演了许多故事。通过一些同为难民的朋友，他找到了一份稳定的工作，为一家制造飞机、轮船和火车发动机的公司担任顾问。1942 年，随着美国的参战，他借钱创办了阿邓（“阿库斯”和“邓托夫”的组合）机械公司（Ardun Mechanical Corporation），制造生产战备物资所需的机床。公司生意大好，让邓托夫和埃尔菲搬到了曼哈顿滨江大道的豪华公寓。由于邓托夫改不了拈花惹草的本性，这对夫妇曾经分开过一段时间，而埃尔菲也重拾自己的舞蹈。虽然两人在战后表面上重新团聚，但为了追求各自的目标，也常常很长一段时间不在一起。

对于邓托夫而言，两人的分开意味着自己可以专心开发发动机和驾驶赛车。他为外号“平头”的福特 V8 发动机设计了阿邓气缸盖，它能为燃烧室提供更有效的空气燃料混合物，从而马力提升到了惊人的 60%。他虽然在美国，却也去欧洲参加赛车比赛，但从未赢得冠军。到了 1952 年的秋天，他开始给美国的汽车公司写求职信。

邓托夫接连遭到了斯图德贝克、克莱斯勒和福特汽车公司的断然拒绝。后来在 1953 年 1 月，他与数千名纽约人一样购买了在华尔道夫酒店举办的通用汽车公司车展的门票。他在展会上看到了一辆白色玻璃纤维复合材料的雪佛兰跑车 EX122。《跑车画报》(*Sports Cars Illustrated*) 后来评论说，这辆车从前面看，龇牙咧嘴的前格栅就像是“一条装了不合适假牙的白化病蟾鱼”。邓托夫被这辆车迷住了。

1 月 28 日，邓托夫写信给雪佛兰的高级工程师莫里斯·奥莱 (Maurice Olley)。“亲爱的奥利 (Olly) 先生，”他开头就写错了收信人的名字，“我参观了车展，觉得雪佛兰跑车真是震撼人心。”邓托夫接着写道：“我认为这是一个转折点，欧洲的车身设计师从此可以到底特律来寻找新的灵感。”4 月中旬，对语法或拼写并不在意的奥莱为佐拉提供了一个助理工程师的职位。邓托夫从 1953 年 5 月 1 日开始上班，年薪 1.4 万美元，外加奖金。接着，他与埃尔菲就搬到了底特律。

从许多方面来看，通用汽车公司更像是一个国家而不是一家公司。它拥有一所大学——在密歇根州弗林特的通用汽车公司学院、一支空军（只不过公司的飞机并没有配备武器）和自己的社会保障体系，包括薪资、福利和退休金都可以保障管理人员一生的安逸。邓托夫夫妇可谓是一对神仙眷侣：埃尔菲拥有舞者的灵动和苗条的身材，而邓托夫拥有蓝色的眼睛、提前灰白的头发，跟男星保罗·纽曼 (Paul Newman)（同一年，他完成了百老汇首秀）有惊人的相似。不过，令他们鹤立鸡群的并不仅仅是外貌而已。

总体来说，底特律这座城市的本土化情结比较严重，通用汽车公司尤其突出，所以曾周游列国的邓托夫夫妇就成了格格不入的外人。通用汽车公司的高管往往都是来自密歇根州小镇或者在俄亥俄州度过童年的白人盎格鲁－撒克逊新教徒。布卢姆菲尔德山乡村俱乐部（Bloomfield Hills Country Club）是他们的心灵圣地，因为在那里，就连福特汽车都被视为外国车。“在我眼里，毕加索就是个怪胎。”后来接替厄尔担任通用汽车公司设计主管的比尔·米切尔有一次在演讲时傲慢地宣称。从这种狭隘的眼光所流露出的神情中不难看出通用汽车公司最终没落的原因。

作为对高尔夫、桥牌或者乡村俱乐部文化毫无兴趣的生于异域的犹太人，邓托夫夫妇有时候的确会因为这种环境氛围而感到压抑。邓托夫曾经对一位朋友吐露心声，说通用汽车公司的高管认为“这个世界最东面就是休伦湖，最西面就是密歇根湖”。但是，邓托夫对赛车和跑车充满热情。生活在底特律并适应通用汽车公司，这或多或少就是他将热情转变成生存手段的必要代价。

1953 年 6 月，在进入通用汽车公司一个月后，邓托夫无意间告诉奥莱，自己要前往法国参加在勒芒举行的赛车比赛，并和上次一样，成为阿拉德汽车公司的选手。邓托夫解释，这是在入职前就许下的承诺。奥莱颇为震怒，这个刚来的雇员竟敢如此大胆。争执不下时，邓托夫找到奥莱的上司爱德华·科尔为自己求情。说来也巧，阿拉德当时在比赛中用的正好是凯迪拉克的发动机，这让科尔有了一个反驳奥莱的借口。邓托夫因此如愿以偿地参加了比赛。

在刚入职几周之后，邓托夫就开始使用一种后来习以为常的做法：挑战和激怒老板。他的大胆必然也带来了一些苦果。就在邓托夫从法国回来之后，奥莱就立刻将他放逐到了位于密歇根州米尔福德（Milford）的通用汽车公司试验场，负责校车的工作。这份工作对于邓托夫而言就好比是被发配到了通用汽车公司的西伯利亚一样。

1953 年 9 月，凭借在勒芒的赛车经历，在业界享有盛名的美国汽车工程师协会邀请邓托夫就美国跑车的未来发展趋势做一次演讲。虽然邓托夫一演讲就有点心慌，作为他第四语言的英语只能排在俄语、德语和法语后面，但他仍然同意了。“跑车的利润和销量只能建立在繁荣的经济基础上。”他告诉台下的工程师们，并解释了判断市场成熟的因素。

“在我们这个人人都是社会的一个齿轮的时代，大家穿梭于拥挤的地铁、电梯、超市、咖啡馆里，与同样忙碌的人住在同一幢房子里，拥有相同式样的家具，穿着相同款式的衣服……拥有一辆与众不同的汽车就拥有了一种向自己和周围的人展现自我个性的方法。”他补充道。而邓托夫也确实用他独特的笨拙的方法展现了科尔维特的潜力。

1953年12月16日，怀着豪情壮志的邓托夫写下了一则决定其今后命运的宣言。这是一则题为《关于年轻人、改装车和雪佛兰的想法》（*Thoughts Pertaining to Youth, Hot Rodders and Chevrolet*）的备忘录。虽然他的文字读起来很生硬，但还是准确无误地把他的想法传达给了雪佛兰的管理层。

“改装车运动、加大马力与提高速度等与之相关事物的风靡依然势头强劲。其中一个现象就是以改装车和加大汽车马力为主题的出版物，其中几家的发行量非常大，并且畅销美国，而它们在6年前还不存在。”邓托夫继续告诉各位老板，这些出版物的文章中隐藏着一个竞争对手的身影，即福特汽车。雪佛兰与年轻的改装车爱好者毫无关联。“那么，绝大多数改装车爱好者废寝忘食日思夜想的都是福特汽车，也就没什么好奇怪的了……”他接着写道，“当然，当改装车爱好者或者受到改装车影响的人们购买代步工具的时候，自然都会买福特。随着他们的年龄和收入的增长，目标就会从老爷车升级到二手福特汽车，然后升级到新款福特汽车。我们是否应该把促使年轻人成为雪佛兰的爱好者作为当务之急呢？”

邓托夫总结了将来几十年里主宰美国市场的营销理念：向年轻人销售。抓住年轻人市场营销的指导原则就是在消费者走向成熟的时候抓住他们，然后尽可能地留住他们。那结果必然是：为年轻人设计的产品将会吸引那些追求品牌的年长的消费者。

尽管语言偶尔会磕磕巴巴，但邓托夫的逻辑却始终是连贯而清晰的。被这份备忘录震撼的科尔把流放到校车厂的邓托夫召了回来，转而开发新燃油喷射系统。用以替代传统化油器，通过向发动机的燃烧室直接喷入精准剂量的汽油，可以大幅提高汽车的性能。尽管这份工作与科尔维特并非直接相关，但也算是很接近了。

在邓托夫写下备忘录的同一个月里，雪佛兰开始销售科尔维特，科尔维特的名字取自以速度和灵活为设计目的的战舰系列。该公司仅生产了 300 辆 1953 年款的车型，且一律为搭配黑色车顶和红色内饰的“马球白”（Polo White）配色。雪佛兰并没有使用普通的经销商渠道，而是将这些车辆推荐给名流和贵宾，其中包括黛娜 · 肖尔和约翰 · 韦恩（John Wayne）。雪佛兰想先建立起口碑，为 1954 年的需求预热。果然，科尔维特的产量在这一年迅速攀升到 3 600 多辆。这些车全都采用玻璃纤维复合材料车身，虽然这种材质原本只用于原型车，但其成本和耐久性都超出了通用汽车公司的期望。公司似乎抓住了一次千载难逢的时机。

1954 年，美国有大量婴儿诞生，社会财富巨增，随处可以看到举国繁荣的景象。1954 年 4 月 26 日，《时代周刊》杂志刊登了一则题为《公路赛手布里格斯 · 坎宁安：马力、耐力和体育精神》（*Road Racer Briggs Cunningham: Horsepower, Endurance, Sportsmanship*）的封面文章。坎宁安是身家百万的美国运动员，在欧洲的汽车比赛中屡获佳绩。文章讲述了在公路赛手坎宁安的影响下，人们对跑车的兴趣正跨越大西洋蔓延开来。“在现代，对跑车最有话语权的是欧洲人，”文章写道，它所指的便是统治欧洲赛车场的法拉利、名爵和捷豹，“底特律显然正在奋起直追，不可小觑。雪佛兰科尔维特和福特雷鸟尽管在纯欧洲车爱好者的眼里可能还算不上是合格的跑车，但也正在努力适应美国高速公路网络的环境和拥有潜在规模的美国市场的品位和钱包。”《时代周刊》自然不是什么报道改装车亚文化之类的三流杂志，作为东部权势集团的代言人，它不仅记录了这一新的趋势，事实上也是为这股新潮流正名。

但是事实上，即便是对于美国人而言，科尔维特也算不上是合格的跑车。第一款科尔维特就陷入了尴尬的窘境。它的动力系统采用了雪佛兰的“蓝色火焰 6”（Blue Flame six），尽管广告里的名称听起来很酷，但它其实只是一台平淡无奇的六缸发动机而已。科尔维特也没有搭载能让驾驶狂人完成精准换挡的合适的手动变速器，只有一个名为“动力滑行”（Powerglide）的毫无性能可言的两速自动变速器。这辆车的百公里加速需要 11.4 秒的时间，虽然和同时代的轿车比起来快了不少，也比如今的大多数家用汽车都要慢。

它连外部车门把手都没有。驾驶员和乘客为了开门就不得不把手伸进车内。他们并不需要担心被车窗挡在外面，因为它压根没有车窗。所有的科尔维特都是敞篷车。它们用卡扣式的塑料“侧帘”替代了真实车窗。尽管有着这么多的缺点，1954 年款科尔维特的售价标牌上仍赫然写着 3 254 美元，这远远超出了厄尔的预期，而且这个售价比雪佛兰最贵的家用轿车还贵了一倍。取暖器和收音机（当时只有 AM 频道）还要额外收费，这让科尔维特的实际售价达到了 3 500 美元以上。

更糟糕的是，科尔维特的敞篷车车顶尺寸并不精准，在下雨天还会漏水。包括通用汽车公司高管在内的一些车主都在科尔维特的车底打了孔，好让漏进来的水有一个出口。到了秋天，占总产量三分之一的 1 000 多辆待售的 1954 年款科尔维特就像襁褓中的孤儿一样，留在雪佛兰经销商的停车场里等待着被人买走。雪佛兰的管理层迫于通用汽车公司上层的压力，计划结束这款车型的生命。

科尔维特有可能领到死亡通知书的消息不胫而走，传到了邓托夫的耳朵里。是科尔维特让他离开纽约，来到这穷乡僻壤的底特律，加入通用汽车公司。所以在 1954 年 10 月 15 日，他又给科尔和奥莱写了一份备忘录，开门见山且出人意料地表明了与老板之间的分歧。

“恕我直言……”他写道，“我知道这可能和大家的想法不同，但我还是要将自己的想法一五一十地说出来。为了使这些内容保持清晰和简短，我就不用礼貌的、表达歉意的措辞了……”接着他解释了为什么结束科尔维特的生命是一次目光短浅的举动。“从表面看来，科尔维特应该退出，”备忘录接着写道，“在这个时候抛弃这款车型，不管是在组织内部还是在外部，都会产生负面影响。这就是在承认失败。从组织内部的角度来看，这是进取思维的失败；从外部的角度来看，这是开发产品的失败。你们可以将我的上述说法斥为感情用事。但让我们来看看，这样做是否会造成财务损失。我认为答案是肯定的。”

他提到了福特汽车公司旗下即将发布的时尚双座汽车，这可是个令人胆寒的威胁。“福特凭借雷鸟进入了这个领域，这是与科尔维特同等级的汽车，”邓托夫写道，“如果福特在我们失败的地方获得了成功，那就糟糕了。福特的公关一定会火力全开，将我们的失败转变成他们的优势。我说的优势并非指雷鸟的销量，而是指对方新车型的流行和我们总体产品线的贬值。我们将会留下一个供他们肆意攻击的伤口。‘福特设计出众、销售一空’，或者‘让雪佛兰的骄傲和欢乐从市场消失。’或许你们觉得这种看法过于牵强，但我只能根据自己对外界的反应来做常规判断。在我们如今所处的贴身搏斗中，我一定会攻击所能找到的任何缺口，在福特高歌猛进而雪佛兰节节败退的情形下，这已经不只是缺口了，而是一个漏洞！”

“好，如果他们能伤到我们，那么我们也能伤到他们！我们比他们起步早一年，很可能已经学到了一些福特不知道的教训。这些教训难道是没用的吗？对此，我无话可说。很显然，从单纯的销售角度来看，一款面向规模较小的市场的车型决不能算是高效的投资手段。但是，我们应该从它对总体蓝图的影响来评判它的价值。”他的论点是，科尔维特对通用汽车公司而言，其最大价值并不在于其实际销量，而在于它让雪佛兰平淡无奇的品牌形象具有实现转变的能力。

这明显是一份非常仓促且无礼的备忘录，但邓托夫选择的时机却非常好。在同一年里，即 1954 年，经过管理层的批准他再次参加勒芒车赛，只不过这一次驾驶的是一辆保时捷，而且赢得了该等级的冠军，从而声名大振。不仅如此，福特在 1954 年前 6 个月的销量已经超过了雪佛兰。高层已无法忽视被雷鸟越甩越远的巨大威胁。

最关键的时机在于，由科尔本人研发的雪佛兰新款 V8 发动机将会被装配到 1955 年款的车型上，其中就包括科尔维特。在邓托夫看来，新款 V8 会让科尔维特有机会从华而不实的玩具车转变成带有美国风格的欧式跑车。由于当地道路狭窄曲折，欧洲人最看重的就是车辆的灵活性和操控的精准性。拥有宽阔笔直道路的美国人追求的则是力量。

佐拉·阿库斯－邓托夫是个贪婪的人，他两者都要。

“行刑”前的重大突破

邓托夫激情洋溢的备忘录虽然延缓了科尔维特的“行刑”日期，但这款车的前景仍然危机重重。1955 年，被福特汽车公司宣传为“个人豪车”而非跑车的雷鸟创造了令人惊叹的 14 190 辆的销量。而忙着处理滞销科尔维特的雪佛兰在一整年里仅生产了 700 辆新车。不过，这个漏洞总算被补上了，科尔维特换装了科尔的新款 V8 后与雷鸟的发动机相比，不仅马力相当，而且重量更轻。科尔维特还配上了手动变速器，虽然只有三速，但也聊胜于无。

邓托夫对 1956 年的车型进行了进一步的改良，增加了更优秀的悬挂式结构，让科尔维特能以更高的速度转弯。他还设计了一种新式凸轮轴，通过调节发动机阀门的开合，从而让空气燃油混合物能得到更充分的吸入，这大幅增强了汽车的马力。这个凸轮轴后来被称为“邓托夫凸轮轴”（Duntov camshaft）。1956 的 1 月，在代托纳比奇（Daytona Beach）为期一周的赛车比赛中，邓托夫在沙地上驾驶科尔维特创下了每小时 242.34 公里的纪录，登上了头条新闻。科尔维特的销量在这一年提高了 5 倍，突破了 3 400 辆。

随着“燃油喷射”发动机的出现，科尔维特在 1957 年迎来了一次真正的突破。由邓托夫研发的一种新式燃油喷射系统让科尔维特的功率一跃提升到了 211 千瓦，比两年前提高了将近 75 千瓦。科尔维特还增加了可选的四速手动变速箱。科尔维特的买家还可以选择购买 RPO 684 性能包。

这三个字母 RPO 是“Regular Production Option”（常规生产配件）的缩写，性能包包含了增强的悬挂结构、更强大的减震器、更强有力的转向设备和高强度制动器。这些正是改装车爱好者渴望的特性。1957 年 3 月，邓托夫将一辆临时组装的特别版科尔维特开上了佛罗里达州锡布灵的赛道，与全世界最快的一些汽车一较高下。虽然玛莎拉蒂车队赢得了胜利，但科尔维特还是给意大利人留下了一丝恐慌。“传奇的种子就此播下，”《跑车画报》激动地写道，“尤其是一辆底特律的跑车轻松达到了足以成为世界冠军赛主要竞争者的圈速。”欣喜若狂的邓托夫开始计划驾驶科尔维特到勒芒参赛。

不过，这个传奇故事却早早地画上了句号。1957 年 6 月，底特律的汽车公司达成共识，停止参加汽车比赛。国会的批评者斥责赛车为年轻人树立了不良的榜样。通用汽车公司、福特汽车公司和克莱斯勒由于惧怕生意遭到更严厉的法规约束，打算做出让步。“这些人，他们妄图打倒科尔维特，”大受打击的邓托夫抱怨道。对他而言，赛车的意义要比打磨科尔维特的形象更为重要，因此参与赛车也是雪佛兰的头等大事。通过在赛车严苛的环境下测试关键零件的性能，工程师也能从中学习如何改进普通车。但是，尽管雪佛兰无法通过官方途径赞助赛车车队，其他组织依然可以在赞助车队的时候选择科尔维特。邓托夫和同事们只要小心谨慎地提供一些帮助就行了，反正通用汽车公司的老板们不知情，也就不会影响到他们。

于是，他们与公司高层展开了一场长达数年的猫捉老鼠的游戏。邓托夫精心策划的战术巧妙地隐藏了他的行为。他在佛罗里达州建立了一家空壳公司，订购科尔维特的发动机，然后在新泽西的无名赛道上与车手秘密约见，随后借出差的机会参加大型车赛。当然了，这一切在外人看来都只是巧合而已。

1960 年，当布里格斯·坎宁安在勒芒驾驶 3 辆科尔维特参赛时，邓托夫还以“顾问”的身份陪同（这些车虽然都没能取胜，但还是出尽了风头）。1963 年 12 月，邓托夫和几个同事在年度“速度周”车赛期间到拿骚“度假”，而他们秘密制造的科尔维特 Grand Sport 版正好在那里参赛。“我觉得咱们最好不要告诉管理层。”邓托夫后来提醒同事。但是，相关的传言还是在通用汽车公司不胫而走，爱德华·科尔屡次三番地被叫到通用汽车公司总部 14 楼的执行官办公室里，在他不断的请求下，终于保住了邓托夫的饭碗。

邓托夫还在其他地方进行着激烈的战斗。1958 年，福特汽车公司为雷鸟增加了后座，将其变成了一辆四座汽车。随后雷鸟的销量超过了 4.8 万辆。1962 年，由于福特汽车公司已经售出了超过 7.4 万辆的雷鸟，而科尔维特的销量却停在了区区的 1.4 万辆的低水平，雪佛兰急切地想要给科尔维特增加后座。但在邓托夫看来，四座的科尔维特就好比一个背着沉重背包的短跑运动员一样怪异。好在这个想法被及时叫停，因为当通用汽车公司总裁约翰·戈登（John Gordon）跳上了一辆四座科尔维特原型车的后座时，由于座位太小，下车的时候只能靠别人把他拉出来。四座科尔维特就这样夭折了。

邓托夫还跟 1959 年接替厄尔担任通用汽车公司设计主管的比尔·米切尔展开了唇枪舌剑。米切尔拥有绝佳的天赋、极高的幽默感和好斗的性格。碰到不喜欢的设计，他就嗤之以鼻标之为“大石斑鱼”，这让邓托夫很不喜欢。有一次，在被问到如何定义品位时，他给出了一个毫无品位的答案：“想象两个戴黑色领带的人。一个人的口袋里露出一点红色的方巾，另一个人站在一旁，裤门大开，隐私之处一览无余。这就是优雅和粗鲁的区别。”

一天晚上，米切尔在纽约大肆饮酒后在中央公园附近抢劫了一辆马车，试图开进一家酒店的大厅里，可惜门太窄把马车卡住了。米切尔和邓托夫都是自我膨胀的那类人。当《人车志》(*Car and Driver*) 在 1962 年报道称“佐拉 · 阿库斯－邓托夫与科尔维特的关系密切到完全可以拿米切尔的名字来给自己孩子命名”时，两人的关系就更僵了。

邓托夫和米切尔之间最激烈的一次争吵发生在 1963 年的科尔维特魔鬼鱼 (Sting Ray) 身上，这款车型后来成为最成功的科尔维特之一。魔鬼鱼首次采用由邓托夫研发的独立后悬架和由米切尔亲自监督的呈现曲线美感的新外形。但是，二人却在该车的后窗问题上争执不下。米切尔坚持要一个中间有金属条的分体式后窗，他认为这样做会很有特色。然而邓托夫坚持说：这样会影响驾驶员的后方视野。

虽然米切尔在这个问题上取得了胜利，但也仅仅维持了一年而已。1964 年，分体式的后窗消失了，主要的原因是其制造成本较高。回过头来看，分体式后窗倒是让 1963 年版科尔维特拥有最独特的收藏价值，其交易价超过了 15 万美元。但当时双方却像操场上的小男孩那样相互争吵。米切尔戏谑地叫邓托夫“佐罗”，而邓托夫则哇哇抱怨称米切尔是个“红脸狒狒”。就在这场分体式后窗大战达到喜剧性的高潮时，科尔维特也从一款汽车转变成了一种象征。

名声大噪的科尔维特

雷鸟增加了后座之后，科尔维特就成了可供婴儿潮一代选择的唯一一款美式跑车。由于挂着雪佛兰的牌子，而不是什么凯迪拉克，科尔维特的受众群体也就非常广泛了。尽管售价不菲，但和来自欧洲的纯跑车相比，车主还是能省下一半儿的钱。而且，电视剧《66 号公路》也增强了这款车的平民形象。

这部电视剧杂糅了好莱坞时尚和杰克 · 凯鲁瓦克的风格，讲述了主角英雄式的公路旅行故事，一路上他们不断寻找自我认同、生命意义及廉价啤酒。这部剧完全采取外景拍摄，这在电视连续剧领域是第一次尝试，尽管有的时候取景地离芝加哥和洛杉矶之间真正的 66 号公路相去甚远。在这部剧中，“迷人的年轻演员不负众望地让布兹（Buz）和托德（Tod）成了美国的一部分，就像海明威笔下的尼克·亚当斯（Nick Adams）一样”。《电视季刊》（*Television Quarterly*）的一篇评论这样写道。这篇文章还说剧中角色就是“一个在复杂程度远超海明威想象的世界中寻找人类寄托的 20 世纪 60 年代青年”。

这部剧每一集的情节都逃不出相似的套路，有比较多的夸张成分，却将生活的情景描绘得惟妙惟肖，而不是那种非黑即白的表达。布兹和托德每每开着科尔维特在小镇里游荡，总会碰到一些意外，如浪漫的邂逅、地痞的霸凌，或者哪个倒霉鬼遭遇了困境，他们一般就会通过拳头或者侃侃而谈解决问题，之后再驶往下一个目标。《深陷科尔多瓦》（*Trap at Cordova*）就是其中很典型的一集，托德在新墨西哥州的一个小镇里被莫名其妙地以交通肇事罪逮捕了，但小镇的居民其实也是迫不得已。因为小镇的学校缺少一名教师，而托德被判罚在当地的学校当一年的老师。托德在摆脱困境之前激情洋溢地对当地民众指出了青少年教育的重要性。

1964 年，在《66 号公路》播出的最后一年里，科尔维特在文化领域的形象更上一层楼。同时期的摇滚乐队简 - 迪安录制的《死亡弯道》（*Dead Man's Curve*）讲述了一辆科尔维特和一辆捷豹 XKE 穿梭在洛杉矶竞速赛的故事：

> 夜里我开着魔鬼鱼在街道穿梭
> 右侧一辆 XKE 与我同行

在歌曲的最后，其中一辆车在日落大道一处名为“死亡弯道”的急转弯处发生了致命车祸，当然了，倒霉的那辆是捷豹。具有讽刺意味的是，1966 年，组合中的简·贝里（Jan Berry）真的开着自己的魔鬼鱼，在距离歌曲所唱的弯道不远的地方发生了车祸，并因此受伤。他的余生将在偏瘫中度过。不过，这场悲剧反倒让科尔维特更加声名大噪。

另一个科尔维特常规款L88名望更盛。这是由邓托夫和同事们构思的超高性能组合包，其中包含了最高约373千瓦的巨型发动机。雪佛兰从1967年开始制造L88版科尔维特，到1969年停产，这款车型澎湃轰鸣的发动机也反映出了那个年代的特征：嘈杂、叛逆、不受控制。尽管L88一共只生产了216辆，但在40年后的科尔维特展览上，你还能看到一些上了年纪的人身穿写着“L88”字样的T恤走来走去。

1969年，就连基本款科尔维特的发动机都达到了约261千瓦，顾客在购买时可以升级到约324千瓦的7升V8大型发动机。科尔维特进入了全盛时期。“你无须顾虑会有什么替代品，”一则科尔维特的广告夸耀道，“因为它无可替代。”

邓托夫也步入了风华正茂的阶段。在享用了一顿丰盛午餐后（有时会在席间调停设计师之间的矛盾），他会偷偷从背后接近某个女秘书，伸手抱住她说“猜猜我是谁！”他会热情地对待崇拜他的记者。他会在新车发布会上自豪地驾驶着下一年的科尔维特风光亮相，指间夹着一根烟，朝着记者们挥手，然后跳下车，一一回答围观记者的提问。

每当有关科尔维特的消息走漏风声时，大家总是有充分的理由将邓托夫列为首要怀疑对象。他则一直给出相同的回答：“透漏消息的肯定是设计人员。”这句话被列入了大名鼎鼎的“佐拉语录”里，其他的名言还包括“让我先想一想再说”和“把V8装到那辆车里，这样就没问题了”。

未能实现的中置引擎

1967年12月，邓托夫登上《改装车》的封面，他像一个炫耀坦克的将军一样坐在4台巨型的新款通用汽车公司发动机旁咧嘴笑。1968年，通用汽车公司授予的新头衔总算让他的身份与近15年来的实际职务相匹配了：科尔维特首席工程师。1972年，《跑车画报》在一篇题为《佐拉的品牌》（*The Marque of Zora*）

的文章中介绍了他和他的汽车。“尽管邓托夫被任命研究整个雪佛兰部门的高级项目，”文章写道，“但他却慢慢地霸占了科尔维特，这手段就算是拉斯普京（Rasputin）① 看到了也只能俯首称臣。”

邓托夫也并非总能如愿以偿。他梦想着制造一辆将发动机放在驾驶座后面的科尔维特，用汽车术语讲这就叫“中置发动机”，他认为这样可以改进车辆的平衡和行驶动力。然而他的建议和计划一直没能得到公司足够的支持，所以这个项目就此搁浅。

到了 20 世纪 70 年代中期，邓托夫即将退休。科尔维特也正走向低谷。1970 年美国的《净洁空气法案》（*Clean Air Act*）推进了低铅和无铅汽油的使用。包括通用汽车公司在内的所有公司的汽车工程师当时都对制造适用于无铅燃油的高马力发动机一无所知。1973 年的石油危机又加剧了能源紧张，而 1974 年还出现了让邓托夫深恶痛绝的美国范围的每小时 88.5 公里限速制。

科尔维特的马力就像女性裙子的长度一样，是美国经济和精神力量的可靠指标。在 1969 年到 1975 年间，当美国人经历越南战争和“水门事件”时，科尔维特也惨遭失败。其基本款科尔维特发动机的功率从约 261 千瓦缩水到了约 123 千瓦，只比最早的蓝色火焰 6 高出一点，和今天的四缸小型车旗鼓相当。

1974 年年末，65 岁的邓托夫在通用汽车公司规定的执行官退休年龄到来时名正言顺地退休了。他给自己买了一辆银蓝色的 1974 年款科尔维特，并在主驾门上印有独特的 ZAD 姓名首字母缩写，以取代他开了 20 年的那辆公司配备的科尔维特。在他离开后不久，接替邓托夫成为科尔维特首席工程师的戴维·麦克莱伦（David McLellan）想方设法为这款车型的马力缩水正名：“驾驶科尔维特的

---

① 俄国宫廷宠佞，本姓诺维赫，“拉斯普京”为其绰号，意为“恣肆放荡”。原为西伯利亚农民，后离乡皈依鞭身教派，自称“先知”，以巫术行医。1907 年被荐入皇宫，深得尼古拉二世及皇后的宠信。权势日炽，生活放纵无度，竟至干预朝政，终被贵族保皇派刺杀。——编者注

人并不是为了它能达到的高速度，而是因为喜欢驾驶一台经过精心制作的机器。”可以说，邓托夫是绝不可能说出这样的话的。

尽管已经从通用汽车公司退休了，但邓托夫从未离开科尔维特。他会时不时地造访办公室，力劝通用汽车公司高管们制造一款中置发动机的科尔维特，然而他一直未能说服他们。他成了科尔维特各种活动的常客，参加大大小小的展会和庆典，记者们也依然会邀请他分享对未来汽车行业的看法。

在1980年美国第二次石油危机爆发之际，一位记者询问邓托夫对于有传闻称新款科尔维特将会在25年来首度配备六缸发动机一事的看法。“我不想对此发表任何看法。”他回答时显露出了明显的厌恶之情（事实证明这确实是谣言）。他经常驾驶私人飞机出行，还驾着自己的科尔维特在底特律地区附近的高速公路上以远超一般车速的速度飞驰。尽管已年过古稀，但他购置了一辆本田摩托车，还会在位于格罗斯波因特的私家车道上飙车。

对科尔维特来说，20世纪70年代是复苏的起点。而在80年代乃至后来，雪佛兰恢复了在马力上的地位，并在60年代的基础上得到了大幅度的增强。1989年，雪佛兰的首席执行官吉姆·珀金斯（Jim Perkins）带领着一众记者主持了一场穿越法国阿尔卑斯山脉的超长试驾。在路过一个村庄时，一对年轻夫妇对科尔维特艳羡不已，说服当地牧师为他们在科尔维特里完成了婚礼仪式。

尽管受到万众追捧，但科尔维特依然是款小众车型。在销路好的年份，其总销量超过3万辆，大约占据美国市场总体的0.2%。这一销售水平与邓托夫的设想一致，但这也意味着科尔维特一直是公司为节约成本而调整的对象之一。

1991年，当通用汽车公司陷入极度的财政困境时，最高管理层差一点儿就要停产这款车。和之前的邓托夫一样，大惊失色的珀金斯决定违抗老板的命令，从其他各种项目中挪用了大约200万美元来维持科尔维特的运转。在公司会计察觉到资金转移后，通用汽车公司的内部审计员调查了此事，而最高管理层也再追究他的责任，他甚至为此一度请辞。但是科尔维特和珀金斯最后都平安无事，就像邓托夫原来那样。

1992 年 6 月，邓托夫出现在了位于肯塔基州鲍灵格林的科尔维特组装工厂里，他驾驶着第 100 万辆科尔维特驶下了生产线。几个月后，穿着旧工作服、戴着黄色头盔的邓托夫又坐进了推土机里，参加了在组装工厂附近建造科尔维特国家博物馆的破土仪式。科尔维特国家博物馆在 1994 年劳动节的那个周末开馆，12 万名科尔维特的粉丝夹道欢迎邓托夫的到来。

1996 年 3 月，邓托夫出现在了一个规模小得多的活动现场——底特律郊区的一家代理商举办的“科尔维特之夜”。这成为他参加的最后一场科尔维特活动。6 周后，86 岁高龄的邓托夫死于癌症并发症。“如果你不为他的离世而哀悼，”专栏作家乔治·威尔（George Will）写道，“那么你就算不上是一个合格的美国人。”

美式跑车的里程碑

佐拉·阿库斯－邓托夫在他的骨灰罐里完成了最后一次科尔维特博物馆之旅。这只骨灰罐如今依然被供奉在那里。博物馆还展出了一尊邓托夫真人大小的邓托夫石膏雕像，令人想起那个穿着一套白色府绸配淡蓝条纹装束的邓托夫。旁边还挂着他在 1953 年的备忘录真迹《关于年轻人、改装车和雪佛兰的想法》。

科尔维特的车主可以选择从博物馆提新车，而不用去找本地的代理商。整个过程会被博物馆的一个名为“托儿所”的特殊区域通过网络摄像头记录下来，因为它可以像以前那样为人们照看婴儿。每年在美国各地都会举行数十场科尔维特爱好者的聚会，从小型的地方性集会到伊利诺伊州的布卢明顿黄金科尔维特年度盛典。在盛典上，大家使尽浑身解数让自己的爱车被冠以“布卢明顿黄金幸存者”（Bloomington Gold Survivor）的桂冠，所谓的幸存者并不是什么新潮的电视真人秀节目，而是指保存得非常完好、无须或几乎无须进行任何修复的汽车。在

2006年的布卢明顿黄金拍卖会上，一位买家以36.75万美元的价格买下了一辆1964年款粉色科尔维特，这辆带有粉色轮毂的汽车是为一位通用汽车公司高管的老婆特别制造的。

科尔维特还催生了一个迷你产业。1972年，一名佐治亚州的邮递员用自家地下室里的油印机创办了一本关于科尔维特的杂志，结果因此成了一名百万富翁。一个开着奥尔兹莫比尔沿街兜售科尔维特车贴的年轻车迷建立了蒸蒸日上的美国中部汽车公司（Mid America Motorworks），销售从科尔维特的零件到以科尔维特为主题的男女睡衣在内的各种东西。

许多年来，一辆1990年款科尔维特总是会出现在国会山的美国最高法院里，它的主人正是克拉伦斯·托马斯（Clarence Thomas）大法官。这辆车的牌号是"RES IPSA"，这是拉丁法律术语，意为"不言自明"。有的科尔维特车主在解释这辆车的魅力时往往口若悬河。"那种速度和力量的触感流露出一种无所不能的气势"，报社编辑谢尔比·科菲（Shelby Coffey）解释说，作为周年礼物，他在1991年得到一辆妻子赠送的全新的科尔维特。而在两周后，他也领到了人生的第一张超速罚单。"那种感觉让我以为自己比想象中更加强大，我可以将这个平凡的世界甩在后面。"

2008年年底，通用汽车公司发布了新款科尔维特ZR1，功率达到了约476千瓦，百公里加速时间为4秒。售价10.5万美元的ZR1不管从什么角度来看都是一件顶级作品，而且当时的油价也达到了最高的每升约1美元。但是，它照样在几周内就销售一空。

这种热销盛况也证明了邓托夫远见卓识的持久魅力。尽管他的远见并不像"人生而平等"那样高尚。但是却以极高的速度促进了人们对幸福感的追求。与20世纪50年代在汽车方面表现美国繁荣的尾鳍相比，科尔维特具有更强大的生命力。

科尔维特

时间 1953 年

特点 敞篷，时尚，速度

定位 青年人，改装车爱好者

背景 大萧条与战争结束后，美国人迫不及待地想要释放自我

影响 1. 美国第一款现代跑车，在美国汽车历史与赛场上都不容小觑

2. 汽车变成嘈杂、叛逆、不受控制的年代精神象征

第3章　1959年款凯迪拉克，史上最大尾鳍之争

> 佩里巷是典型的20世纪50年代波希米亚风格。周围的每一个人都对美国汽车的尾鳍和城市建设带来的文明及正统家教思想摇头，即使不再注射兴奋剂，他们也精通生活的艺术。
>
> ——汤姆·沃尔夫（Tom Wolfe）《令人振奋的兴奋剂实验》（*The Electric Kool-Aid Acid Test*）

当游行汽车的队伍在镇上热闹地穿过时，那辆跟小船一样长的汽车成了全场焦点。宽大的尾鳍更是衬托出其车身的庞大，从来没有哪一个不在天上飞的交通

工具能在屁股后面插上如此高大的翅膀。数百名旁观者怀着羡慕之情朝着驾驶员挥手示意，而坐在那辆 1959 年款凯迪拉克黄金帝国比亚里茨（Eldorado Biarritz）敞篷车里的人微笑着向他们挥动着双手。

尽管这听起来像是 20 世纪中叶美国上演的一幕场景，但它确确实实地发生在 21 世纪初期，距离 1959 年款凯迪拉克初次亮相约 50 年后。而且这场游行的奇异之处还远不止这些。参观的大多数民众都拥有一头金发。镇里街道的路牌上写的都是“希格斯雷韦斯特”（Sigerslevvester）和“斯范斯特鲁普”（Svestrup）这样拗口的名字。而且画面的远景是一座城堡，那还不是什么迪士尼乐园的那种廉价的奇幻旅游景点，而是一座真正的城堡，并且有幸地被一位名叫莎士比亚的剧作家歌颂过。

丹麦的赫尔辛格不仅是哈姆雷特城堡的所在地，而且也是哥本哈根美国汽车俱乐部为 20 世纪五六十年代的经典汽车大游行活动制订的路线中所经过的一个小村庄。这家哥本哈根俱乐部是丹麦美国汽车俱乐部联盟的一个地方性分会，此外还有加州梦想家、丹麦凯迪拉克俱乐部等数十个类似名称的分会。这些分会的会员驾驶着科尔维特魔鬼鱼、早期款式的野马和 20 世纪 60 年代的各种各样的高马力肌肉车：庞蒂亚克 GTO、道奇皇冠超级蜂（Dodge Coronet Super Bee）和奥尔兹莫比尔 442。但是，通常让观众笑得最欢、欢呼得最热烈的都是产自 20 世纪的五六十年代的大尾鳍和颜色柔和的凯迪拉克。

这些车正好是美国在二战后繁荣鼎盛时期制造的。而在这场实用与浮夸之间此消彼长的大战中，后者暂时称霸了公路。当年的那种在公路上跑的像大尾鳍游艇一样的汽车，后来再也没有出现过。

在丹麦、瑞典以及挪威的这股 20 世纪五六十年代美国老爷车的热潮着实令人感到意外。在斯堪的纳维亚半岛上的公路拉力赛、展会和专业杂志中，受人瞩目的都是那些中年美国人所熟知的汽车。挪威美国汽车俱乐部的 AMCAR 杂志旗下有一家商店，这家店推出的一款适合“寒冷气候的漫游夹克”就特别适用于开着凯迪拉克敞篷车漫游特隆赫姆（Trondheim）。这种夹克还有立领款的。

大多数美国人在回忆起尾鳍时都会难掩尴尬之情，心想："我们当时是怎么想的？"但在帕洛阿尔托佩里巷的那些波希米亚风格的嬉皮士则对象征当时美国文化的尾鳍嗤之以鼻。50多年后，许多中年的斯堪的纳维亚人都将其视作童年时期美国印象的代表：高大、时尚和豪华。美国人可以自由地做自己想做的事，即便这种自由带来的是夸张和怪异。在猫王的赞歌中，人们歌颂自由思想和自我实现。而时至今日，每当丹麦的汽车爱好者齐聚一堂时，猫王的歌曲都时常萦绕其间。他们对于20世纪50年代美国的印象与古朴安静的丹麦截然相反，在丹麦无论在50年代还是今天，都秉承着janteloven（詹代法则）。janteloven是一个丹麦词，表示对装腔作势、表现得高人一等的人的不满，或者说禁止炫耀。

尾鳍的主要目的当然就是炫耀了。1948年，一开始尾鳍还比较小，就像是小蝌蚪的尾巴，但其长势惊人。1957年，克莱斯勒给旗下车型配备了直指云霄的巨大尾鳍，还在广告里夸耀说："转眼间已经是1960年了！"克莱斯勒还号称这种超大尾鳍是一种安全装置：即官方命名为"方向稳定器"，这种装置可以让他们的汽车比一般的、无尾鳍的汽车开得更直。

就算这是一个马力越大、广告越夸张的行业，但这种宣传确实也是虚假到了荒谬的程度。而哈佛商学院的专家却将这种说法照单全收，并向设计出大型尾鳍的克莱斯勒高管致敬。与此同时，凯迪拉克的设计师们由于担心被克莱斯勒淘汰而陷入了近乎惶恐的状态。他们制定了一项紧急措施，要开发出属于自己的更大更招摇的尾鳍。正如美国曾陷入军备竞赛和太空竞赛一样，底特律的超大尾鳍竞赛也开幕了。

设计师中的完美典范

在20世纪中叶的和平时期，美国繁荣景象最具代表性的汽车尾鳍是受战斗机的启发而设计出来的。在二战时，哈利·厄尔参观了位于底特律东北的塞尔弗里奇空军基地（Selfridge Air Base）。他想见识一下洛克希德（Lockheed）P-38 闪电战斗机。尽管出于安全考虑，厄尔和他的助手只能站在距离飞机 9 米开外的地方观看，但他们也沉醉于战斗机的精妙设计。

洛克希德 P-38 的驾驶座舱被两侧安装的硕大发动机和油箱簇拥着。从两侧机身延伸出去的是分别带有刺向正上方的垂直翼的双尾鳍，这让整架飞机有一种不同寻常的类似游艇的感觉。厄尔觉得，这些尾鳍如果装在汽车上的话也会和装在飞机上一样好看。在他的主导下，1948 年款凯迪拉克首次采用了中等尺寸的尾鳍（与其说是尾鳍，则更像是突起）。

尾鳍并没有一炮而红。通用汽车公司的高管担心公众的反抗，这背后也是有一定原因的。“就在 1948 年款车型登场后，抗议的声音就席卷而来，”《财富》杂志报道称，“长期以来一直有传言说，这种车型是该公司在绝望关头拿了无翼的后翼子板的设计草草了事。这一传闻确有其事；该公司的确是这么做的。但当事情发展到后来，人们的看法发生了转变。路上的尾鳍越多，就有越多的人习惯了这种设计，并最终开始喜欢上了它们。”厄尔果然是对的，他的自信并不是自负。

到 1947 年，厄尔已经在通用汽车公司工作 20 年了，而且令人惊讶的是，在其中的绝大部分时间里，他都是底特律唯一的设计高管。福特向来对设计不屑一顾，而他的儿子埃德塞尔在 1943 年的不幸离世也让福特在设计方向上的努力功亏一篑。直到 1946 年，即福特逝世的前一年，他的孙子兼继任者亨利·福特二世才开始依赖设计师乔治·沃克（George Walker）。

身高 1.78 米，体重约 100 千克的沃克，曾是半职业橄榄球运动员，家里有 40 双鞋子和 70 套衣服，而且总是喷着浓郁的古龙香水，他走过去很久，同事都能嗅出他的行踪。他有一次跟一名记者详细描述了在佛罗里达州度假时自己搭配的一套服装。“那真是太棒了，”沃克说道，“我在那里开着自己的白色林肯大陆（Lincoln Continental），穿着一件纯白色的刺绣牛仔衬衫和黑色华达呢长裤。旁边坐着的是我家乌黑的大丹犬，它是从欧洲带来的，名字叫克鲁普。这世上就没有比这更好的搭配了。”如果你想要挑战的话，还是省省吧。

克莱斯勒是底特律三巨头中最后一家走时尚路线的公司。相比于厄尔和沃克，克莱斯勒的设计主管弗吉尔·埃克斯纳（Virgil Exner）就是个彻头彻尾的正统派设计师，正如竞争对手 AMC 的一位设计师所说：“真心是个好人……他是汽车设计师中绝对的完美典范。”

埃克斯纳 1909 年生于密歇根州的安阿伯，原名弗吉尔·安德森（Virgil Anderson），但他的母亲是个未婚的美籍挪威女孩，没有抚养他的能力。机械工乔治·埃克斯纳（George Exner）和妻子艾娃领养了这个男孩。他们居住在密歇根州的西南部小镇布坎南，距离芝加哥要比距离底特律更近一些。在读书的时候，弗吉尔喜爱画画，爱好写生汽车，并为高中的许多刊物绘制插画。埃克斯纳画的第一辆车是福特 T 型车，但他对 T 型车朴实无华的外观并不满意。于是他就在这辆廉价小汽车的引擎盖上加了一个迪森贝格的标志，还在两侧画上了金色的细条纹。

高中毕业后，埃克斯纳进入了位于印第安纳州南本德（距离布坎南约 24 公里）的圣母大学学习艺术和设计。两年后，蠢蠢欲动的他辍学到南本德的一家名为广告艺术家公司的工作室工作，作为一名信差，每周工资 12 美元。虽然埃克斯纳设法为当地的汽车公司斯图德贝克负责绘制营销用的插画，但他真正想设计的并不是销售小册子，而是汽车。

当他有了在通用汽车公司实现梦想的机会（当时通用汽车公司正在扩充设计部）时，埃克斯纳就跳槽了。他的作品吸引了厄尔的注意。1934 年，厄尔雇用了“埃克斯”（他本人喜欢这个称呼），并让其负责庞蒂亚克的设计工作室。当时的埃克斯纳年仅 25 岁，在小伙子们当中也算是身材修长、气宇轩昂的。他在全世界最大的汽车公司里的前途看上去一片光明。

但是，埃克斯纳却在1938年离开了通用汽车公司——那个时代最负盛名的工业设计师雷蒙德·洛伊（Raymond Loewy）把他挖走了。洛伊在纽约的独立工作室已经设计出了从万国联合收割机公司（International Havester）的拖拉机到好彩香烟（Lucky Strike）的包装在内的种种产品。虽然厄尔想要留住埃克斯纳，说等他本人退休之后，埃克斯纳有机会成为通用汽车公司的下一任设计主管，但是看情况，这要等上好几十年。

埃克斯纳离开了底特律，将刚组成不久的家庭搬到了长岛。在洛伊的工作室里，他的客户是斯图德贝克，而且这一次设计的内容不再是小册子，变成了真正的汽车。一开始他要在纽约和南本德之间奔波，直到1941年，洛伊才安排他到南本德工作，于是就离斯图德贝克更近了。事实上，埃克斯纳比洛伊预想的更接近客户。

1945年的5月，斯图德贝克在二战后的新款车型上没有采用洛伊的设计方案，而是选择了埃克斯纳的。妒火中烧的洛伊坐上了从纽约开往南本德的火车，风风火火地闯进了埃克斯纳与斯图德贝克的工程副总裁罗伊·科尔（Roy Cole）的会议中。“你被就地解雇了。”洛伊对埃克斯纳说。但是，作为公司里最欣赏埃克斯纳之人的科尔当场就迅速反驳道：“你被就地录取了，埃克斯纳先生，欢迎到来斯图德贝克。”洛伊这下只能吃不了兜着走，而埃克斯纳倒是因祸得福。

不过，埃克斯纳的运气也不可能永远这么好。后来登上《时代周刊》封面的洛伊拥有足够强大的名望，在斯图德贝克有很大的影响力。科尔也已接近退休年龄。在科尔离开后，埃克斯纳在斯图德贝克的地位变得不确定，他不得不在科尔的好心帮助下开始寻找其他工作。

福特汽车公司原本为埃克斯纳留出了最高的设计职位——至少他本人是这么认为的，可是后来他们打电话通知由沃克负责公司的设计工作。埃克斯纳最终找到了K.T.凯勒（K. T. Keller），这位身材矮胖、红光满面、自学成才的工程师是克莱斯勒的总裁。在克莱斯勒，工程师鄙视设计师并非完全没有理由。在克莱斯勒历史上最大胆的设计，即将引擎盖拉长而把车尾削去，并采用流线型设计的1934年款气流（Airflow）轿车是一款失败的作品（不过话要说回来了，现在的收藏家把这款车的价钱炒得很高）。在仅仅3年后，气流就停产了。

然而在1949年，克莱斯勒在二战后美国的汽车购买热潮中节节败退，这让凯勒非常担心。于是凯勒以2.5万美元的薪资聘请埃克斯纳担任克莱斯勒高级设计室的主管。尽管埃克斯纳可以自由尝试前卫的设计概念，但他的权力有限，车子能否被生产出来还得听工程师的。因此克莱斯勒在市场份额上依然持续走低。他们的汽车款式采用过时的“三厢”设计，即厢式前舱、厢式客舱和厢式后备厢。比起福特汽车公司和通用汽车公司推出的外形圆润、车身镀铬的汽车，克莱斯勒就显得方正而拘谨，而凯迪拉克则尤为大胆。1952年年底，凯迪拉克旗下新车的前保险杠上设计了铬合金的突起圆锥装饰。虽然他们的本意大概是想表现出鱼雷的模样，但是在大多数男性来看，这些装饰使人联想起一种更为私密的身体部位，被戏称为“达格玛”（Dagmar），这是当时电视剧中一位女明星的名字。

与此同时，凯勒向埃克斯纳展示了克莱斯勒在1955年要推出的车型的设计图，征询他的意见。埃克斯纳的答复是“令人厌恶”。早看够了令人失望的销量数据的凯勒给了埃克斯纳一个机会，让他重新设计公司的整个产品线：普利茅斯（Plymouth）、道奇、迪索托（DeSoto）和克莱斯勒。其中当然还附上了一些禁止事项。新设计必须在短时间内完成，因为1955年的车型要在1954年的10月发布，生产则要在短短的18个月后开工。由于时间紧迫，埃克斯纳不得不沿用这些车型原本设计好的基本底盘。

埃克斯纳接受了这一挑战。1953年夏天，他被授予了新的职位：克莱斯勒历史上第一个设计主管。这位出身卑微、大学没毕业的、更没有艺术学位男孩在44岁终于找到了用武之地。他准备重新塑造克莱斯勒汽车，把凯迪拉克打得措手不及，并在美国人的生活中留下自己的印记。

从众心理支配下的审美

在 20 世纪 50 年代的美国，循规蹈矩的人在当时还是主流。他们在 1947 年的长岛莱维敦开垦肥沃的土地。从 1955 年第一条州际高速公路出现后，他们则开始到更偏远的地区去开垦。1952 年到 1958 年有三部电视情景喜剧，即《奥兹和哈里特的冒险》（*The Adventures of Ozzie and Harriet*）、《反斗小宝贝》（*Leave It to Beaver*）和《唐娜·里德秀》（*The Donna Reed Show*），这三部喜剧都歌颂了这种理想的郊区家庭：普通的白领爸爸（实际职业并没有说明）、居家烤饼干的妈妈和虽然埋怨功课但基本还算听话的有礼貌的孩子。

电视屏中的父母并不是唯一受到尊重的权威形象。20 世纪 60 年代末期的政府官员、公司高管和牧师则已经到了被奉为英雄的程度。1954 年大热的电影《纵横天下》（*Executive Suite*）将"执行官歌颂成了英雄"，用《财富》的文章来说，他们是"克服困难，无论何时何地都是能不负众望并勇夺桂冠的人"。由威廉·霍尔登（William Holden）饰演的主角麦克唐纳·沃林（McDonald Walling）是一家名为特雷德韦的虚构的家具公司的设计副总裁。当特雷德韦的总裁意外身亡后，沃林加入了新总裁的角逐，他许诺会恢复特雷德韦的传统价值观。在剧情的高潮部分，沃林在特雷德韦的董事会面前凭借激情和理想主义大获全胜。

1955 年 1 月，《财富》刊登了一篇以第一人称写成的文章，撰稿人是一位真正的执行官英雄——美国无线电公司的创始人兼主席戴维·萨尔诺夫（David Sarnoff）。他预言说，美国正在进入一个由新技术带来的空前繁荣的时代。"在家庭和工业厂区里安装的小型原子能发电机将会在未来几年内成为电力的主要来源。"萨尔诺夫写道。不过，家家户户都有原子能反应堆的梦想并没有像家家户户都有鸡肉吃的梦想那么吸引人。

1956 年 1 月，《时代周刊》将 1955 年年度人物颁给了通用汽车公司的首席执行官哈洛·柯蒂斯。作为全球最大制造商的领导者，柯蒂斯是"在众多同样凭借技术、勇气和眼光不断开启美国经济发展新疆域的伟人中的先驱……"就算是该公司的宣传人员可能也写不出这篇堪比通用汽车公司新闻稿的献媚文章。

1956 年 5 月，通用汽车公司在底特律北部举行了占地 24 公顷的类似校园的新技术中心的奠基仪式。艾森豪威尔总统前来演讲，他还邀请了印度尼西亚的苏加诺总统做嘉宾，何其展现美国的超凡技术。另一位上台发言的是通用汽车公司研究实验室的副总裁劳伦斯·哈夫斯塔德（Lawrence R. Hafstad），他说："在美国我们拥有了一个新特点，一个严格意义上的美国创造，即一切为了不断增加消费者购买力。"

在大萧条之后的短短 20 年里，无限的乐观主义和对未来的信心充斥着美国的每一个角落。与这种快乐自信如影随形的自然是人们的从众心理和对权威的尊敬。正如后来的电视剧《广告狂人》(*Mad Men*）演的那样，美国人在总体上愿意让广告专家决定他们的品位和渴望。对于 20 世纪中叶的大多数美国人而言，越大就意味着越好，而越好的东西肯定有好的将来。

20 世纪 50 年代后期，《花花公子》上刊登的达格玛照片就不再是镀铬的汽车，而是身材曼妙的女性形象了。赫夫纳、猫王，以及当时其他的文化叛逆者都是盛大派对的代表，而不是什么社会公正或者保护或者别的什么玩意儿。巧合的是，相比于自我否定，自我纵容恰好让底特律获得了更大的利润空间。体积更大、外表更光鲜的汽车要比那些平淡无奇、朴实无华的汽车卖得更贵。所以在美国的文化叛逆者和身穿工作服的公司形象这两种表现之间产生了奇特而又严丝合缝的配合。这为汽车奢侈时代提供了最好的土壤。

高耸的尾鳍

克莱斯勒毫无亮点的设计风格是其市场份额在 1954 年暴跌至 13% 的关键原因，这个数字比起正常的平均水平低了 5 到 6 个百分点。在那年夏天，人们交头接耳地议论说，由埃克斯纳设计的第一批车，即公司 1955 年款的车型看起来将会大不相同。而在证券市场上，克莱斯勒的股价飙升了 5 个百分点。“埃克斯纳正坐在当今汽车工业最滚烫的位子上。”《看客》(*Look*) 杂志写道。确实如此，没有人知道市场对克莱斯勒的信心，以及克莱斯勒对埃克斯纳的信心将会换来什么样的回报。

由爱德华·科尔设计的通用汽车公司 1955 年款雪佛兰必将是个强有力的竞争对手。根据具体车型的不同，新雪佛兰的高度要比过去的款式低 7 ～ 15 厘米。新的 4.34 升的 V8 发动机在雪佛兰的历史上是最强劲的。像深蓝和深绿这样的暗色调让位于明快的双色搭配，其中包括深灰色和红色的装饰混搭风格。

虽然福特主打造型的新款雷鸟并没有什么重要的工程学上的创新，但当时已经成为公司设计副总裁的乔治·沃克也不露怯色。“好看才是美国汽车的销量保障。”他宣称，并解释说开发出能够吸引女性的汽车就能帮助福特把车卖给男性。

但即使在这些车的围攻之下，克莱斯勒的新车造型设计依然能夺人眼球。尽管手头的资金和时间都捉襟见肘，但埃克斯纳成功地改变了克莱斯勒的设计。素面朝天的车头被换上了“法式”车头灯，它们就像浓密的眉毛一样向前隆起。三厢的造型也不复存在。新车的楔形车身从前到后有一个向上的倾斜，层层递进，直到后端形成硕大的尾鳍。克莱斯勒的尾鳍上还带有尾灯，它们也同样被做成了垂直的楔形状，在灯光周围环绕着闪闪发光的镀铬挡板。克莱斯勒将其新的设计风格称为“前瞻”。

毫无疑问仍然对斯图德贝克一事耿耿于怀的雷蒙德·洛伊公开抨击了过去门徒的作品。美国车正在变成“轮子上的点唱机”，他在《大西洋月刊》(*The Atlantic*) 中补充写道：“1955 年的汽车……都无法挽救人们对美国人浪费、傲慢、麻木不仁的印象。”接招吧，埃克斯纳。

虽然埃克斯纳的汽车无疑是所有汽车中最花哨的，但获得了最大的销售收益。克莱斯勒的市场份额在 1955 年的前 5 个月一跃回升到 18%，几乎弥补了去年灾难性的损失。更令人惊奇的是，该公司在 1955 年前两个月的收入超过了 1954 年全年的利润。越战越勇的埃克斯纳和克莱斯勒在 1956 年推出了更大胆的设计，并把尾鳍的尺寸继续扩大。该公司将其宣传为“横扫一切”风格，吹嘘说：“从突出的车头灯到竖立的尾鳍，每一个部位都在说着，‘行动起来！’”夸张的广告就和尾鳍一样，达到了新的巅峰。

尽管如此，评论家们仍纷纷致以热烈的赞美之词。“1956 年款的普利茅斯就像崭新的银币一样闪闪发亮，”《汽车生活》（*Motor Life*）杂志写道，“虽然 1952 年至 1954 年的保守设计让它成了无人问津的壁花，而在 1956 年它超越竞争对手一年甚至可能更多，对手的尾鳍设计部门显然已经被打得狼狈不堪。”

加高尾鳍可并不是克莱斯勒在 1956 年的唯一亮点。公司还引入了外号“PowerFlite”的按钮式自动变速箱，据该公司的解释，其优点是“完全避免换挡时误操作”。按钮式的汽车看起来拥有现代感、高科技感，而且与萌芽的太空时代是绝配。1956 年，埃克斯纳前往芝加哥，获颁《时尚先生》（*Esquire*）杂志的时尚奖。他正攀上巅峰，并寻求着更高的目标。

但是，埃克斯纳是一个嗜烟如命的工作狂，而且成天靠着酒和咖啡度日。他还得承受每天与克莱斯勒的工程师和制造部门的高管之间持续不断的内耗所带来的压力，对方总是抱怨埃克斯纳设计的制造成本或者难度太高。1956 年 7 月 24 日，就在克莱斯勒 1957 年款车型即将开始生产的时候，埃克斯纳突发严重的心脏病。经过紧急手术，他渡过了难关。

在埃克斯纳休养的时候，他收到了一个糟糕的消息。在意大利由乔西亚公司制造的一款名为“挪威人”（Norseman）的试验车沉入了大西洋底，这辆试验车价值 10 万美元，在当时可谓天文数字。“挪威人”是埃克斯纳最心爱的项目之一，而这一命名也完全是为了纪念他自己的挪威血统。由于对这辆车的要求太高，包括电动后车窗和支撑轻质车顶的超细钢条，导致从意大利驶往美国的运输推迟了 3 周。他们重新安排了当时最早的一艘船，结果刚好是安德里亚·多利亚号

（Andrea Doria）。7 月 26 日，这艘意大利豪华游轮在楠塔基特岛海岸与一艘瑞典船只相撞并沉没，船上 1 700 人中有将近 50 人遇难。这成了迄今为止最严重的一次跨大西洋的大型船难，而埃克斯纳的“挪威人”也永远成为这段历史的一个注脚。

风度与地位的象征

1956 年夏末，随着埃克斯纳的身体逐渐康复，一个名叫查克·乔丹的年轻人踏上了一段更短的旅程。凯迪拉克的设计师乔丹在午休时间驱车沿芒德路向北，那是底特律东北方向的一条郊区要道。像这样开车兜风也是乔丹排遣在设计室里无法避免的沉重压力的一种方法。不过，这一天他的脑海中还有另一件事。乔丹曾有耳闻：尚未面世的克莱斯勒 1957 年款车型的外形设计要比该公司在前两年备受赞誉的设计更为激进。当乔丹路过克莱斯勒的一家工厂时，注意到在围栏后面的空地上停放着几辆汽车。他决定开车进去看看。尽管这些车被周围高高的杂草挡住了大半，但乔丹的所见足以印证他心中最大的恐惧。

“我简直不敢相信我的眼睛，”15 年后，乔丹这样回忆道，“这些车太漂亮了，薄薄的车顶、细长优美的弧线。我们的 1957 年款车型根本无法与之相提并论。我们的车顶厚重，车体外形笨重，保险杠低得能碰到地面，还采用了大量的铬合金。它们都是哈利·厄尔设计的。而厄尔是个强硬的老板，他想要什么就得给他什么。”

乔丹径直返回了通用汽车公司技术中心，冲进了比尔·米切尔的办公室。“你得看看我刚才看到的东西，”乔丹激动得唾沫横飞，“太令人难以置信了。”于是米切尔和乔丹抓来一位同事——设计师戴维·豪尔斯（David Holls），直接开车返回到芒德路。“那些尾鳍直接从草丛里戳出来，”豪尔斯回忆起当时的情景说，“这根本就是无法想象的。我们都惊叹，‘哦，老天，他们的车把我们的车比下去了’。”拥有高耸锐利尾鳍的新克莱斯勒与通用汽车公司准备于 1957 年推出的镀铬大块头达格玛比起来确实是天壤之别。一位竞争对手的设计师半开玩笑地说：“如果直接将 1957 年版通用汽车公司整体镀铬，然后遮挡几个点喷漆的话，制作起来会更容易。”

这一发现让米切尔陷入了左右为难之境。现在再更改通用汽车公司 1957 年款的设计为时已晚，就连 1958 年款车型也已经很难再做一丁点儿调整了。虽然他还来得及将 1959 年款车型的设计图全部撕掉重做，但这会让正在欧洲享受度假的厄尔大发雷霆。厄尔离退休只剩下一年左右的时间了，米切尔显然是其接班人。他虽然不得不采取一些行动，但又不能公然挑战老板。于是，米切尔想到了一个精明的计策。他并没有废弃原有的设计，也没有违抗厄尔，而是针对通用汽车公司的每一款主流车型开展了备用设计方案的工作。几周后，厄尔从欧洲回来了。他来到设计室，发现在他定稿的像矮胖的乌龟一样的 1959 年款车型旁边并排放着一些新的时髦的设计作品。

这个 30 年来专注于通用汽车公司设计的男人一言不发，回到了他的办公室。这种沉默对于米切尔、乔丹和其他同事而言就如同地狱般恐怖。老板会不会当众将这些备用设计图撕掉以儆效尤呢？他会不会把他们全都炒鱿鱼呢？厄尔知道他正面临着挑战，估计这两个念头也都在他脑海中出现过。过了整整三天，厄尔走出了他的办公室，虽然依旧沉默不语，但用点头表示了赞许，这让担惊受怕的年轻人感到了一些安慰。他肯定了他们的设计，并允许他们自由发挥。但是，这并不能真正解决通用汽车公司的问题。通用汽车公司要等两年的时间才能让新的设计风格走入市场，而在此期间，凯迪拉克的汽车就只能保持千篇一律的模样。1957 年款车型上面的尾鳍看起来就像是画蛇添足的草率附加。笨重的前保险杠和格栅都镀了铬。鱼雷形的镀铬达格玛新增了几处黑色的橡胶点，这些橡胶点很快收获了“乳头”的外号。它与 1957 年款的克莱斯勒形成了鲜明的对比。

1957 年款克莱斯勒的车头要比上一年的款式低了 7 ～ 12 厘米，而这一变化也让埃克斯纳的设计师团队与工程师团队较量了很久。随着整车尺寸从前到后像楔子一样延展开来，车身高度也逐渐提高，一直到尾部高高的鳍翼。“含蓄地使用镀铬……赋予克莱斯勒一种高贵的魅力，吸引那些本能地抗拒花哨炫耀的人。”克莱斯勒本人称。

这一声明暗暗扇了达格玛、橡胶点及厄尔铬袍加身的其他装饰物一个巴掌。只有装在这些汽车上的尾鳍才能被称为低调奢华的范本。但克莱斯勒的宣传机器正在加速。“银色电镀铝装饰……从前的方向稳定器如今已变得风姿绰约。”公司的销售小册子上这样夸耀道。

谁又能预料得到呢？从幼儿期走到青春期，再到如今高高在上的成年期，尾鳍已经成为实至名归的“方向稳定器”。尽管这无异于将监狱称为“门禁森严的社区”，但克莱斯勒却将其升华到了公司声明的高度。“有了我们 1957 年款车型高耸的尾鳍，”埃克斯纳在回到工作岗位后的一场演讲中说道，“在以正常速度行驶的过程中，如果突然遭遇强侧风，那么车辆抓地的稳定性将提高 20%。”克莱斯勒的办公室里估计有不少牛都被吹上天了。

不断有更多的荣誉向埃克斯纳涌来。1957 年 4 月，圣母大学的底特律校友俱乐部授予这位从未毕业的学长“年度风云人物”的称号。6 月，美国工业设计师协会也为他颁奖。他在颁奖辞中说：“尾鳍是一种自然和现代运动的象征，它出现在自然界的生物和飞行器上……以及导弹和火箭上。”7 月，埃克斯纳当选为克莱斯勒的副总裁。12 月，哈佛商学院邀请他就“设计哲学”这一主题举办一场捐赠讲座。

埃克斯纳利用这一机会不仅谈论了造型设计和安全，还提及了美国文明的进步，他欣喜地认为自己设计的汽车上就可见这种进步的文明。“美国人的生活方式都与汽车紧密结合，”埃克斯纳说道，“它的意义已经不只是运输这么简单。它已经成为一种地位的象征。由于这种特定的地位象征往往在与其他种类或年代更老的（地位）象征比起来显得最为光彩夺目，所以汽车的造型设计就必然在增强销售吸引力的过程中扮演了一个关键性的角色。”

尾鳍的流行反映出了“美国消费者不断提高的美学品位”，他补充道：“我相信所有的美国产品都会越来越多地反映出美国文化的精神和特质。”

车尾造型设计的窘境

在一些评论家看来，埃克斯纳的自吹自擂恰恰印证了美国的怪异文化，如果能将这一现象称之为“文化”的话。1957 年，记者万斯·帕卡德（Vance Packard）出版了《隐藏的说客》，将埃克斯纳和他在麦迪逊大道上的那些同谋描述成玩弄美国盲从愚昧群体的操纵者，哈佛商学院的教授们也被归于愚昧群体。帕卡德把矛头指向了各行各业。他宣称《胡迪·都迪秀》（*Howdy Doody Show*）这档流行的儿童电视节目通过将类似桑德萨德酋长和破坏先生这样的成人角色塑造成大号的低能儿，扭曲了孩童的心智（好像孩子们需要更多的证据才能相信大多数成年人都是笨蛋一样）。

至于底特律，一些心理学研究表明，“男人将敞篷车可能视为象征意义的情人，”帕卡德写道，“虽然他知道无法实现拥有情人的愿望，但是做做白日梦也是好的。”每一款产品的市场营销人员，帕卡德解释道，都利用洗脑的方法来挖掘美国消费者被压抑的情感诉求。

一年后出版的《傲慢的战车》和《隐藏的说客》一样，都是畅销书。作者约翰·基茨（John Keats）继承了帕卡德的理论，总结说：底特律制造的汽车面向“喜欢做白日梦的傻瓜”。基茨还补充说：“大部分制造商都在汽车引擎盖上安装了无用装饰物，埃德塞尔就曾被大加赞赏……这些都不是纯粹的巧合。”

埃德塞尔巨大的椭圆形格栅，让人联想到马项圈、抽水马桶。虽然埃德塞尔放弃了高尾鳍的领先优势，但这辆车最终还是沦为失败的同义词。

这对埃德塞尔·福特而言其实并不公平，这款车是以他的名字命名的。他是福特汽车公司创始人的独子，也是首席执行官福特二世的父亲，当埃德塞尔牌汽车于 1957 年 9 月 4 日进入市场时，他早已过世了。除此之外，尽管这个名字谈不上有多么好，但也要比福特雇来帮忙起名字的普利策奖诗人玛丽安娜·穆尔（Marianne Moore）提出的候选方案好多了。她的一些提议，如福特银剑（Silver Sword）和“大学突击”（Varsity Stroke），听起来就像达格玛一样玄乎。其他一些，比如“公民猫鼬”（Mongoose Civique）和“乌龟乌托邦”（Utotopian Turtletop），则更加怪诞。

埃德塞尔是一个包含了四款不同车型的品牌：全尺寸的嘉奖（Citation）和海盗船（Corsair），以及较小的领跑者（Pacer）和漫游者（Ranger）。他们的想法是让福特车主能进阶到一个不像林肯那么昂贵的中等档次的品牌。随着雪佛兰车主的财富和地位逐渐提高，其中大约有 85% 的人都进阶了，转向某个高档的通用汽车公司品牌，通常都是奥尔兹莫比尔或者别克，并最终可能选择凯迪拉克。但是福特汽车公司的研究表明，他们的车主只有四分之一会转向林肯。福特汽车公司投资了大约 2.5 亿美元创造了自己的次奢侈级品牌。除了前格栅之外，它值得一提的特色就是在方向盘中央通常放置喇叭的地方换上了一个按钮式的自动变速控制器。这个级别的福特起售价大约为 2 500 美元，与最高价格的福特轿车相比，高出约 300 美元。

1957 年 10 月 13 日是周日，福特汽车公司抢先与《埃德·沙利文秀》（*Ed Sullivan Show*）合作，播出一集邀请弗兰克·西纳特拉（Frank Sinatra）和宾·克罗斯比（Bing Crosby）的周日晚埃德塞尔特别节目。3 周后，埃德塞尔的设计师乔治·沃克登上了《时代周刊》封面。“到目前为止，埃德塞尔的销量还没有达到沃克的预期，”该杂志评论道，“但是要想知道拥有的是柠檬[①]还是柠檬汁，还需再等几个月。”

① 柠檬属水果，因其太酸不能直接吃，必须经过再加工才能享用。因此美语中柠檬成了“糟糕、令人不爽的、让人失望的东西”的代名词。——编者注

结果当然是酸涩的柠檬。埃德塞尔不仅因滑稽的前格栅备受困扰，而且也承受着品质上粗制滥造的恶果。最重要的是，美国在 1958 年开始进入衰退，这对凯迪拉克、克莱斯勒及其他高价汽车的销量都产生了影响。埃德塞尔的方方面面，不管是工艺、风格、价格还是推出时机，都不尽如人意。福特汽车公司期望在第一年销售 20 万辆埃德塞尔，但最后却只完成了三分之一的销售指标。1959 年 11 月，经过两年的惨淡经营和 4 亿美元的亏损之后，福特汽车公司在埃德塞尔拖垮公司之前终结了它的生命。

在埃德塞尔垂死挣扎时，凯迪拉克的销量也不怎么样。凯迪拉克在 1958 年出现了 17% 的下滑，尽管一部分原因要归结于经济衰退，但其中也存在厄尔的设计明显已经过时的因素。1958 年 8 月的《汽车生活》就担心“通用汽车公司正处在一个无法为车尾找到一个具体的造型设计哲学的窘境”，说得简单点，通用汽车公司现在正在落后。“凯迪拉克毫无疑问将会沿用已经有 10 年历史的小型尾鳍的习惯……”——没有比这更离谱的了。

昙花一现的怪异文化

当 1959 年款凯迪拉克闪亮登场时，人们虽然一眼都能认出它们，但都忍不住再回头仔细多看两眼。最长的车型，即 75 系列，足足有 6.4 米，比 50 年后通用汽车公司的“巨无霸”悍马 H2 还长近 1 米。新车的高度也低了几厘米，这一改变也使得通用汽车公司不得不降低前排座椅的高度，避免乘客的脑袋撞到车顶。每一辆凯迪拉克都配备了超过 224 千瓦的 V8 发动机。“黄金帝国布鲁厄姆”（Eldorado Brougham）造价约为 1.4 万美元，相当于现在的 10 万美元。

虽然带有橡胶头的达格玛消失了，但是大量镀铬的手法依然在双层前车灯和前格栅上保留了下来，这些前格栅看起来就像是胃囊一样，给人一种能把面前一切全都吸进肚子里的感觉。车身两侧长长的凹面形状仿佛飞机机身一般，顺畅地过渡到如同喷气发动机排气口的圆形刹车灯。但是，其最显著的特点是硕大的尾鳍，几乎令人以为是直接从火箭上拆下来的。每一片鳍翼都“加装了一对抛物线形的尾灯”，一份有关克莱斯勒的“竞争力评估”报告中这样写道。被人冠以“生殖腺”外号的双尾灯没过多久就取代了轮毂罩，成为小混混最爱偷盗的汽车零件。

1959 年款凯迪拉克的尾鳍本可以变得更大。在设计过程中，查克·乔丹和同事们曾雕刻了一个黏土模型，站远了一看，发现尾鳍的高度超过了车顶。他们回到画板前，将尾鳍的尺寸缩小了，不过也就缩小了一丁点儿而已。一位凯迪拉克的高管曾赞美这些尾鳍展示了“1959 年凯迪拉克驾驶王国的尊严”。后来米切尔兴高采烈地把它说得更生动：“要我说的话，凯迪拉克要是没了尾鳍就好像鹿没了角一样，那就成了一只大兔子。”

通用汽车公司已经明确指出，无论是实体还是形象上，他们都不会被埃克斯纳和克莱斯勒的新贵们击败。凯迪拉克的销量在 1959 年大幅提升，弥补了上一年的下滑。通用汽车公司的其他品牌也都推出了各自独特形状的尾鳍。雪佛兰的是水平的“蝙蝠翼”尾鳍，而别克则长出了斜向的“三角翼”尾鳍。通用汽车公司在纽约车展上展出的火鸟 3 代（Firebird III）“梦想汽车”更是拥有多达 9 只尾鳍，分别位于车尾、车侧和后备厢盖上。尾鳍王国开始了一段短暂而辉煌的称霸时期。

哈利·厄尔在 1958 年年末退休，当时通用汽车公司的 1959 年款车型才刚刚面世。1961 年，埃克斯纳也退休了，一方面是由于健康状况的恶化，另一方面则是由于克莱斯勒设计部门的内部斗争。那时尾鳍已经开始退出历史舞台。在 1959 年的巅峰期之后，尾鳍的尺寸就恢复了原样，到了 1964 年，尾鳍就只剩下不明显的痕迹，1965 年就彻底消失了。

不过，在销声匿迹许久之后，尾鳍依然是 20 世纪 50 年代美国标新立异风尚的象征。1974 年，一位名叫斯坦利·马什（Stanley Marsh）的得克萨斯州百万富翁把 10 辆带尾鳍的凯迪拉克，在故乡阿马里洛郊外靠近 40 号州际公路和旧 66

号公路交会处附近让它们入土为安，埋葬的姿势都是车头朝下，尾鳍朝向天空。这处被人们称为“凯迪拉克农场”的景观有力证明了尾鳍在美国人脑海中烙下的深刻印记。它们也给外国人留下了印记，其中包括丹麦凯迪拉克俱乐部的成员利夫·康索（Leif Kongso）。

在尾鳍时代结束50年后，康索收集了一辆凯迪拉克和好几辆其他来自20世纪五六十年代的美国车。“我一丁点儿都不在意别人去超市买东西都开什么样的车，也不关心宝马汽车公司或者大众汽车公司在亚洲地区推出了什么用更便宜的塑料制造的新车型。对我而言，它们无非是将你从甲地送到乙地的工具。我养的这几只‘恐龙’可都是过去那个时代的遗迹，这样的东西永远不会再出现了，”他在丹麦凯迪拉克俱乐部的一次会议上这样说道，“我们丹麦人从小就一直听别人说，美国是美梦成真、一切皆有可能的国度。每个人都梦想着在宽阔的大道上驾驶顶级豪车，一边放着美妙的音乐，一边追逐夕阳。所以我选择真正的汽车，而不是一个批量生产的、现代的、无聊的铁盒子。虽然我并不是一个爱表现或者爱炫耀的人，但我很感谢所有对我们报以微笑和赞赏的人。”

虽然康索对带尾鳍的凯迪拉克特别喜爱，但奇怪的是他确信自己并不喜欢真的生活在美国。“我怀疑我没法习惯这样一个庞大的国家，”他说，“有个美国的朋友曾经告诉我，他喜欢去丹麦的酒吧，因为在那里总是能遇到熟人。回美国后这样的事情就再没发生过。每次去酒吧都是一群完全陌生的面孔。”

情况就是这样。驾驶带尾鳍的凯迪拉克兜风让丹麦人能够享受美式生活，这就跟小孩子扮演牛仔和印第安人一样。他们可以体验那个深深吸引他们的激动人心的美国，而不必为那个排斥他们的真实的美国而困扰。这种又爱又恨的感受其实也存在于许多美国人的心中。

尾鳍留下的最为讽刺的遗产就是它们沦落成被嫌弃者。在1987年的电影《铁皮人》（*Tin Man*）中就以喜剧形式将这一情形展现了出来。片中丹尼·德维托（Danny DeVito）和理查德·德赖弗斯（Richard Dreyfuss）饰演两个相互竞争的铝墙板销售员，二人的带尾鳍的凯迪拉克也成了这场竞争的道具。但是随着剧情的发展，它们的鳍状庞然大物旁停靠的汽都变成了小巧简洁的甲壳虫。美国人的品位已经发生了变化。

凯迪拉克

时间 1959 年

特点 车身低矮，长车形，大尾鳍，V8 发动机

定位 顶级豪车

背景 战后美国经济繁荣，乐观主义和自信充斥着美国

影响 1. 引领美国奢靡文化，代表能够享受自由的美式生活

2. 尾鳍设计引发汽车浮夸装饰新潮流

第 4 章　大众甲壳虫与微型客车，从力量到乐趣

我想说的是，我瞧见你们这群家伙开着别克跑高速……还跟老母亲和穿着童子军迷彩服的孩子们说：“看那些坐大众巴士的怪胎。”

——《名车志》

大众甲壳虫的有趣之处在于，美国人觉得这个名字很可爱，德国人却特别讨厌它。直到 20 世纪 70 年代初，大众汽车公司才开始采用“甲壳虫”这个名称。仿佛是为了证明德国人都毫无幽默感一样，大众汽车公司将这款车称为“大众轿车”（Volkswagen Sedan）。不过这至少比它被遗忘许久的大众汽车公司原名要强一些——原名是由希特勒命名的，与当时的一个社会组织相关，当时德国人把它缩写为 KdF。

希特勒想要的是一辆面向平民百姓的实用型汽车，让德国能在轮子上快速前进，就像福特在1908年推出T型车改变美国一样。希特勒的政府派代表前往底特律，向经验丰富的美国实业家请教相关问题，而福特是其中给予最大帮助的一位。有少数第一代美籍德国人从底特律返回德国，参与新车的制造工作。但后来人们发现，他们选择的职业道路并不顺利。

1945年3月，伴随着苏联的进军，希特勒来到距离柏林大约96公里的东部前线视察军队。为了不显得太高调，他没有选择乘坐梅赛德斯－奔驰豪车，而是坐着KdF往返。赶在天黑前返回的希特勒迅速进入他的地下掩体。这就是希特勒乘坐大众甲壳虫最后一次视察已危在旦夕的帝国的情景。

相比于为其命名的男人，KdF的结局就好得多。感恩而死（Grateful Dead）乐队的主唱杰里·加西亚（Jerry Garcia）是20世纪60年代深受观众喜爱的摇滚歌星，他于1995年8月在旧金山北部一家康复中心安详去世，享年53岁。KdF在他的粉丝中广受欢迎美国的嬉皮士与希特勒毫无共通之处，嬉皮士对和平与个人快感的追求与纳粹对军国主义的追求截然相反。

嬉皮士尤其钟爱大众微型客车，这是在二战后不久由甲壳虫衍生出来的一款车型。这种车型与他们无拘无束、自由放荡的生活方式简直完美契合。在加西亚去世几周后，大众汽车公司在《滚石》（*Rolling Stone*）及其他杂志上刊登了一则全幅广告，上面是一张微型客车的简笔画，一侧的车头灯正落下一滴热泪，上面只有一行简单的字幕："杰里·加西亚，1942—1995。"

KdF从开始作为希特勒的工业展示品演变成为美国嬉皮士的标志，这一历程可以说是汽车历史上最为奇特的一段。甲壳虫和微型客车最早在20世纪50年代中期盛行于美国。它们向具有某种思维定式的美国人呈现了一种与底特律的炫耀尾鳍截然不同的替代品。1959年款凯迪拉克比甲壳虫长了1.5米。

甲壳虫和微型客车的反主流文化的吸引力在20世纪六七十年代得到了进一

步加强。大众汽车公司通过既诙谐又自嘲的特立独行的广告挑战底特律的辉煌和浮华，这一点是底特律怎么都学不来的。最具讽刺意味的是，在美国的大众汽车公司工作的人和他们追求自由的顾客并没有多少相似点。他们更多像斯隆·威尔逊（Sloan Wilson）在 1955 年出版的小说《穿灰色法兰绒套装的男人》（*The Man in the Gray Flannel Suit*）中的主角汤姆·拉思（Tom Rath）。这部作品讲述的是汤姆在公司整齐划一的禁锢中寻求个人认同的故事。

那些触动了自由思想者和异见人士心弦的广告给人留下的叛逆形象（这是希特勒所憎恶的）掩盖了大众汽车公司一丝不苟的企业文化。不过，除了深受美国的知识分子和嬉皮士的喜爱之外，这辆甲壳虫形状的小汽车和四四方方的微型客车还具有更广泛的吸引力。

1962 年，一位在玻利维亚的美国玛利诺会（American Maryknoll）传教士驾驶一辆甲壳虫形状的小汽车前往的的喀喀湖边的一处偏远村庄。那里的印第安人打开引擎盖，想瞧瞧这辆汽车的发动机长什么样，但他们震惊地发现前面什么都没有。他们不知道这辆甲壳虫形状的小汽车的发动机是置于车尾的。人们纷纷议论，说村子里来了一位法力高强的巫医。

后来，甲壳虫和微型客车获得了居住在加利福尼亚州圣何塞地区的技术控们的追捧。这些年轻人钟情于大众汽车朴实优雅的设计风格。他们对美国主流公司的文化不屑一顾，着迷于计算机所带来的无限可能性。一个名叫史蒂夫·乔布斯的聪慧过人的年轻梦想家把自己的微型客车卖了，攒钱在自家车库里创建了一家公司。他与合伙人在那里开发了一台个人电脑，而这一发明和大众甲壳虫、微型客车一样，成为该领域的标志性符号。

固执倔强的费迪南德·保时捷

甲壳虫的故事并非起始于希特勒，而是始于另一个同样成长于奥地利小村庄中的男人——费迪南德·保时捷（Ferdinand Porsche）。保时捷1875年9月出生于玛弗斯多夫，年轻的时候他就是个工程学天才，会帮父母连接电线。这份天赋让他在好几家汽车公司里谋得了职位，其中包括奥地利的奥斯特罗－戴姆勒（Austro-Daimler）、斯太尔（Steyr）以及德国的戴姆勒－奔驰（Daimler-Benz）。他在这段时间里开发了一辆汽电混合动力原型车，比之其他同类车的开发时间，超前了整整一个世纪，只可惜它的制造难度和成本太高。

在戴姆勒－奔驰公司，保时捷成为首席工程师，并在1925年的一场车赛上认识了后来崭露头角的政治家希特勒。希特勒久仰保时捷的大名。可是保时捷的天才伴随着一股固执倔强的气质，使他接连与曾经的雇主分道扬镳。1931年，56岁的保时捷在梅赛德斯－奔驰的故乡斯图加特建立了自己的公司：保时捷设计室，刚开始这只是一家小作坊，主营业务是赛车设计。

1931年9月，保时捷将员工们召集起来，宣布了一项名为"12号计划"的新项目。但这家羽翼未丰的公司原本也没有11个项目，只不过保时捷认为"12号计划"这个名字可以给潜在客户制造一种"我们公司拥有大量订单"的错觉。"12号计划"将会与公司的主营赛车业务分离，设计一些新的东西：一款面向普通德国人的廉价小汽车。

保时捷并不是唯一一个持有这一理念的人。1931年，一家德国汽车杂志的编辑约瑟夫·甘兹（Josef Ganz）计划制造一辆名为金龟子（Maikaefer），或称为"五月虫"（May Bug）的小型汽车。虽然它的机械设计与后来的甲壳虫有相似之处，但也有一些重要的区别：其发动机并非置于车尾，而是安装在驾驶员座位背后下方。同样，采用开放式双人敞篷设计的金龟子并不能成为实用的家庭运输工具。不过，这款车真正的问题在于，其发明者甘兹是个犹太人，20世纪30年代中期他被驱逐出了德国。

当时，德国正在从全球经济大萧条中逐渐恢复，不得不靠借钱来发工资的保时捷急需更多的业务。虽然并没有人找他订购小型汽车，但他计划完成初步的工程设计工作，然后转手卖给一家大公司。可是这一计划并没有取得多大的进展。到 1933 年，保时捷陷入了绝境。

1933 年 1 月，阿道夫·希特勒上台成为德国总理。刚上任不到两周的希特勒在一年一度的柏林汽车展上按照惯例做了开幕致辞。他承诺立刻采取有效措施复苏德国经济。他还特别提到，将确保每一个德国家庭都能拥有一辆汽车。2 月，在德意志国会大厦发生了一场蹊跷的火灾，之后德国议会授予希特勒独裁权力。

虽然我们并不知道保时捷对希特勒迅速巩固政权的手段持什么态度，但这对他而言是个好机会。1934 年 1 月 17 日，保时捷向交通部提交了一份冗长的议案，计划生产一款平民汽车。他还专门给希特勒寄去一份副本。“我说的平民汽车并不意味着单纯把原有的车型缩小，”保时捷写道，“如果要将传统的汽车变成平民汽车，那么就必须给出全新的解决方案。”

他在议案中建议将车身设计成圆形来减少气动阻力，并突破传统使用后置风冷发动机，这一点与大多数汽车的前置水冷发动机完全不同。这一设计通过弃用传统汽车所需的液态发动机冷却液和重型驱动轴（用于连接前发动机和后车轮）来节省重量和空间。将发动机置于后方时，车重就会落在驱动轮上，从而加强了发动机在雨天和雪天的牵引力。简而言之，保时捷的概念和图纸与甲壳虫的最终设计非常相似。1934 年 3 月初，希特勒参加了柏林汽车展的开幕式。他想要“一款能量产的德国汽车，让每一个能买得起摩托车的人也能买得起汽车……我们必须为德国民众提供一辆真正的汽车，一款‘大众’的汽车”。“平民汽车”只是项目的描述语，并非品牌名称，这是他首次在公开场合使用“大众”（volkswagen）这个词。

1934 年 6 月 22 日，德国汽车制造商协会将平民汽车的合同给了费迪南德·保时捷。虽然德国的汽车公司并不喜欢这个坏脾气的“教授”，但老板们知道希特勒想要这样一款车，并且想让保时捷来开发。有了平民汽车的合同，保时捷设计室在短短 18 个月的时间里就从贫穷走向了富裕。

接下来的几年，德国对犹太人采取的措施也越来越严酷，一些犹太人很快走上逃亡之路，其中一位就是拥有保时捷设计室 15% 股份的合伙人阿道夫·罗森伯格（Adolf Rosenberger），他变卖了自己的股份逃到巴黎，后来又移居美国。

保时捷在平民汽车上的工作出现了延误和混乱以至不能按时交付。政府内部残酷的瞬息万变的权力争夺与保时捷不断精益求精地修改设计方案形成鲜明对比，“就像女人造房子一样。”一位同事嘲笑说。在道路测试时，车辆的曲轴时常断裂，刹车也总是失灵。发动机也成了一个尤为突出的问题。希特勒坚持要求这辆车的定价不能超过 1 000 帝国马克（keichsmark，约合 400 美元），比当时其他德国车低 30%。但发动机若要达到足够的动力又兼顾安全可靠性，其造价就低不下来。这些困难和其他问题让第一辆原型车的诞生推迟到了 1936 年 10 月，这比计划延后了 18 个月。

虽然被战争困扰着的希特勒似乎对此并不在意，但他却不时地在公开场合提到大众汽车公司的项目。在 1937 年 2 月的柏林汽车展上，他称赞了保时捷的作品。13 个月后，他在视察维也纳时展示了新车。“德国的大众汽车公司将会实现一个梦想，”他在维也纳民众面前演讲说，“这是众多努力工作的低薪奥地利人民心中都有的梦想。”

与此同时，由于用信用卡购车对于当时的德国而言还是天方夜谭，所以政府为想要买车的工人提供了预付定金购贷法（余款结清后取货）。只要持续 4 年每星期支付 5 帝国马克（约合 2 美元），到期后工人们就可以从法勒斯莱本的工厂（不过在 1938 年，这家工厂还未建设完毕）开车回家。最后，有 336 668 名德国人参与了这项法案。

在接下来的几年，离进入生产阶段还遥遥无期的 KdF 汽车成了希特勒公关的难题，无论在德国还是其他国家。1938 年 7 月 3 日周日的《纽约时报》有这样一则标题：《面向大众的德国汽车：第一批定价 400 美元的 KdF 汽车预计 1940 年上市》，此时距离法勒斯莱本的奠基仪式才刚过几周时间。

《纽约时报》文章中预言的万千甲壳虫迅速涌上希特勒的高速公路的场面因故没能实现。1939 年年初，德国占领了捷克斯洛伐克；9 月 1 日，德国入侵了波兰。9 月 3 日，英国和法国宣布参战。KdF 的生产停止了。

前途未卜的 KdF

1944 年，一本美国工程学期刊刊载了一篇关于缴获车辆的洋洋洒洒的技术评论，并称该车是“原版大众汽车的军用改装车”。德国人将其称为“桶车”（Kübelwagen）。美国士兵则称其为德国吉普，但它并不像四轮驱动的美国吉普那样可以翻山越岭。桶车其实是两轮驱动的。不过，由于将发动机置于后部的驱动轮上方，其机动性与美国吉普几乎平分秋色。

在应对更复杂的地形时，德军使用 Schwimmwagen，或称“游泳汽车”（Swimming car），这就是 KdF 的水陆两栖车。桶车和水陆两栖车都是在法勒斯莱本的工厂里与战地炊具、坦克部件以及后来的 V-1 火箭部件一起生产的。和底特律的工厂一样，战争时期的 KdF 工厂也被改造成了制造中心。不过，德国人依靠的是奴役劳工，而不是铆工罗茜①。

1944 年的春夏两季，盟军的空袭对法勒斯莱本的工厂造成了重大损失，还炸死了数十名工人。其中一架轰炸机将炸弹投向了附近给 KdF 工厂供电的发电厂里的一台涡轮机。不过这颗炸弹没能引爆，供电网络完好无损。

1945 年 4 月 10 日，距离希特勒最后一次乘坐 KdF 不久，美国第 102 步兵师攻占了法勒斯莱本。大多数市民都躲在家里惊慌失措。当美国人在几周后撤离时，英国军队解救了他们。其中一个是经历过敦刻尔克大撤退的 29 岁少校伊万 · 赫斯特（Ivan Hirst）。1950 年，赫斯特成了英国皇家电子和机械工程兵部队

① Rosie the Riveter，二战时美国女工的统称。——译者注

的一名坦克维修员。

被炸得满目疮痍的 KdF 工厂中残留下来的机器原本是要被当成战争赔偿被拆解和运输到苏联去的。不过，多亏了那颗哑弹，尽管工厂的房顶已经千疮百孔，但工厂依然有电力供应，而且大部分机器都完好无损。在赫斯特看来，只要用木条和帆布把工厂的房顶补好，就可以原封不动地使用这些机器来维修英国坦克和卡车了。

赫斯特在工厂里找到了一辆被人遗弃的 KdF，这种汽车当时已经所剩无几了。他把这辆车漆成和英军车辆一个颜色并试着驾驶。他很喜欢这辆甲壳虫形状的小车，9 月他还说服英军军官订购了两万辆这个款式的汽车。订购容易，但制造起来就是另外一回事了。最大的难题是寻找所剩不多的零件。工厂的工人和德国平民开始四处搜索。到了 1945 年，困难重重的工厂只拼凑出 1 785 辆车。

虽然在如此艰苦的环境下造出这样多的车已属壮举，但英军高层对此并不买账。当 1946 年来临时，他们再次威胁，如果工厂不能将产量提高到每个月 1 000 辆车，那么就准备把机器都运到苏联去。1946 年 3 月，工厂生产出了 1 003 辆车，刚好达标。

尽管赫斯特对这款耐用、安全可靠而又经济实惠的小汽车越来越有信心，可是工厂的前途依旧岌岌可危。他试图说服英国汽车公司高管威廉·鲁茨爵士（Sir William Rootes）接管这家工厂，但是鲁茨的答复是："年轻人，如果你认为可以在这样的工厂里制造汽车，那么你就是个大傻瓜。"来自英军的一份工程评估报告让 KdF 更雪上加霜，其结论是"该车辆无法满足汽车的基本技术需求"。

不过，赫斯特仍然不死心。他下定决心，如果英国人不想制造这款小汽车，他就找德国人来造。虽然他首先想到的候选人就是正被法国人囚禁的费迪南德·保时捷，但是由于此人与希特勒的关系而被排除在外。另一个候选人是外号"海因茨"的海因里希·诺德霍夫（Heinrich "Heinz" Nordhoff），他是在开战前几年被通用汽车公司收购的德国汽车制造商欧宝（Opel）的前执行官。诺德霍夫在二战期间管理过一家位于柏林附近的欧宝工厂，为德国国防军制造卡车。尽管诺德霍夫想战后回归欧宝，但是他却被美军禁止在美占领区的欧宝总部担任任何管理职务。

此时，赫斯特陷入绝境，KdF 工厂走投无路、前途未卜。工厂的房顶依然满是孔洞，地下室的发动机组装区域一碰到大雨天就被洪水淹没。在严寒天气时，工人们在开口钢桶里生火避免液压油结冰。在战后德国的绝望中，能带领大家战胜困境的合适人选寥寥无几。

虽然地处偏远农村的法勒斯莱本为提高形象已经借助当地城堡更名为沃尔夫斯堡，但诺德霍夫也不情愿带着妻子和两个女儿从柏林搬过来。可是诺德霍夫在战争中失去了一切，他饥饿难耐又没有工作，绝望至极。在赫斯特和其他英国军官的哄骗下，诺德霍夫于 1948 年 1 月 1 日接受了工厂经理的职位。在沃尔夫斯堡找到合适的寓所之前，他让家人暂且留在柏林，自己则在办公室隔壁的一间空荡荡的房间里摆了一张简易床。在之后的 6 个月，这里就是他的家。老鼠在夜里四处乱窜寻找食物的声音常常让他彻夜难眠。“总的来说就是贫穷……”诺德霍夫在多年后回忆道，“但这里也有好处，它净化了我的灵魂。”

诺德霍夫的行事风格毫不含糊。他告知那些懒散的员工，因为工厂效率低、汽车品质差，所以迅速采取改进措施势在必行。另外由于物资紧缺，他们将一些最早制造的汽车换成了零件，用于制造更多的车辆。诺德霍夫命令工程师改进保时捷的设计，降低发动机的噪声、改善驾驶的平稳性，并提高刹车的性能。同时他每天也为员工提供一份额外的工作餐，并尽可能快地修建了员工宿舍。这些举措让努力寻求温饱的人们大为感动。

尽管如此，诺德霍夫也险些提前结束工厂经理的任期。1948 年的 2 月和 3 月，应英国政府的要求，他与福特汽车公司的总裁亨利·福特二世见面。他们希望能将这个多灾多难的小工厂免费转让给福特汽车公司。在第二次会议上，福特二世接受了副总裁兼元老级执行官欧内斯特·布里奇（Ernest Breech）的建议，布里奇说："福特先生，我认为我们得到的将是一件毫无价值的东西。"这一次，美国人和英国人一样，白白错失了良机。

此后不久，幸运女神终于对诺德霍夫和他摇摇欲坠的工厂露出了微笑。1948年6月20日，德国政府实施了一项激进的财政改革。德国人必须将战时货币帝国马克更换成名为德国马克（deutche mark）的新货币，汇率是10：1。这虽然是一个简单的兑换，但这一举动很快为新德国的经济建立起了一套稳健的货币体系，终结了定量配给的时代。

汽车的需求迅猛增加。许多德国人害怕再次遭遇通货膨胀，于是就迫不及待地购买一些耐用品。不过新政府的经济一直很稳定，通货膨胀的现象也并未再度出现。诺德霍夫将工厂地下室里的所有汽车都卖了出去，还大幅提高了生产量。

1949年，赫斯特离开了沃尔夫斯堡，并且谢绝了诺德霍夫和工人们作为谢礼送给他的大众汽车（不过他收下了一个等比例模型）。虽然英国人将大众汽车公司的控制权移交给了德国政府，但由于当地政府对法定所有权并无定论，所以也并没有明确宣布谁拥有这家工厂实际所有权。因此诺德霍夫掌管的大众汽车公司就成了一家没有所有权人、股东或董事会的企业。德国法院在数十年后才把这宗案子审结。

在一片对赫斯特的眼光和诺德霍夫的明智的赞美声中，大众汽车公司在1949年生产了46 154辆汽车，这是两年前的5倍。其中两辆汽车的所有权注册地是美国，这让甲壳虫在大洋彼岸建立了一个小小的桥头堡。在接下来的一年里，该工厂又向美国输出了157辆大众汽车。

在这些订单中，有两辆面包箱式的"微型客车"。微型客车的概念源自二战后的1947年，公司首位海外经销商荷兰人本·彭（Ben Pon）在笔记本上画的微型客车草图。诺德霍夫很喜欢这个造型。这款车使用了与甲壳虫相同的机械基础结构，因此生产速度很快。大众汽车公司从 1950 年开始生产微型客车。

同年，保时捷第一次，也是最后一次参观了沃尔夫斯堡的工厂，当时他的儿子已经在家族名下建立了一家独立的跑车公司。1950 年 11 月 19 日，即他到访的第二天，保时捷突发严重的中风。1951 年 1 月 30 日，费迪南德·保时捷与世长辞。

即使甲壳虫的故事到此戛然而止，也是精彩绝伦的。费迪南德·保时捷发明了这款车。阿道夫·希特勒采纳了这款车。伊万·赫斯特拯救了这款车。“历史上每一件不可思议的事情都是由这些偶然诱因产生的。”诺德霍夫后来有过这样的评论。现在，诺德霍夫使它成了一款具有标志性的汽车。

自嘲式广告策略

虽然诺德霍夫在战后早期有许多原材料和设备的需求，但其中最急切的就是现代的生产机械。在当时，美国是最好的货物购买地。诺德霍夫需要美元，而获取美元最靠谱的方法就是把车子卖到美国去。1950 年 7 月 16 日，在纽约 59 街和公园大道交汇处的霍夫曼汽车展示厅里，大众汽车公司开始正式销售这款被称为大众轿车的产品。德裔美国经销商马克西米利安·霍夫曼（Maximilian Hoffman）邀请了一些重要的客户参加下午 5 点举行的鸡尾酒会，庆祝“大名鼎鼎的德国平价‘大众汽车’在美国的首秀”。

没过多久，《大众科学》（*Popular Science*）在一篇题为《希特勒的廉价小汽车现已在美国开售》（*Hitler's Flivver Now Sold in the U.S.*）的文章中称这款车具有“亲民的特性”。大众汽车拥有 18.6 千瓦的发动机，与如今的约翰迪尔草坪拖拉机差不多，百公里加速需要 37 秒多的时间，比猎豹的平均速度还慢。

对于霍夫曼来说，平民的汽车实在是太平民化了。他擅长把高端进口车，如捷豹、拉贡达（Lagonda）、德拉哈耶（Delahaye）和雪铁龙（Citroën）等卖给有钱的顾客。大众汽车与他的业务或客户群体并不相符。这种不匹配致使大众汽车公司在1954年与霍夫曼分道扬镳。1955年，大众汽车公司建立了美国子公司，将总部设在纽约，并开始招募致力于销售这款古怪的小汽车的经销商。

与此同时，在德国本土的大众汽车销量正随着战后德国经济的发展而爆炸式地增长。1954年2月15日，在大众汽车最初度过的那些饥饿而又绝望的日子8年后，诺德霍夫登上了《时代周刊》的封面，并配上了《德国：让人难以置信的复兴》（*Germany: The Fabulous Recovery*）的标题。大众汽车不仅是这篇文章的核心主题，也是德国经济神话的中心。诺德霍夫在那篇文章中说，计划那一年在美国售出4 000辆大众汽车，是上年度的4倍。最后，大众汽车在1954年卖出了6 343辆，比原定目标高出了50%以上。

但是，大众汽车公司在美国依旧面临着重大障碍。尽管有着诸多比如朴素之类的优点，但像甲壳虫这样的车型在大部分人眼中看起来显得有些怪异。除了甲壳虫般的外形和小巧的发动机（大众将其全部提高到了22.4千瓦）外，其余部分都出乎人们的意料：发动机位于车尾；行李箱置于车头；它也不需要任何冷却液，因为发动机是风冷的。有个笑话是这么说的，一个美国司机的大众汽车抛锚了，他打开前面的车盖瞅了瞅，说："怪不得跑不起来，我一定是把发动机弄丢了。"此时另一个驾驶大众汽车的司机来到他的身边说道："别担心，你运气不错。我刚刚看了眼后备厢，他们帮我准备了一台备用的。"类似的笑话还有不少。其中一则是，一头驴对一辆大众汽车说："嘿，你是谁啊？""我是一辆车，"大众汽车回答道，"你是谁呢？""既然你这么说，"这头驴说道，"那我就是一匹马。"

和呼啦圈、戴维·克罗克特（Davy Crockett）的浣熊皮帽一样，"甲壳虫玩偶"也成为20世纪50年代人的潮流时尚的一部分。1958年，俄勒冈州一所高中的学生或挤在车内，或站在车顶，创下了一辆甲壳虫装33人的纪录。随着甲壳虫越发流行，小孩子们还玩起了"鼻涕虫"的游戏，规则是：第一个看到甲壳虫开过来的人以开玩笑或其他方式打别的孩子一拳。

令人称奇的是，这款希特勒大力支持的汽车在美国人眼中竟然成了“可爱”的代名词。

将甲壳虫与“可爱”联系在一起让德国人大为恼火。“甲壳虫”和“臭虫”这两个词在大众汽车公司的官方措辞中依然被列为禁语。在1971年之前的公司公告中，甲壳虫依然使用着“1型轿车”的名字，而微型客车则叫“2型旅行车”。尽管听上去可能显得格调不高，但久而久之，“可爱”的形象开始变得讨喜了。甲壳虫和微型客车都是口碑宣传方式的受益者，帮甲壳虫宣传的人大部分是曾出征欧洲的退伍美军。在身处德国的那段日子里，他们知晓了桶车以及后来的甲壳虫，有许多人对这些车一见钟情。

其中一人就是霍尔曼·詹金斯（Holman Jenkins）。1945年春天，他随美国第三陆军进入德国。1954年，他获得了宾夕法尼亚大学博士学位，成为一名政治学教授，并组建了家庭。“虽然当时人们对德国货有一种敌意，但我就是喜欢这款车。”詹金斯在数十年后回忆道。甲壳虫不仅没有大学教授讨厌的浮夸尾鳍，也符合一个依靠教师的微薄收入过日子的家庭的预算。一辆全新的1958年款甲壳虫仅需1 545美元，而与之相比，福特费尔兰（Fairlane）的售价高达2 428美元。20世纪五六十年代，詹金斯一家就认定了这款车型，接连买了三辆甲壳虫，直到有一天三个孩子在后排挤不下为止。

20世纪50年代初，美国销量最好的进口车是雷诺（Renault）。不过，如同德国国防军击败法国陆军一样，大众汽车也把雷诺打得一败涂地，而两者都有一个相同的秘密：后勤保障。需要维修的雷诺车要等待好几周才能从法国调配过来更换的零件；诺德霍夫却坚持要求大众汽车的美国经销商储备零件，这样一来，车主就能即刻获得维修服务。因此，大众汽车的美国销量在1955年暴涨到了将近3.1万辆车，在1957年接近8万辆，而在1959年更是超过了15万辆。实际上，在美国的销量占据了大众汽车当年总产量的将近四分之一。1959年年末，大众汽车美国分公司又采取了另一项有胆识的举措。它的这一步在接下来的10年里将甲壳虫和微型客车从成功的产品转变成了一种文化现象。这家高效的德国汽车公司欣然接受了最颓废的美式商业行为：广告。

打广告的决策并不是自然而然地出现在大众汽车美国分公司的年轻掌门人卡尔·哈恩（Carl Hahn，他后来成为大众汽车公司的首席执行官）脑海中的。大众汽车在美国的销量创下新的纪录，客户的需求已经超过了可能达到的供应量。1959 年情况开始发生变化。通用汽车公司、福特汽车公司和克莱斯勒都为甲壳虫及 AMC 销售的小巧紧凑的漫步者（Rambler）所取得的成功大为震动。他们纷纷准备推出自己的小型汽车：福特猎鹰（Falcon）、普利茅斯勇士（Valiant）和雪佛兰考威尔（Corvair）。其中考威尔和甲壳虫一样拥有后置风冷发动机。哈恩认为，广告可以帮助大众汽车公司在底特律的突袭面前更好地保护甲壳虫。

哈恩和同事与十几个广告公司依次面谈，听了一遍又一遍冗长的演示，最后敲定了一家只有 10 年历史的名叫多伊尔 - 戴恩 - 伯恩巴克（Doyle, Dane and Bernbach，DDB）的纽约小广告公司。在 DDB 签下合约后，他们的一位执行官还悲叹了一句："我们不得不在犹太城里卖纳粹车了。"这并不是 DDB 面对的唯一挑战。这家广告公司还得从这款发动机后置的古怪小汽车身上寻找卖点。这就意味着他们得造访沃尔夫斯堡的工厂，这可算不上什么理想的欧式郊游。那是一处位于北德平原的乏味无聊的小地方，与五光十色的大都市差了十万八千里。

这家广告公司的创始人之一威廉·伯恩巴克（William Bernbach）是这个项目的负责人。他拜访了工程师、制造经理，甚至还有组装线的工人，在这样的速成课里对错综复杂的甲壳虫有了一定的了解。工人们对细节的德国式关注和工程师们对实用性而非浮华的诚挚追求给这些参观者留下了深刻的印象。缺乏幽默感也有好处。"是的，这是一辆诚实的汽车，"伯恩巴克后来写道，"我们找到了推销的主题。"

"诚实的汽车。"好歹这也算是个新奇的广告语，或者说跟底特律的那些充斥着香艳美人、肌肉赛车手和异域情调的蜿蜒公路的广告场景比起来显得特立独行。伯恩巴克的结论是，大众汽车的广告不应该尝试超越底特律。相反，大众汽车广告另有一种诙谐和自嘲的风格，与这款看起来有点可笑的汽车相得益彰。有一则广告给了一张甲壳虫的正面特写，上面有一行标题："丑陋只是肤浅的。"他还决定把广告做得更理性，藐视那种用直击心灵替代理性诉求的传统的广告方法。1959 年年中，DDB 在《生活》（*Life*）杂志上刊登的一则早期广告提出了一个问题："为什么把发动机放在后面？"答案是："效率更高、牵引力更强，百公里耗油 7.3 升左右，而且是普通汽油。"

这家广告商很快又推出了一则更大胆的广告。"邻居的车是几几年的？"广告上，在这个问题旁边是一辆停在气派体面的郊区别墅前面的甲壳虫。答案自然是谁都说不出来。"邻居开的是大众汽车，而大众汽车每一年的款式都差不多，"广告解释道，"大众汽车永不过时。"

DDB 精确瞄准了美国人"跟邻居攀比"的欲望，这个词来自 1913 年到 1939 年期间的一则报纸连环画的人物名称。[①]"攀比"的冲动不仅促进了底特律汽车每年的时髦改款，更是在实际上形成了整个商业模式，广义上，炫耀消费也推动了整个美国经济。在广告的暗示下，大众汽车的车主在他们传统的、追求地位的邻居当中独树一帜，甚至可以说是鹤立鸡群。这是一项颠覆性的举措。"这则广告正巧碰上了一场刚刚兴起的社会大变革：异见，"英国的广告历史学家克莱夫·查利斯（Clive Challis）后来这样写道，"越来越多的消费者开始拒绝接受美国公司所提供的最佳选择。"到了 20 世纪 50 年代末期，这些人开始掌握了话语权，其幕后功臣可不只是万斯·帕卡德和约翰·基茨。1957 年，随行记者杰克·凯鲁瓦克出版了小说《在路上》，讲述了他远离美国人千篇一律的中产阶级中规中矩的生活模式而走上自我发现之旅。这本小说立刻畅销美国。

一家刻板的德国公司凭借反物质主义者的、不墨守成规的销售宣传取得成

---

① 原文为 keep up with the Joneses，意为与琼斯一家攀比。报纸连环画中的"琼斯一家"后来就成了"邻居"的代名词。——译者注

功，这实在是令人感到讽刺。帮助塑造大众汽车广告的策划人、DDB 艺术总监的个人背景更是出人意料。赫尔穆特·克朗（Helmut Krone）是第一代德裔美国人。在这家广告商首次造访沃尔夫斯堡时，他还顺道探望了一次从未见过面的亲戚。克朗成长于纽约的一个工人家庭，从小就知道自己家族的传统。“身为德国人的儿子，你必须时刻努力去证明自己，否则就得不到肯定，”他这样回忆自己的童年，“这让你有一种不安全感，因此也不敢造次。”

克朗的广告将整个页面填满引人注目的照片，再配以饶有趣味的标题和巧妙的文字。他的第一则甲壳虫广告于 1959 年的 8 月出炉后，对于自己的作品是否能获得认可毫无把握，因而惴惴不安，深度自我怀疑，于是他请了两周的长假。当他回到公司后，惊讶地发现自己的作品大受褒奖，他迅速成为炙手可热的明星。

克朗鼓起勇气，创作了另一则广告：一辆甲壳虫停在硕大的单词“Lemon”（柠檬）上面。这个单词完全可以被替换成“垃圾”。在大众汽车公司的高管们看来，“柠檬”这个词是永远不可能出现在正式场合中的，更别说是在广告里了。但是克朗的广告却表现了大众汽车公司 3 389 名质量检验员的工作，他们的职责就是在车辆被送到顾客手上之前找出瑕疵并且修复。“我们剔除了柠檬[①]，”广告中解释道，“让您获得李子[②]。”安迪·沃霍尔（Andy Warhol）则是这则广告的画师。

克朗还有一则广告刊登了一个唐突的标题：《想想还是小的好》（*Think Small*）。当然就当时的发展阶段，美国人对汽车、房屋、银行存款和其他一切有更奢侈高大的想法才是正常的思维，而“想想还是小的好”可以说是异端邪说，但克朗却将其塑造成一种令人赞美的理智。“小”也是一种优点，广告解释说：“当只有你的车能挤进狭小的车位时，当你支付少量保险费时，当你支付小额的维修

① 不合格的车。——编者注

② 十全十美的车。——编者注

账单时……这其中‘小’的奥妙不可言说。”

在 DDB 的电视广告中也有一些忍俊不禁的幽默，其中包括 1963 年的一则吹嘘甲壳虫强劲的牵引力的广告。广告中的甲壳虫在一场猛烈的暴风雪中行驶，接着停在了一间棚屋前面，屋里有一台庞大的扫雪车。旁白随后说道：“你们猜扫雪工是如何到达扫雪车的呢？”（它在 1999 年的戛纳广告节上当选了“世纪最佳电视广告”。）

1966 年的一则大众汽车广告打破了两项禁忌：取笑自己的产品和让黑人出演。在这则广告中，2.16 米高的篮球明星威尔特·张伯伦（Wilt Chamberlain）试图钻进一辆甲壳虫，标题写道：“他们都说这不可能。结果这还真的不可能。”广告接着又解释说任何不超过 2 米的人都能轻松坐进这辆车。一年后，克朗又拿出了一张甲壳虫漂浮在水中的醒目照片，上面的标题是：“大众汽车独特的结构可以防潮。”这则广告却在数年后招来意想不到的后果。

久而久之，一些大众汽车的车主在把老的甲壳虫二手转卖时也沾染了这家公司爱耍小聪明的毛病，打起了一些毫无忌讳的广告。“家庭增员，车没变大，”一则比较经典的广告是这么说的，“要么卖掉两个男孩，要么卖掉一辆大众汽车。任君选择，只要 926.26 美元。”另一种经典的广告套路说的是：“待售：大众 62 款。开朗、虔诚、勇敢、善良、细致且顺从。当然也很安全可靠。”

有的甲壳虫车主写信给 DDB，为将来的广告提建议。其中一人讲了欣斯利（Hinsley）夫妇的故事，这是一对住在欧扎克斯一幢小木屋里的夫妻。他们的骡子死后，欣斯利夫妇买了一辆二手甲壳虫。接替克朗成为 DDB 艺术总监之一的鲍勃·库普弗曼（Bob Kuperman）（后来成为这家广告商的董事长）果真就造访了欧扎克斯，请这对夫妻拍广告。他们一开始是拒绝的，以为库普弗曼是个城里来的骗子，目的是争夺他们的土地。但是库普弗曼最终说服了他们，并让这对夫妇在甲壳虫和小木屋前拍了一则广告。欣斯利先生穿着工装裤，手里拿着一柄干草叉，一副美式哥特的风格，而妻子就坐在他的旁边。广告的标题是：“在骡子去世后，这是唯一的选择。”

大众汽车的新闻稿就跟它的广告一样与底特律的夸张格格不入。为 1962 年款车型准备的一则新闻稿宣称：“熟悉的大众汽车一如既往。”那一年的重大新闻是增加了汽油表。在过去，司机只能靠猜测：当发动机开始抖动喷溅，拉起操纵杆就可以将燃油供给系统中的小剂量储备油释放出来。

同年，在美国的大众汽车创办了一本面向车主的季刊杂志名叫《小世界》（*Small World*），刊登一些来自车主的冒险故事。其中一个故事说的是一位迈阿密的年轻女子，她把钥匙忘在自己的甲壳虫里，等买完东西回来的时候直接就跳上车开走了。过了几分钟她才发现自己开的是别人的甲壳虫，而与此同时，对方也误开了她的车，跑了 1.6 公里。

1964 年，大众汽车公司还开展了一项名为“甲壳虫宝宝债券”的营销活动。当得知有人在赶往医院的路上在甲壳虫里生下了孩子之后，大众汽车公司就开始了奖励新生儿 25 美元的美国储蓄债券的活动，正如公司的说法，新生儿进入世界的方式证明甲壳虫里永远都可以再塞一个人进去。直到 1969 年，共有 125 位“甲壳虫宝宝”领取了债券。

一开始，哈恩只是让 DDB 负责甲壳虫的业务，而选择了另一家广告商制作微型客车的广告。不过甲壳虫广告所获得的反响让他决定将后者也交给 DDB 去办，并且获得了几乎相同的成果。当研究发现微型客车对女性的吸引力不高时，DDB 就采取对策，在 1963 年推出了一则以“你是否拥有一位能欣赏这款汽车的妻子呢？”为题的广告。如果再过几年，这样的广告毫无疑问会引起女权主义者的攻击，但是这段广告文字在当时却意外地受女性欢迎。“她能帮孩子缝合好腿上的伤口，在处理妥当之前不给你打电话吗？她会担心炸弹吗？她会在只有 12 个人的食材的时候依旧邀请 13 个人来吃饭吗？她会微笑着让你辞职？事实确实是这样吗？”这些信息都暗示：强势、有独立思想的女人都会喜欢微型客车。

另一则广告炫耀的是微型客车空间宽敞。一辆车门全开的微型客车里头塞了一只硕大的 T 形包裹，整个用棕色的纸包着，一角还从天窗中露了出来。“包裹里是什么？”字幕问道，“8 副滑雪橇、狄更斯全集、44.5 千克的冻菠菜、格罗弗·克利夫兰（Grover Cleveland）总统用过的柜子、80 件好莱坞高级运动衫、一副铠甲和一件全尺寸的“萨莫特拉斯的胜利女神”（Winged Victory of Samothrace）的雕塑复制品。”

许多美国人可能都会以为“萨莫特拉斯的胜利女神”是迪士尼乐园最新潮的景点。而这就是关键所在，大众汽车公司和 DDB 的目标买家就是那些有头脑且自视甚高的人。而实际上，广告中的包裹其实是空的。这些广告称赞大众汽车车主比普通的美国人更聪明、更有钱、受教育程度更高。

男星保罗·纽曼（Paul Newman）在 1953 年购买了他的第一辆甲壳虫，后来他一共买了 5 辆。英国的玛格丽特公主也拥有一辆，而披头士乐队（Beatle，和 Beetle 只差一个字母 a）的约翰·列侬还把他的白色甲壳虫放在了专辑《艾比路》（*Abbey Road*）的封面上，而没有选择他的劳斯莱斯或者法拉利。要是大众汽车按照这辆车的初衷，将其作为最适合穷人的汽车来营销的话，这些人就不可能会购买甲壳虫了。但是，甲壳虫却遭到了穷人的厌恶，他们觉得这是对贫穷的公开展示，于是就想办法筹钱购买尽可能大的底特律铁皮。穷人不想显得穷酸，而富人又不想显得阔绰。

1964 年 7 月《花花公子》上的文章《愤青汽车品位导向》（*Snobs' Guide to Status Cars*）中就描述了腰缠万贯的甲壳虫车主的自命不凡。要成为甲壳虫车主，文章写道，你就应该至少有三个孩子，并给他们取《小熊维尼》里角色的名字……在说话的时候大量引用弗洛伊德学派的术语……读《纽约客》，把杂志前面所列的电影看完之后逐一勾掉。

说起微型客车的车主，《愤青汽车品位导向》接着写道：“（他们）语言粗鄙，穿着蓝色牛仔衬衫去听歌剧……蓄着浓密的胡须。留着不像是在理发店里剃的发型，虽然他们可能确实去过理发店。不介意任何自然的体味，尤其是他们自己的……开着微型客车去处理品商店或者参加和平示威一点儿都不令人感到奇怪，但开着这种车去布卢明代尔百货商店[1]就太过分了。”

事实上，许多微型客车车主都不是嬉皮士，而是早期默默无闻的市郊足球妈妈[2]。1964 年夏天嬉皮士大师肯·凯西（Ken Kesey）和他的追随者横跨整个国家来到了纽约，这些“快活的恶作剧者”时常饮用致幻饮品乘坐迷彩大巴放任自流地进行着越野旅行。他们乘坐的是一辆定制版的 1939 年款万国联合收割机公司的校车，还起了个名字叫“向前”（Further）。

凯西的旅伴们没过多久就发现，大众汽车公司的微型客车相比改装校车来说，为他们的生活方式提供了一种更物美价廉的选择。微型客车成为非正式的嬉皮士汽车。《人车志》在一篇带讽刺意味的车辆“评测”中，借一位名叫汤姆·芬恩（Tom Finn）的虚构人物之口肯定了微型客车的这一地位。

“我承认自己很兴奋，但是跟后排的那些男人和小妞完全不同，”这个虚构的芬恩写道，“谢克和莫娜在发动机旁边亲热，而默夫正在研究占星术……”在接到新的喷涂任务时，芬恩再也不想“在上面喷什么虚假的迷幻垃圾了，因为索萨利托的每一个家庭主妇都开着涂成这样的小客车，搞得好像‘快活的恶作剧者’倒像是模仿她们似的”。

20 世纪 60 年代，关于大众汽车的漫画成了杂志上的一大主题。《纽约客》上的一则漫画上有一个身穿燕尾服的丈夫和他盛装打扮的妻子正在安排晚宴聚会的座位。“这将是一场盛会，”她说，“我要把大众汽车放在凯迪拉克和林肯大陆的当中。”

---

① 美国著名百货商店品牌，品牌比较年轻化，摩登。——编者注

② 指非常重视小孩休闲活动，会开车送小孩去踢足球的妈妈。——译者注

大众汽车的广告和营销在60年代末期达到了顶峰。1969年吸金最多的电影是《万能金龟车》(*The Love Bug*)，这部迪士尼电影讲的是一个长得跟人差不多的甲壳虫赫比帮助他的失意赛车手主人重获胜利的故事。虽然大众汽车公司的高管们并不愿意与迪士尼合作，但是这部电影的成功却让他们感到无比震惊。于是就有三部赫比的续集电影和一部系列短剧接踵而至。

1969年7月，在3名美国宇航员完成了历史性的登月行动后，DDB为大众汽车拍摄了一则既没有汽车也没有文字的广告。广告中只有一个笨拙的登月舱、大众汽车公司的商标，以及一行标题："它很丑，但它能带你去那里。"DDB再一次打破了常规，他们制作的不仅是广告，更是艺术。

11月，《新闻周刊》(*Newsweek*)报道了不久前刚在佛蒙特州举行的一场甲壳虫媒体预展会，这场活动处处显露出对底特律的那种马力加广告的宣传活动的拙劣模仿。大众汽车公司的媒体预展会的第一个环节是娱乐项目"节油车赛"，记者们只允许用一个酒杯那么多的油来开车。大众汽车公司的美国公关主管阿瑟·雷尔顿(Arthur Railton)接着开始吹嘘1970年即将做出的所谓的重大造型变化："在后发动机舱盖上已经增加了一些通风槽。"他不知从哪里掏出了一把电钻，紧绷着脸在上一年车型的后备厢盖上打了好几个槽，还解释说"旧款大众汽车车主可以把车子改造成1970年款的样子"。在提到大众汽车公司已经将甲壳虫的发动机从40千瓦提高到43千瓦(依然比底特律的肌肉车低了大约224千瓦)时，雷尔顿叹了口气。"我真不知道这场功率竞赛到什么时候才是个头。"记者们都哈哈地笑了起来。

与众不同的文化图腾

20世纪60年代是大众汽车公司在美国战无不胜的10年。1962年，海因里希·诺德霍夫到美国视察，在新泽西州确定了大众汽车公司在美国的新总部的地址，并与经销商会面。接着，他就前往底特律，拜访了这座城市的经济俱乐部。之后诺德霍夫受邀参加了数名美国汽车高管举行的宴席。第二天，他与福特二世共进午餐，而正是此人在 14 年前断然放弃了购买岌岌可危的大众汽车工厂的机会。

与此同时，甲壳虫和微型客车正在成为文化图腾。无论是在功能上还是象征意义上，它们都是那些想要与众不同的美国人眼中的完美汽车，尽管所谓的“与众不同”在 60 年代逐渐成为一种新形式的从众行为。大众汽车的反主流文化汽车的形象不仅来自该公司自身投放的广告，也来自一些偶然性的原因。

首先，其中之一是一本名叫《如何让你的大众汽车正常运转：新手的详细操作手册》（*How to Keep Your Volkswagen Alive: A Manual of Step by Step Procedures for the Compleat Idiot*）。书中开篇就发出忠告：“既然你已经拿买面包的钱换来了这本书，那就认真读吧！”这本书由来自圣菲的一名热爱大众汽车的机械师编写，书中详细地将适合非专业人员的技术说明与宝瓶时代的哲学结合在了一起。“感受你的汽车，”这本书恳请读者，“利用你所有的感官去关注它，当你发现它有什么问题时，就找出解决办法，并充满爱意地维护它。”这与那种写给通用汽车公司经销商的“好扳手先生”机械师们的说明书大相径庭。在出版的 10 年内，这本书一共印刷了 22 次。

然而在 60 年代晚期，大众汽车公司却遭遇了一次影响全局的损失。带领公司走向发展和壮大的诺德霍夫于 1968 年 4 月 12 日去世。他曾引领大众汽车公司度过了二战后的艰苦岁月，当时不管是公司和个人都异常艰难。他将大众汽车公司转变为仅次于通用汽车公司和福特汽车公司的全世界第三大汽车公司，并成为德国国家复苏的一大标志。诸多政府机构和大学都真心实意地向他致敬。

诺德霍夫曾经说过，他最大的成就是顶住了压力，没有改变甲壳虫的基本设计，坚持了费迪南德·保时捷的构思。诺德霍夫的后继者却无法（事实上他们也不能）如此坚定了。20 世纪 70 年代大众汽车及公司就不会那么幸运了。

后置风冷发动机的延续

虽然大众汽车的广告给人留下了诙谐幽默、直言不讳的印象，但是在1973年秋季刊登的一则“广告”却出乎意外。“广告”中有一辆漂浮在水中的甲壳虫，标题是“如果特德·肯尼迪（Ted Kennedy）开的是大众汽车，那么他早就当上总统了”。这则“广告”指名道姓地提到了玛丽·科佩奇尼（Mary Kopechne），也就是在1969年乘坐参议员肯尼迪驾驶的汽车在查帕奎迪克岛溺亡的年轻女子。愤怒的电话和信件随即包围了大众汽车公司，其中许多都来自忠实的大众汽车顾客，他们宣称自己再也不会购买大众汽车了。不过，真正的问题在于，这则“广告”并非出自大众汽车公司或者DDB，甚至可以说它根本就不是一则广告。这是《国民讽刺》（*National Lampoon*）杂志的恶搞作品。让人真假难辨的原因是大众汽车公司在1967年的那则令人印象深刻的广告，里面也是一辆漂浮在水中的甲壳虫。虽然大众汽车公司对《国民讽刺》提起诉讼，索赔3 000万美元，让对方发布声明撤回这则作品。但是这场官司跟大众汽车公司在20世纪70年代将要面临的无数麻烦相比太具有典型性了。

在《国民讽刺》的“广告”发表的时候，大众汽车公司正在朝远离甲壳虫和远离后轮驱动风冷发动机的方向发展。公司于1971年推出了“超级甲壳虫”（Super Beetle），相比于普通的甲壳虫，其悬挂和储物空间都得到了改进。然而，甲壳虫的销量在接下来的3年里还是不断下降。

这款敦实的小车正渐渐跟不上形势。美国新的《净洁空气法案》要求大幅减少尾气排放，这对于风冷发动机而言是一项困难且成本高昂的改动。再加上阿拉伯国家“石油禁运”事件，越来越多的美国人开始尝试购买非德系汽车，从德国二战盟友日本进口小型车。1972年年末，日本的摩托车制造商本田推出了第一款汽车，即超小型车思域（Civic）。它采用了横向或斜向安装在前舱盖下面的水冷发动机。

不过，思域是一款前轮驱动汽车，能在雪天提供堪比甲壳虫的牵引力，同时车身空间非常宽敞。思域的车身要比甲壳虫短约 50 厘米，重量轻了约 45 千克，因此操作性、燃油经济性、转向性和加速性能都更好。思域及其他来自日本的小型汽车具有甲壳虫的所有优点，并摒弃了其缺陷：噪声大、加速迟缓，以及被一则笑话戏称为“感觉像是一只老鼠对着你的脚踝喘气”的乏力的加热器。40 年后，费迪南德·保时捷的永恒经典设计终于过时了。

1974 年年初，大众汽车公司推出了冲击者（Dasher），这是它的第一款采用前置水冷发动机的车型。但是冲击者的定价将近 4 000 美元，比思域高出了大约 35%。大众汽车公司表示，“冲击者”的使命是弥补甲壳虫的不足，而非取代，只不过没人会相信这些。

位于华盛顿的史密森尼美国历史博物馆从 1976 年开始展出一件甲壳虫藏品。这也是带硬顶的甲壳虫在美国销售的最后一年。大众汽车公司后来继续在美国销售敞篷版甲壳虫直到 1979 年为止。微型客车则接着在美国坚持了 10 年，后来被大众运输者（EuroVan）取代。大众汽车也逐渐摆脱了原本生产经济可靠汽车的传统，转向了“高端市场”，但销量却在走下坡路。

不过，甲壳虫和微型客车仍旧在美国之外的地方生产和销售。当最后一辆配有后置风冷发动机的甲壳虫在 2003 年于墨西哥普埃布拉（Puebla）下线时，其销售量超过了 2 150 万辆，轻松超越了福特 T 型车的 1 500 万辆，甲壳虫一跃成为历史上销量最高的汽车。那位拯救了甲壳虫的英国少校赫斯特在 84 岁高龄时结束了他的公共服务事业生涯。在去世之前，他驾驶的就是一款在 1998 年推出的第一批新版甲壳虫。虽然在机械方面，它拥有传统的前置水冷发动机和前轮驱动平台，但是仍然复制了原版甲壳虫的圆滚外形。

新版甲壳虫触动了已经进入老年的婴儿潮一代的怀旧之情，这些人的头发越是灰白，对过去的思念就越是强烈。他们中有许多人虽然已经记不得自己酷炫的全新宝马的车牌号，但能对自己在高中或大学时开过的朴素的甲壳虫车牌号记忆犹新。比尔·坎贝尔（Bill Campbell）在 20 世纪 60 年代中期在哥伦比亚求学时开过一辆绿色甲壳虫，为了参加足球比赛还曾在高速公路上与强烈的侧风搏斗。后来，他成了财捷集团的主席。

1986 年愚人节，在太阳微系统公司，一个名叫埃里克·施密特（Eric Schmidt）的年轻副总裁走进办公室，发现办公室里空无一物，只有一辆甲壳虫。他的员工在夜里迅速拿走了所有的家具，然后将甲壳虫的零件一块一块地搬进来，当场完成了组装。后来他们把施密特目瞪口呆的视频上传到了 YouTube 上，成为一则经典的恶作剧。施密特后来成为谷歌公司的首席执行官，而 YouTube 就是被谷歌收购的。

甲壳虫给我们留下的众多遗产之一就是它对底特律产生的影响。甲壳虫的成功促使雪佛兰在 1959 年年末推出了一款与之竞争的拥有后置风冷发动机的车型。“再过两年，大众汽车就会被挤出美国市场。”爱德华·科尔曾预言。不过，正如与雪佛兰考威尔相关的许多事情一样，这则预言也彻头彻尾地错了。

甲壳虫

时间 1938 年
特点 圆形微型车，后置风冷发动机
定位 平民实用型大众汽车，嬉皮士的标志座驾
背景 希特勒想提升德国现代化程度，提出要让每个德国家庭都有一辆轿车

影响 1. 开启自嘲式广告先河
2. 反主流文化的兴起、引发崇尚与众不同的文化现象

第 5 章　雪佛兰考威尔，推动产品责任法的革命

尽快摆脱这糟糕的现状！

——爱德华·科尔

1959 年 10 月 5 日的《时代周刊》杂志封面人物是一个咧嘴大笑、两眼放光的洋洋自得的男人。这个人就是爱德华·科尔，白手起家，又一个“霍雷肖·阿尔杰（Horatio Alger）[①] 的故事”。这样的经历最终使他成为世界级的汽车品牌雪佛兰的老板。“从 T 型车之后，汽车行业还从未有过如此重大而全面的变革，”

① 美国儿童小说作家，作品有 130 部左右，大都是讲穷孩子如何通过勤奋和诚实获得财富和社会成功。

文章开头写道，“来自底特律的设计激进的考威尔车型将于本周进入 7 200 个雪佛兰展厅……它将颠覆在美国批量生产的其他车型。其发动机由铝制成，风冷式，安装在车尾。对于为人亲切而聪颖的科尔来说，这款新车标志着他已追逐了长达 15 年的梦想的实现。科尔欣喜地说：‘我担心要是雪佛兰考威尔再好一点儿的话，我就会高兴得爆炸。’”

这些话在几年后听来却充满了讽刺意味。尽管雪佛兰的母公司通用汽车公司是当时世界上最大、最赚钱的公司，但在短短几年内，考威尔就完蛋了。它所造成的影响改变了美国的法律体系以及美国政府与商界之间的关系。这款车型最终的结局与志得意满的科尔的预期大相径庭。

考威尔是通用汽车公司为应对甲壳虫而拿出来的答卷，两者在机械性能方面很相似，只不过考威尔更大一点。多年来，底特律都无法理解这款来自德国的奇怪的甲壳虫小车为何能产生如此强烈的吸引力。通用汽车公司的高管认为甲壳虫的车主都是些怪胎、激进分子、小气鬼，或者三者兼而有之。真正的美国人会购买镀铬的六座轿车或者全尺寸的旅行车。而且他们会尽可能频繁地购买新车来追赶底特律每年的款式的翻新，唯恐落后于人。但是到了 20 世纪 50 年代末期，甲壳虫不断攀升的人气变得越来越难以琢磨。底特律当时刚刚起步的市场调研表明，许多甲壳虫车主都是富有的知识分子，他们虽然有能力购买更大的汽车，但实际却并不这么选择。

这个现象只能归因于 1958 年的“艾森豪威尔衰退”。虽然埃德塞尔汽车因此一蹶不振，但 AMC 的首席执行官乔治·罗姆尼（George Romney）首次提出的所谓“紧凑型汽车”的销量却得到了提振。AMC 的漫步者一跃成了当年业内销量第三的品牌，仅次于雪佛兰和福特，把像庞蒂亚克、奥尔兹莫比尔、别克、普利茅斯和道奇之类的老牌汽车甩在了后面。除了科尔，三巨头的老板都感到震惊。

科尔早就预料到，无论是否发生经济衰退，这一天迟早要到来。尽管拥有两辆车的家庭在美国仍属少数，但在不断增长，逐渐成为主流。这样的家庭并不需要两辆全尺寸的汽车，一辆大车可以装下全家人，爸爸则可以开一辆比较小的灵活的经济性汽车去上班。这种组合相对比较合理。

1957 年，尽管还未发生经济衰退，科尔就根据这一推测向通用汽车公司总裁、昵称“雷德”（Red）的哈洛·柯蒂斯兜售自己的计划。虽然柯蒂斯并不是一个容易糊弄的人，但科尔也毫不胆怯。他秘密开发考威尔项目已经有好几年了，并在未经公司批准的情况下挪用其他预算来弥补开支。他看好这辆车的前景，也知道如果不先斩后奏的话，厌恶风险的高管是不可能同意的。

考威尔的风冷发动机省去了安装水泵、散热器和防冻液的必要，以往这些零件都增加了传统汽车的成本和重量。有了后置的发动机，再加上位于驱动轮正上方的变速器，用于连接车头的发动机、变速器和车尾驱动轮的驱动轴也就不需要了。这一点能节省更多的成本和重量，而且因为车底没有隆起的驱动轴通过，所以车内空间额外多出了不少。科尔的新车可以实现百公里耗油 7.8 升，而其他大部分汽车都没有这么省油。由于这款车型重量适中，58.8 千瓦的发动机可以让它的最高时速达到每小时 142 公里，这已经超过了美国公路的法定限速。和甲壳虫不同，考威尔可以容纳 6 人乘坐。

实际上，这是一款面向美国人的“甲壳虫”，它的空间宽敞，足以带着全家上路，外形时尚，也特别吸引主流购买者。人们给这辆车起了个外号叫“美国平民车”，也有叫“来自威洛伦（Willow Run）的无水奇迹”，因为那里是通用汽车公司在密歇根州伊普西兰蒂工厂的地址，考威尔也是在那里生产的。

考威尔是“主流制造商带来的……革新意义最为深刻的汽车”，《跑车画报》写道。媒体对此惊奇不已：没人能想到底特律会做出这么大胆的举动。另一份出版物《真实：男人的杂志》（*True: The Man's Magazine*）补充道：“在销售传统汽车将近 30 年后，底特律最大的公司正在进行一场大胆的赌博。”事实正是如此，对于那些批评美国汽车只注重造型而不注重工程，且毫无创意的人来说，考威尔就是一个令人振奋的回应。从许多方面来说，它至少在概念上恰恰就是美国在半个世纪后面对拥堵的高速公路和每桶 100 美元的石油时所需要的一次革新。而这也让这款车型的悲剧性结局更为浓烈。

最年轻的总经理科尔

和福特 T 型车一样，雪佛兰考威尔也来源于一位密歇根州农场男孩的创造。科尔 1909 年 9 月 17 日生于密歇根州马恩省，那是位于大急流城西面的一座小镇。

他的父母是奶农。少年科尔每天早上都要给奶牛挤奶并运送新鲜的牛奶到客户那里。用他后来的话说，这段经历锻炼了他的双腿，因为每一次送完奶他都会觉得身体又轻松了一点。5 岁，他爬进家里的 1908 年款别克车里，坐在方向盘后，汽车发动起来后撞在了一棵大树上。16 岁，科尔修好了两辆报废的汽车，成了当时少有的拥有两辆汽车的“有钱人”。其中一辆是四缸撒克逊人（Saxon），科尔将其发动机做了非常大胆的改动，让渥太华县的其他车辆都望尘莫及。

读高中期间，科尔的理想是成为一名律师，他从未想过自己将来竟会与某一位律师鏖战数年之久。不过，在从大急流城社区学院毕业后，他就转而进入了位于弗林特的通用汽车公司学院（General Motors Institute，GMI）。GMI 是一所公司大学，专注于工程学，在企业内组织学生半工半读，从而使学生能自力更生地完成学业。年轻的科尔在凯迪拉克工作，1933 年，他凭借其卓著的天赋在凯迪拉克赢得了一份全职工程工作。

科尔对凯迪拉克忠心耿耿，只不过他的做法有时会令老板们叫苦不迭。在一场公开拉力赛中，科尔曾经凭借一辆用 3 台化油器“强化”了发动机的老款雪佛兰战胜了一辆新款凯迪拉克 V12 敞篷车。20 世纪 30 年代，科尔成功地改进了凯迪拉克的发动机，降低了噪声，并提高了发动机冷却系统的效率。后面这项成就吸引了美国陆军的注意。美军坦克有个老毛病，就是在坑坑洼洼的恶劣环境下行驶时，会因发动机过热而抛锚。在二战前夕，科尔的通用汽车公司老板指派他去帮助美军提高 M5 坦克发动机的安全性能。他在 90 天的期限内胜利完成任务，在二战时为凯迪拉克赢得了一笔制造坦克的大单。

和平归来后，科尔开发了一款试验型的后置发动机的凯迪拉克。这是通用汽车公司为了阻击特立独行的企业家普雷斯顿·塔克（Preston Tucker）制造全尺寸后置发动机汽车尝试采取的防御性手段。科尔的“凯迪推克”[①] 车如其名，长得颇为奇特。为了承载发动机的重量，他们得将大号的卡车轮胎作为后轮。但是，将发动机的重量移到驱动轮上方时，科尔得到了足以在密歇根州的冰天雪地里驰骋的牵引力，从而避免了像邻居那样滑进沟里。后置发动机的汽车开始让科尔着魔了。

塔克的公司由于汽车安全性的问题倒闭了，于是通用汽车公司也放弃了科尔的项目。由于战后的购车热潮，所以凯迪拉克供不应求，并不需要把钱花在试验型的项目上。凯迪拉克同时也由科尔负责大刀阔斧地改进成常规发动机的款式。

科尔主导开发了一款新式“高压缩”V8 发动机，它不仅比上一代发动机轻了 25%，而且马力和燃油经济性都得到了提升。凯迪拉克的高管忘记了后置发动机的汽车，只有科尔还不肯放弃。在管理凯迪拉克在克利夫兰的庞大工厂时，科尔也不忘研究后置发动机小型汽车的项目。

1952 年 4 月，科尔被调回底特律。通用汽车公司最大的品牌雪佛兰正由于过时车型和发动机的拖累，在短短 3 年内销量暴跌 40%。外号“引擎查理”的公司总裁威尔逊（“Engine Charlie” Wilson）愿意向雪佛兰的主管托马斯·基廷（Thomas Keating）提供任何所需的资源来拯救该部门的危机。威尔逊因为后来在国会发表“对我们国家有益的东西对通用汽车公司也有益，反之亦然”的言论

---

① 英文为 Cadiback，是 Cadillac 和 back 的混合词。这里的译名取发动机后置由“拉”变“推”之意。——译者注

而为人熟知。“我想要科尔。”基廷回答说。于是，科尔就接到命令，把克利夫兰办公室的钥匙放在老板的桌上，即刻前往底特律。这位来自马恩的 42 岁男子成了雪佛兰的首席工程师。

科尔将雪佛兰的工程团队从 851 人扩大至 3 倍，并要求工程大楼里的滚梯速度提升 30%，工程师们戏称其为“科尔的收费公路”。在科尔的密切监管下，规模更大、速度更快的工程团队重新设计了雪佛兰的 V8 发动机，使其变得更轻巧更强劲。不到一年，雪佛兰的销量就开始回升。

1955 年，雪佛兰又凭借一款改版的贝尔艾尔进一步加速了复兴的进程。科尔称这款车有“阴谋”，这其实是“性感”的委婉说法。这款车拥有圆滑的线条、锯齿状的前格栅，以及科尔新推出的“小块”V8 发动机。这种发动机要比凯迪拉克所使用的大型 V8 小很多，同时却能提供约 121 千瓦的功率，完全满足当时的功率需求。“试试看，你会为之惊叹！”雪佛兰的广告语这样写道。同年，雪佛兰首次在科尔维特中引入了 V8 发动机。

就连基廷都不知道科尔还组织了一支工程师研究团队秘密进行新款小型车的试验。他们尝试了前置发动机配前轮驱动和后置发动机配前轮驱动的组合。他们甚至还玩过传统的前置发动机配后轮驱动的车型。但是科尔依然执着于后置发动机加后轮驱动的梦想，也就是他的试验款的“凯迪推克”。1956 年春天，他进行了原型车的测试。在套上了保时捷车身后，他驾车在雪佛兰的工程中心以每小时约 129 公里的速度疾驰，完全没有把每小时 40 公里的限速放在眼里。手下的员工都不敢正眼看他，生怕出什么车祸。结果伴随着刺耳的刹车声，科尔将车停在他们面前，脱口说道：“就是它了。”

1956 年 7 月，46 岁的科尔接替基廷担任雪佛兰的总经理，成为这一职位历史上最年轻的主人。这个将滚梯提速的老板对待自身的工作也同样毫不拖沓。“科尔就像是扫荡德国南部的巴顿将军一样将通用汽车公司的走廊整顿了一番，”一位记者观察到，“在新闻发布会上，速记打字员必须记录他的即兴评论，他们经常会在后面写上几段内容……他表示闲暇时会去钓鱼，不过钓友们说几乎没有鱼能够快到咬上他的钩。”

通用汽车公司老板们也不能迅速地跟上科尔的步伐。尽管科尔已经身处高位，但针对当时尚未命名的考威尔的研究工作依然秘密进行着。1957 年春天，科尔在没有通知首席执行官雷德・柯蒂斯和公司握有实权的工程政策委员会的情况下完成了详尽的工程图纸，并制造了一辆原型车。这一决定即便称不上鲁莽，也算是十分大胆的，但是科尔认为他的汽车只有让人亲眼见识并驾驶之后才能赢得信任。那年夏末，他硬着头皮向柯蒂斯坦白了自己的所作所为。

尽管老板没有大发雷霆，但是却盘问了科尔整整两个小时。这款车真的会有市场吗？通用汽车公司能以合理的价格采购足量的铝材来制造这种轻型发动机吗？科尔对这两个问题的答案是：两者都可以！他进一步解释说，由于创新的设计方案，这种发动机可以轻而易举地安装在车尾通常预留给后备厢的空间。活塞和气缸不会像普通发动机那样竖直摆放，而是平躺下来，在发动机两侧各置三组，形成“煎饼”的样子。

另一个问题是，这款新车是否会蚕食通用汽车公司高利润的大型车的市场。“如果我们不制造这辆车，雷德，那么就会有别人做。”在即兴试驾了一番后，柯蒂斯大为震动。他甚至产生了建立通用汽车公司第 6 个部门的想法，也就是在雪佛兰、庞蒂亚克、奥尔兹莫比尔、别克和凯迪拉克之外来制造和营销这款车。不过，科尔希望这款车归雪佛兰独有。

当科尔带着这个项目接受工程政策委员会的严格考核时，以节俭著称的科尔将原本提出的 0.85 亿美元预算提高到了 1.5 亿美元。1957 年 12 月，通用汽车公司董事会批准了科尔的汽车制造计划。1958 年 1 月，科尔在董事会成员的视察下钻进一辆原型车，绕着通用汽车公司的测试跑道疾驰。当他“以破纪录的高速稳稳停在公司大佬们面前时”，《真实》报道称：“有两件事情是板上钉钉的：雪佛兰来了一辆超级新车，叫考威尔，还来了一位超级领导，叫爱德华・科尔。”

后置的发动机

通用汽车公司原本就拥有制作风冷发动机的经验，但当时的效果并不好。1922 年，电子启动器的发明者，通用汽车公司外号为“老板”的查尔斯·凯特林（Charles “Boss” Kettering）也开发了一台相似的发动机，并称之为“铜冷却”。它依靠铜片来吸收热量，而且不需要散热器。虽然凯特林标榜这台发动机是一举超越福特的撒手锏，但首席执行官阿尔弗雷德·斯隆质疑其可靠性，因此否决了这个项目。斯隆于 1956 年从通用汽车公司总裁的位置上退休，仅仅一年后公司就全面认可了考威尔。

随着考威尔的开发得到公司认可和继续推进，两个相互矛盾的问题浮现了出来：对特殊轮胎的需求和通用汽车公司对绝对保密性的要求。如果不在后一问题上进行妥协，那么前者就很难解决。考威尔非同寻常的设计，即前轮承受全车重量的 40%、后轮承受 60% 的设计，意味着普通的轮胎无法提供足够的稳定性。甲壳虫之所以不存在这个问题，是因为它的车身非常小。但考威尔更长、更低，也更重。

尽管雪佛兰要求美国橡胶公司（U.S. Rubber Company，即后来的永耐驰）开发特殊轮胎来承受超重的后部负载，但雪佛兰的工程师还得绞尽脑汁隐瞒这一需求的真实原因。他们告诉美国橡胶公司，这种特殊轮胎是供给澳大利亚子公司霍顿（Holden）的，但这个掩护打得越来越艰难。雪佛兰的采购经理打印的采购单上将一些零件标为“供出口霍顿用”，但实际上根本不是这样。一位雪佛兰高管在办公室接待记者时还假装给澳大利亚打电话，讨论有关后置发动机的霍顿汽车的事宜，希望让对方相信在国内推出后置发动机汽车的传言为虚。

与此同时，美国橡胶公司的团队设计了一些轮胎，它们采用一种新型的合成橡胶，并加宽了轮辋，尺寸上更接近超大型车辆的轮胎，从而能更好地支撑后轮的额外重量。公司要求这些后轮胎的充气气压应为 1.83 百帕，相比之下，新款汽车的前轮只需要 1.05 百帕就够了。提高后轮胎气压的目的是增强考威尔车尾的稳定性，避免转弯时打滑。但关键的是，这样的规范就要求驾驶员必须时时刻刻监测胎压状况。但很少有人会在着急上班或者看球赛的时候花时间检查胎压。但这就成了顾客的问题了，不是吗？

1959 年夏天，距离考威尔的首次亮相只剩几个月了，雪佛兰的公关人员在底特律运动俱乐部召集了 30 多名汽车撰稿人，请曾经让佐拉·阿库斯－邓托夫苦不堪言的刻板的工程师莫里斯·奥莱主持一场论坛。尽管奥莱当时已经退休，但在记者当中仍然享有很高的声望。

然而，围绕这次论坛的各种信息，却并不透明。雪佛兰虽然已经宣布正在开发一款名为考威尔的新车型，但拒绝承认有关其发动机后置的传闻。奥莱的任务就是在不宣布通用汽车公司正在制造后置发动机汽车的情况下赞扬此类车型的优势。“与发动机相关的产生热量和噪声的机械部分都在车尾。”奥莱解释说。他还补充，后置发动机的布局可以通过将大部分重量放在驱动轮上以改善牵引力和操控性。在评论结束后，他还尽职尽责地加一句话来回避提问：“我真的不知道雪佛兰人计划做什么。”

几天后，参加了这场论坛的记者们纷纷收到了神秘的匿名邮件。里面是一份在 1953 年呈送给汽车工程师学会的技术文章，文章对后置发动机汽车的安全性提出了质疑。“我始终认为后置发动机的汽车是一种失败的廉价设计，”文章表示，“一辆后轮承载高负荷的汽车在大风环境下即便以中等速度行驶都不可能保证有良好的操控。”而这一说法恰恰出自奥莱本人。

这一手法正是经典的公司新闻导向，只不过当时这个词都还没被发明出来。在嘲笑过后，这些记者怀疑匿名信来自福特，或者克莱斯勒的宣传人员。这两家公司都打算推出自己的紧凑型汽车，即福特猎鹰和普利茅斯勇士，并且使用的是传统的设计：发动机前置且驱动轮后置。这两家公司抹黑与之竞争的雪佛兰汽车是有利可图的，而且何乐不为呢？雪佛兰依旧严守着考威尔的保密措施，因此并没有对此作出回应，但这一沉默并没有维持多久。几个月后，当底特律开始揭开

1960 年新款车型的面纱时，雪佛兰的市场营销机器也开始全速运转起来了。

销售的新动力

“我们的城市已经不堪重负。交通拥堵严重，停车空间十分稀缺，市郊也如野火般迅速发展起来了。人们居住的地方离工作地点越来越远，在拥挤的街道上开车的路程也越来越长。”这段话应该来自 2012 年丰田普锐斯的一则广告。但就在 50 多年前，即 1959 年 9 月 27 日周日，它们却出现在美国各地报纸的一则占据两个版面的雪佛兰广告里。广告中将这款车吹捧为“与我们或者其他所有人制造的汽车都不同：革命性的考威尔，在一辆紧凑型汽车中使用了后置发动机”。

为了突出后置发动机的设计方案，考威尔的前格栅并没有设置装门面的假进气口，而是将雪佛兰著名的领结形徽标安装在两个车头灯之间的平整金属面板上。其线条简洁，与底特律通常的设计风格完全相反，并通过高耸的“腰际线”来强调考威尔的宽敞。这一次，雪佛兰叫卖的不再只是造型的噱头，而是实实在在的工程创新。

“这是一辆六座的紧凑型汽车，”无须广告赘述也知道这是针对甲壳虫，“具有真正令人惊奇的性能……在此类发动机布局的基本优点和更强的牵引力之外……和真正平整的地板。但是，为了能置于车尾，发动机就必须特别轻、特别短。所以考威尔的发动机是新设计的——主要采用铝材并使用风冷；其重量要比传统发动机轻 40% 左右……驾驶体验太出色了。”由于没有发动机的车头很轻，雪佛兰还吹嘘道，考威尔无须动力转向也能被轻松操控。

紧跟着报纸广告，雪佛兰又发动了一系列包含新闻发布会、宣传单页和销售手册在内的营销闪电战。一本手册上描述了在康涅狄格州莱姆岩的越野测试跑道上，驾驶员是如何“开着全新考威尔爬上陡峭的悬崖，冲入坑坑洼洼的沟壑，艰难地穿越超过轮毂盖高的泥水，涉过溪流……前置发动机的紧凑型汽车是不可能翻越这样的地形的”。这等于直接扇了猎鹰和勇士两个车型耳光，并尝试给倒霉的奥莱扳回一局。小册子还吹嘘说：“考威尔的后置发动机设计对于其异乎寻常的抓地稳定性功不可没。”雪佛兰的一张销售宣传单称考威尔“比马球马更能稳抓地面。”这两种说辞在多年后将成为雪佛兰麻烦的来源。

一连串宣传攻势带来了非常广泛的媒体覆盖。除了在《时代周刊》杂志封面上与科尔一同露脸之外，考威尔还赢得了《汽车趋势》的年度汽车奖。《机械图解》将考威尔赞誉为“乐事”。虽然留有一些保留意见，但大部分文章都对这辆车表示赞赏。《时代周刊》批评考威尔的行李空间不够大，和猎鹰与勇士的将近0.7 立方米比起来，考威尔的只有区区 0.44 立方米。还有的刊物指出，考威尔的基本售价为 1 860 美元，比全尺寸的雪佛兰比斯坎（Chevy Biscayne）仅仅低了196 美元，跟进口的紧凑汽车比起来更是高出了大约 250 美元。这在当时可是很大的差价。

尽管雪佛兰宣称稳定性是考威尔的主要优势之一，但人们从一开始普遍担心的就是它的稳定性。“前置发动机的支持者断言，置于车尾的发动机会造成全车重量分布失衡，”《星期六晚邮报》评论道，“并会产生一股外旋力，类似于滑冰鞋末端所产生的曲线轨迹。”这一生动的描述使得普通大众也易于理解。

汽车杂志使用了更专业的语言，它们称考威尔存在“转向过度”的倾向。《跑车画报》认为“首先应该采取的行动之一”是在该车的车头下方放一根平衡重量的“防侧倾”杆。这根防侧倾杆并不一定要做得多好看，只要在车头下方固定一根沉重的金属杆来平衡重量就行了。实际上，大众汽车公司就在甲壳虫上安装了这样的一根金属杆。虽然通用汽车公司在考威尔原型车上也使用了防侧倾杆，但是在该车进入生产时它被认为没有必要而取消了。

与此同时，克莱斯勒的一份内部工程报告也提到了前后轮建议胎压之间的差距是“进一步证明考威尔存在操控问题可能性的证据”。《跑车画报》的文章直言：“大多数考威尔车主都不可能保持建议胎压。”

科尔对这些言论却不买账。“评论家对这款车一无所知，”他在接受采访时怒斥，“我们清楚它在数百万公里的测试中的表现。”当他在一次行业聚会中遇见亨利·福特二世时，还要求与对方来一场底特律式的决斗。“亨利，”科尔说道，“我会把你逼到角落里对付你。”在底特律人送外号“魔鬼汉克”的福特二世并没有接受挑战。

雪佛兰的员工也在同一时间为捍卫考威尔行动了起来。1960 年 4 月，该车亮相后仅 6 个月，雪佛兰就派出了一辆考威尔参加从洛杉矶到明尼阿波利斯的长达 3 316 公里的汽车节油竞赛，并以令人惊叹的百公里耗油 8.7 升的成绩完成了这场穿越沙漠、高山和狂风肆虐的乡村农场的旅程。

这辆车后来还调转车头一路向西，在早春时节爬上了派克斯峰（Pikes Peak）的冰封坡道，在没有使用雪地胎或履带的情况下攀上了 4 300 米的顶峰。雪佛兰的公关人员在一本详尽的销售手册中对这两项壮举大加宣传，突出强调了考威尔在燃油经济性和牵引力两方面的性能。唯一的毛病是雪佛兰的小册子把路线图上威奇托和得梅因两个城市的位置弄反了。

也许攀登派克斯峰还不足以说明问题，雪佛兰的市场营销人员后来还派了 3 辆考威尔参加从芝加哥到巴拿马城的长达近 9 700 公里的长途跋涉，这场活动又名“美洲行动”（Operation Americas）。他们还制作了另一份精美的销售手册，并且附上了没有地理错误的路线图，讲述了考威尔如何“在能够想象得到的每一种路况下行驶：有车辙的、多岩石的、满是尘土的、弯曲的、大雨侵袭过的”。所有的溢美之词都被他们用遍了。

另外，小册子上还刊登了一些来自美国各地的快乐的考威尔车主的来信：巴吞鲁日市的一位家庭主妇、明尼苏达州的一位牙医、加利福尼亚州斯托克顿市的一位保险代理人等。科尔和他的手下想要证明考威尔的可靠性和安全性。

与此同时，3 名雪佛兰工程师向汽车工程师学会递交了一份详细的技术论文，在 7 年前收到奥莱关于后置发动机汽车的批评文章的也是该学会。“考威尔，凭借低重心和摆动式后悬架，具备出色的侧倾稳定性，”论文首先写道，“经过详尽的测试发现，它并不需要稳定器。”

不过，这份论文里的一份简易图表给出了一些有意思的数字。从数字中可以看到，考威尔的后悬挂的目标重量应该是 67 千克，但实际重量却是 79 千克。考威尔的发动机也包含一些原本应为铝材制成的部件，但改为铁质，这让发动机的重量增加到了 166 千克，大大超出了目标重量 130 千克。考威尔就像一个拼命节食的人一样，却在车尾重量上额外多出了近 48 千克。而该车的重量分配也从原本计划的车头占比 40% 车尾占比 60% 变成了实际的车头占比 38% 车尾占比 62%。虽然在当时看来这点差距很小，但其实是不可忽视的。

雪佛兰在 1960 年卖出了 25 万辆考威尔，尽管这是个相当体面的数字，但和福特卖出的 45.7 万辆猎鹰相比仍然相差甚远。一开始，考威尔提供了基本款和高档款两个版本。但不久之后，雪佛兰就找到了一股为促进考威尔销售的新动力。

在 1960 年 2 月的芝加哥车展上，雪佛兰展出了一辆名为蒙扎（Monza）运动版跑车的原型车，它将四门换成了双门，拥有标准的斗式座椅、落地式四速手动变速器，以及 91 千瓦的发动机（而标准版考威尔是 60 千瓦）。公众对此反响热烈，雪佛兰在 3 个月后就将蒙扎投入了生产。

1960 年 10 月，在底特律 1961 年款车型开始披露的时候，雪佛兰又为考威尔增加了更多的版本：蒙扎小轿车版、莱克伍德（Lakewood）旅行车版、Corvan 商用车版、兰普塞德（Rampside）小货车版和绿蔷薇跑车版（Greenbrier Sports Wagon）。最后这个版本还可以配备车顶帐篷和“野营套件”，将这辆车变成一个迷你的移动之家，这就跟大众微型客车一样了。

因此，考威尔成为后置发动机汽车的家族，是一个品牌下面的子品牌。一本雪佛兰销售手册还像飞蝇钓饵图谱一样罗列了一份考威尔家族全家福。虽然我们不知道鱼儿是不是特别喜欢飞蝇饵，但公众确实很喜欢雪佛兰这样的陈列。考威尔的销量迅速提升了 32%，轿车、卡车和货车共售出了 329 632 辆。1962 年，雪佛兰增添了人气火爆的新款考威尔蒙扎小轿车和敞篷车，并配备了 112 千瓦的涡轮增压发动机。考威尔这下也不缺动力了。

被忽视的安全问题

1962 年 1 月 12 日凌晨 1 点半左右，著名的电视喜剧演员厄尼·科瓦奇（Ernie Kovacs）在洛杉矶驾驶新买的考威尔旅行车，离开在导演比利 · 怀尔德（Billy Wilder）家举办的派对回家。科瓦奇跟在他的歌手妻子伊迪 · 亚当斯（Edie Adams）驾驶的劳斯莱斯后面。前往派对时他开的是劳斯莱斯，而妻子开的是考威尔，返回时两人互换了座驾。当科瓦奇在圣莫妮卡大道左转时，车子在被大雨洗刷过的路面上打滑，从侧面重重地撞上了一根钢质的电线杆。科瓦奇折断的肋骨刺破了他的主动脉，让他的人生永远定格在了 42 岁。他成为悄无声息的但稳定增长的考威尔事故名单中最出名的受害人。

1964 年《人车志》授予考威尔“最佳紧凑型轿车”（Best Compact Sedan）的称号，然而这辆车的背后却隐藏着许多秘密。雪佛兰在车头下方增加了一根防侧倾稳定条，这与《跑车画报》在 4 年前所建议的毫无二致。雪佛兰还更换了它的悬挂系统，以限制急转弯时靠外侧的后轮卡在车下的倾向。这两项改动都提高了考威尔的操控性和稳定性。

像这样的改进通常都会成为雪佛兰公关部门的营销卖点，但这一次却有所不同。雪佛兰召开了一场简短的新闻发布会，指出“一种新的悬架设计将会增强所有考威尔车型的操控性”。如果大力宣传新型悬架和稳定条的话，可能就会带来被迫承认 1960—1963 年款考威尔车型存在不稳定性的风险。

这个时候再给美国各地不断涌现的考威尔诉讼案件火上浇油可不是什么明智之举。此外，1965 年款考威尔还进一步改进悬架并提高制动性能，并且用曲线的设计风格来替代原来简洁但方方正正的设计。虽然考威尔的销量已经开始下滑，但雪佛兰对这款车的前景依然保持乐观。可是，在其他地方发生的事故证明了这份乐观是毫无根据的。

1965 年年初，一位来自康涅狄格州名叫拉尔夫·纳德的 31 岁华盛顿律师走出了一条不同寻常的路。他离开了劳工部的有偿岗位，成为美国参议院行政重组附属委员会的无偿顾问，该委员会由同样来自康涅狄格州的亚伯拉罕·里比科夫（Abraham Ribicoff）参议员担任主席。

纳德生于 1934 年，父母是来自黎巴嫩的移民纳拉·纳德（Nathra Nader）和罗斯·纳德（Rose Nader），他在康涅狄格州西北部的温斯特德长大。纳德父亲在当地开了一家饭店，名为高地徽章（Highland Arms），除了供应餐饮之外，他还慷慨地为解决邻里纠纷和维护社会治安出谋划策。纳德一家的餐桌同时也是一个议事论坛，4 个小孩当中最小的纳德在这里学会了语言沟通的技巧。

纳德是一个早熟的孩子，当别的孩子在看《哈迪男孩》（*Hardy Boys*）时，他读的却是枯燥而冗长的《国会议事录》（*Congressional Record*）。他很喜欢打棒球，在这个洋基队和波士顿红袜队分庭抗礼的小镇里，他选择支持前者。他对约会或者高中的社交生活似乎不感兴趣，不过学习成绩却非常出色。

纳德在 1955 年以美国优秀大学生荣誉学会会员的身份从普林斯顿大学毕业。随后他进入哈佛法学院，由于厌倦了烦琐的功课，他在人生中第一次成为一个坏学生。不过，在大学第 3 年和最后一年，他写了一篇题为《疏忽大意的汽车设计和法律》（*Negligent Automobile Design and the Law*）的论文。这一主题令他深深着迷。

在军队短暂服役后，纳德在康涅狄格州和马萨诸塞州做了 4 年的法务工作。1965 年，他搬到华盛顿进入劳工部后，在《新共和》（*New Republic*）及其他杂志上不时地撰写一些有关汽车安全的文章。一位满腹牢骚的通用汽车公司工人的来信使他关注起了考威尔。

当时的纳德正在计划编写一本书，讲述他在许多汽车上面看到的缺陷，这让他走进了里比科夫参议员幕僚的视线。由于汽车安全问题受到一系列政府机构的监管，所以里比科夫的行政重组附属委员会就负责牵头协调工作。纳德愿意无偿地提供帮助。他并没有多少生活费用，他无车可养，住在月租仅 80 美元的华盛顿公寓里。他甚至都没有电视机，尽管他很快就要成为电视上的红人。

纳德并不需要找出版商帮他出书，一家出版商就找上门来了。成立仅 3 年的纽约格罗斯曼出版社（Grossman Publishers of New York）的老板理查德·格罗斯曼（Richard Grossman）想要出版一本有关汽车安全的图书。他从《新共和》的一位编辑那里得到了纳德的名字，据说纳德是这方面信息的可靠来源。1965 年 11 月，纳德的图书《任何速度都不安全》成为这家羽翼未丰的出版公司发行的第 16 本书。“半个多世纪以来，汽车给数百万人带来了死亡、伤残以及不可估量的悲伤和损失。”前言写道。这对于被 T 型车解放了的农民来说或许只是事不关己的新闻而已。纳德的作品是对汽车公司的一次全面控诉，在他看来，汽车公司完全忽视了驾驶者的安全。

尽管只有第一章是有关考威尔的，但这已经足够了。纳德讲述了加利福尼亚州圣巴巴拉市的罗斯·皮耶里尼夫人（Mrs. Rose Pierini）的悲剧。1961 年 9 月，皮耶里尼夫人的考威尔在以每小时 56 公里的速度行驶时发生翻车事故，使她失去了一条左臂。1964 年，在不到 3 年后，纳德这样写道：“通用汽车公司宁愿决定赔偿皮耶里尼夫人 7 万美元，也不愿意继续这场为期 3 天的审判，他们生怕让 20 世纪最严重的一起行业失职事件曝光在公众面前。”

纳德还讲述了汽车配件制造商如何趁机做起了专门用来降低考威尔车尾打滑倾向的套件生意，其中就包括稳定条。他还补充说通用汽车公司自己也从 1961 年开始销售选配的“增强稳定性”套件，只不过从来没有在广告中宣传过。纳德还揭示汽车杂志在考威尔刚上市的时候如何描述关于后置发动机设计的争议，但在收了通用汽车公司的广告费之后，这些杂志社也就不再对此多言了。不仅如此，这些汽车杂志还将考威尔稳定性的责任甩给车主，纳德写道："要求驾驶人员密切持续地监测胎压变化根本谈不上是什么合理或理智的工程学做法。"他指出 1964 年款车型的悬架确实得到了改善，随即又补充道："在经过 4 年时间、卖出了 1 124 076 辆考威尔之后，通用汽车公司才决定做这些……"

他的言论有时也令人费解。他说早期的考威尔"后轮安装在一根控制臂上，其铰链和枢轴位于该臂靠近汽车中央的内侧一端的一根轴上"。但是在大多数情况下，纳德的文字都条理清晰令人信服。"考威尔是一个悲剧，而不是什么错误，"他写道，"这悲剧远远超出了为了节约成本而偷工减料所造成的影响。这种事情在汽车行业普遍存在，只不过考威尔的这个问题非常严重。"

就在该书尚未出版的时候，纳德就受到了通用汽车公司律师团的关注。截至 1965 年秋天，通用汽车公司已经收到了美国各地共 106 起关于考威尔的责任诉讼。纳德的名字以专家证人的身份出现在其中几个案件里。美国庭审律师协会（其成员担任起诉通用汽车公司的原告方）的内部简讯将纳德认定为在考威尔案件中值得咨询的人物之一。与此同时，纳德自己也在《国家》（*Nation*）杂志上刊登了有关考威尔的文章。他的文章《利润与工程》（*Profits vs.Engineering*）基本上就是其著作第一章的总结。

因此，通用汽车公司的法律总顾问阿洛伊修斯·鲍尔（Aloysius Power）要求手下调查纳德，这也就没什么奇怪的了。从一开始，这只是一个合情合理的要求。但之后的调查却比打滑的考威尔更加不受控制。

不受控制的调查

尽管通用汽车公司对纳德的调查产生了深远的影响，但一开始却非常滑稽。

第一个受雇的调查员来到了温斯特德，他“发现”纳德经常会造访一家名为高地徽章的当地饭店，却对店主就是纳德父亲一事浑然不知。诸如此类毫无价值的消息并不能让通用汽车公司的律师满意。他们认为纳德从事辩护律师一职必然是拥有一定经济基础支持的。公司的律师团认为三流密探的消息靠不住，就找到了华盛顿律师事务所奥尔沃德 & 奥尔沃德（Alvord & Alvord）的代理人理查德 · 丹纳（Richard Danner）。丹纳又转而委托了在纽约开设私人侦探事务所的前 FBI 探员文森特 · 吉伦（Vincent Gillen）。吉伦又转而将一些现场调查工作委托给了在波士顿和华盛顿的联络人。

尽管这套指挥系统并不怎么简洁明了，但至少吉伦传达给现场调查员的指令是清晰无误的。“我们的任务是……确认‘他动力的来源’，”他在一份备忘录中写道，“例如他关注安全的真正目的、他的支持者，如果有的话。他的政治态度、婚姻状况、朋友、女人、孩子等。他是否饮酒、是否吸毒，从事什么工作——他生活的方方面面。”到了 1966 年 1 月底，吉伦手下的侦探们仍在四处打听纳德的消息：在华盛顿和纽约的出版界、在温斯特德，以及在纳德曾短暂任教的哈特福德大学。当被问起时，他们的借口就是客户正在考虑雇用这位年轻有为的人参与一项敏感工作。

如果真是这样，那么这个潜在的老板就会发现纳德是一个聪明、敏感、有责任心的人，他定期去教堂，努力工作且没有明显的恶习。但是，侦探们挖得更深，比如纳德的黎巴嫩血统有没有让他产生种族歧视，或者他有没有稳定的伴侣，无论男女，但一无所获。对于他日常行动的监视也同样毫无收获。

侦探们已经绝望了，他们找不到任何的蛛丝马迹。1966 年 2 月，当纳德准备在里比科夫的委员会作证时，发生了一件可疑的事情。纳德开始接到一些奇怪的电话，有时甚至是在深夜，对方明显是在装模作样地询问一些快递或者机票的事情。2 月 20 日傍晚，当他在公寓附近的一家药店翻阅杂志的时候，一位漂亮的年轻女子邀请他去她家里讨论“外交事务”。没过多久，又有一个女子在华盛顿的西夫韦超市（Safeway）里接近他，请他帮忙把沉重的货物送到她家里。纳德将这些事情告诉了《新共和》的年轻记者詹姆斯·里奇韦（James Ridgeway）。于是里奇韦就在3月12日的那期杂志上写了一篇题为《侦探》（*The Dick*）的文章，而这期杂志的报摊发售日期是3月4日。

这篇文章引起了《纽约时报》记者沃尔特·鲁格贝尔（Walter Rugaber）的注意，他自己也做了报道，对里奇韦的观点起到了验证和放大的效果。鲁格贝尔的文章刊登在1966年3月6日《时代周刊》头版的第二部分，标题为《汽车行业安全标准的批评者称遭到跟踪和骚扰》（*Critic of Auto Industry's Safety Standards Says He Was Trailed and Harassed*）。

大多数公司级的人物都鄙夷地认为《国家》和《新共和》为自由主义的闲言碎语，甚至表示根本就不曾听说过这样的杂志。但是《纽约时报》是美国主要的美国性报纸，它的影响力是不容忽视的。福特汽车公司做出了回应，发表声明否认参与任何对纳德的调查。3月8日，在《时代周刊》的文章刊登两天后，通用汽车公司总裁詹姆斯·罗奇（James Roche）指示公关部门准备一份类似的声明。但当天晚些时候，罗奇懊恼地发现通用汽车公司确实卷入其中。3月9日夜里，通用汽车公司发表了一份与福特完全不同的声明。通用汽车公司称"法律总顾问办公室通过一家信誉良好的律师事务所发起了一次常规的调查，以确定纳德是否是考威尔设计案的诉讼代理人或者律师……调查范围仅限于纳德先生的资质、背景、专业知识以及与该案律师的关系。调查不包含任何最近媒体报道中的骚扰或者恐吓"。

事情变得一发不可收拾。第二天，罗奇就收到了一封电报，通知他说里比科夫参议员的附属委员会"将于1966年3月22日举行关于纳德－通用汽车公司事件的听证会。敬请您作为证人出席"。罗奇无法拒绝。这场听证会精彩异常，其令人回味的细节里融合了戏剧性、幽默和傲慢。通用汽车公司的法律总顾问鲍尔与委员会成员在骚扰的定义上争执不休，不过他也承认，如果站在纳德的角度，他自己也会觉得受到了骚扰。当侦探吉伦坚称手下人询问的有关纳德的个人生活的问题只是"对纳德公平"而已，委员会成员罗伯特·肯尼迪（Senator Robert

Kennedy）参议员对他发起了愤怒的指责。“什么叫对纳德公平？”肯尼迪厉声喝道，“你们有必要证明他不是同性恋也没有种族歧视吗？”

这场听证会让通用汽车公司大为丢脸。虽然罗奇否认通用汽车公司有过任何让纳德沉默或者抹黑他的企图，但还是对委员会说：“我希望在此时此地道歉。”纳德当时并没有在场听到道歉。这个连车都没有的人因为打不到出租车而迟到了。“我差一点就想出去买一辆雪佛兰了。”他在到场时开玩笑地说。

司法与市场的碰撞

里比科夫的听证会造成了轰动。6 年前喋喋不休地吹捧考威尔的《时代周刊》发表了题为《为什么汽车必须而且可以做得更安全》（*Why Cars Must-and Can-Be Made Safer*）的文章。在书店架子上默默无闻的《任何速度都不安全》一书也很快上了畅销榜。纳德成了一个名人，他说的每一句话几乎都能成为新闻，包括他对大众甲壳虫的后置发动机设计发起的攻击，只是大众汽车公司完全充耳不闻。这位 32 岁的律师受邀出席伦敦的英国议会发表演讲，后来还在斯德哥尔摩的瑞典议会演讲。

1966 年 11 月，听证会召开的 8 个月后，纳德起诉通用汽车公司侵犯隐私。按照通用汽车公司的说法，索赔金额为 2 600 万美元，而按照纳德的说法则为 1 200 万美元。这家公司和这位斗士就连在数字上都难以达成一致。

为了应诉，通用汽车公司聘请了肯尼迪总统的前助手纽约律师西奥多·索伦森（Theodore Sorensen）以及索伦森的一位曾担任过联邦法官的合作伙伴。随着这桩案子的审理，有关考威尔的争论也开始对美国民众的生活产生深远的影响。国会通过了《1966 年国家交通和机动车安全法》（National Traffic and Motor Vehicle Safety Act of 1966）并由总统约翰逊签署生效。法案首次要求汽车制造商公开宣布对汽车的召回。不过新监管并不局限于汽车公司。

1967 年，国会通过了一项法案，要求对肉类包装企业实施更严厉的卫生标准和定期的政府检查。1968 年国会又通过了《天然气管道安全法》(Natural Gas Pipeline Safety Act)、《健康和安全辐射控制法》(Radiation Control for Health and Safety Act，该法案对医用 X 射线进行监管）和《家禽产品批发法》(Wholesale Poultry Products Act)。即使是 1969 年共和党人理查德·尼克松（Richard Nixon）成为总统后，纳德掀起的这场改革运动依然继续推动了《联邦煤矿健康和安全法》(Federal Coal Mine Health and Safety Act) 的出台。媒体将这一切都归功于纳德。他甚至还瞄准了热狗和婴儿食品，倡议要改变其配方。

至于考威尔这边，里比科夫听证会所造成的影响让其销量在 1966 年降低了 56%，跌至区区 10.4 万辆。次年再次暴跌了 75%，只销售了 2.7 万辆。不过，那个使考威尔起死回生的意志坚定的工程师的结局却好得多。1967 年 10 月 30 日，虽然并不喜欢纳德，但对公司的间谍行为更深恶痛绝的科尔成了通用汽车公司的总裁兼首席运营官。现在科尔的顶头上司只剩下了董事长和首席执行官，而担任这个职位的人是詹姆斯·罗奇。

1969 年 12 月 12 日，在科尔和他的考威尔登上《时代周刊》封面刚好 10 年 2 个月零一周之后，纳德自己也顶着“消费者的反抗”的标题出现在了同一位置。在他肖像的艺术照下面是一辆考威尔的尾巴，暗示它正在驶离人们的视野。最后一辆考威尔在 7 个月前下线，给长达 10 年、总计 1 786 243 辆考威尔的生产画上了句号。“对许多美国人而言，35 岁的纳德已经成了平民英雄，”《时代周刊》写道，“是对于现状进行建设性抗议的一种象征。”无论是否有建设性，抗议在 20 世纪 60 年代末期正在成为一种常态。像《纵横天下》这样的电影大热，剧中威廉·霍尔登饰演的英雄式的商业高管成为美国理想主义的象征的日子已经一去不复返了。

在那个尾鳍风靡的 20 世纪 50 年代，美国人在总体上是信任政府官员、教育工作者和公司高管的。但在经历一些动荡和雪佛兰考威尔进入市场之后一切都变了。对权威的不信任成为新的国民态度。

对纳德来说，信任危机甚至成就了纳德突击队，使这种形式成了一门生意。有超过 100 多名法律、工程学、医学毕业生加入了他的非营利性组织，领取最低的酬劳，对政府机构和公司进行调查。纳德突击队引领了一个 NGO（非政府组织，有着公共政策议程和充足的资金）发挥影响力的时代。

纳德发展壮大的 NGO 包括回应型法研究中心、汽车安全中心和公共利益研究集团的网状系统。它在 1970 年 8 月获得注资，当时纳德和通用汽车公司结束了近 4 年的侵犯隐私诉讼。通用汽车公司向纳德支付了 42.5 万美元（相当于 2012 年的 250 万美元），但这只是他索赔数额的一个零头。有人在《华尔街日报》上说纳德跟通用汽车公司达成和解是“卑鄙之举”，但纳德还是用他一贯的方式我行我素。

他将这笔“横财”存入了第一国民城市银行（该银行本身也是他的调查对象），并宣布会利用这笔钱资助对通用汽车公司及其他公司和组织的进一步调查。几个月后，他的突击队发现司法部的律师曾经以反垄断为由建议拆分通用汽车公司和福特汽车公司，但他们的建议被拒绝了。尽管这一披露造成了一场小小的轰动，但很快被平息了。不久之后日本汽车公司就完成了司法部的未尽事业。

尘埃落定后，联邦政府最终为考威尔正式平反。“1960—1963 年款考威尔的操控性和稳定性并不会带来不正常的失控或侧翻的可能。”一个政府研究小组在 1972 年 7 月得出这样的结论。通用汽车公司发表了简短的声明，称这份报告“证明了我们的立场”。愤怒的纳德义正词严地谴责这份报告是在给通用汽车公司洗白。就连出庭为考威尔辩护的一些通用汽车公司律师都对公司的这起案子产生了怀疑。但是从官方说法上，纳德在雪佛兰考威尔的这场战役中算是打输了。

而具有讽刺意味的是，科尔当时正在支持一项几乎会让每一个纳德的支持者欢呼的提案。科尔正带头呼吁在汽车上安装催化转化器，以此消除从汽车排气管中排出的产生烟雾的化学物质。

催化转化器要求汽车采用无铅汽油。但数十年来，石油公司一直使用由通用汽车公司开发并享有专利的工艺，往汽油里面添加铅，来大幅提升辛烷值，并降低发动机“爆震”时的声音。石油公司对含铅汽油发起了激烈的辩护，并得到了福特、克莱斯勒及大部分通用汽车公司高管的支持。尼克松政府在私下里建议将含铅汽油继续使用几年。

但是科尔毫不退让，就像他为考威尔辩护时一样，既不买通用汽车公司同事的账，也不屈服于白宫。“他有胆识去这么做。”一位福特高管在数十年后回忆道。从 20 世纪 70 年代开始，底特律的汽车就开始安装催化转化器了。即使这样，科尔仍然以“考威尔之父”的身份被铭记，而不是“清洁空气之父”。

考威尔的故事是一场希腊式的悲剧，科尔的天才创造了这辆车，而他的傲慢也毁灭了这辆车。1974 年 10 月，事件的两大主角科尔和纳德进行了一场面对面的辩论。科尔当时刚刚从通用汽车公司退休，不再受到禁止与纳德公开对质的公司管理规定的约束。电视台的菲尔·多纳休（Phil Donahue）从芝加哥来到了底特律，直播了这场辩论赛。

纳德对考威尔发起攻击，而科尔负责辩护。当纳德谴责工厂的工作是“不人道的”时，被激怒的科尔回应道，“这不是不人道！”在辩论中纳德还讥笑说自己每年的生活成本仅为 5 000 美元，“而科尔却花了上百万美元”。但当辩论结束后，纳德在后台却称赞科尔。“你把汽油里的‘铅’干掉了，”他一边与这位退休的实业家握手，一边嘲弄道，“现在是不是该把通用汽车公司的‘钱’也弄没呀？”

尽管从官方角度说纳德输了考威尔诉讼，但他却在每一个能想到的层面上赢了。他的胜利引发了美国的消费者运动，彻底改变了美国的监管环境。不过，最经久不息的遗产却是考威尔诉讼对美国法律的影响。数十年来，关于产品责任的诉讼都是离美国法律和商业非常遥远的存在。要想得到任何索赔，原告就不得不证明制造上的缺陷导致产品瑕疵，而后者又产生了伤害。而关于产品缺陷的定义又太过狭隘。考威尔诉讼案改变了这一点。

20世纪60年代中期，法庭开始接受固有设计缺陷的证据，例如考威尔过于沉重的车尾，并且原告足以凭借这样的证据胜诉。美国法学会督促每个州都根据这样的原理来修订自己的侵权法案。“公共政策要求那些由消费产品造成的意外伤害的责任应由在市场上销售这些产品的人承担，”法学会表示，“且被视为能够获赔责任保险的产品成本的一部分。”

因此，考威尔将诉讼变为了一种惩罚方式，使制造商不敢生产不安全的产品。随着损失取证越来越简单，法律诉讼也越来越普遍。这是“两种文化的碰撞”，美国西北大学法律教授马歇尔·沙坡（Marshall Shapo）后来写道：“我们可以称之为法律文化和市场文化。”

20世纪70年代，另一辆小型汽车，即福特斑马（Pinto），继承了考威尔的衣钵。在3位印第安纳州女孩驾驶福特斑马与一辆卡车相撞发生火灾丧生后，公诉人就以过失犯罪指控福特汽车公司，称其制造的油箱在车尾，碰撞时容易爆炸，因此犯有刑事过失。尽管公司后来得以免罪，但福特汽车公司还是为斑马造成的各类事故付出了数百万的民事赔偿，而且其公司形象也蒙受了重大的损失。

最早因考威尔而推动的有关责任法变革的终极演出并非发生在汽车上，而是在咖啡上。1994年，距离考威尔首次亮相已经过了35年，新墨西哥州的一个陪审团审理了一桩81岁老妇因为在麦当劳的免下车窗口购买的咖啡而烫伤的案件。这杯咖啡被准确地加热到了麦当劳规定的口味最佳的82℃。但是和其他饭店的咖啡相比仍要高出20℃。

受伤的老妇在医院里住了7天，为三度烧伤的部位进行了植皮。实际上，她只是700个曾被咖啡烫伤的麦当劳顾客的其中之一。陪审团一开始对她的索赔似乎存在质疑，最后判给她290万美元。不过，无论这个案子带有什么是非曲直，这位老妇都成为法律系统矫枉过正的一个生动的象征。公众的舆论偏向支持麦当劳。陪审团的裁决在上诉时被降低，该案后来以秘密金额和解。

在麦当劳审判发生一年后的1995年，菲利普·霍华德（Philip Howard）公然抨击琐碎小型诉讼案件的图书《常识之死》（*The Death of Common Sense*）成为畅销书。虽然美国的“法律文化”开始摇摇摆摆地回到了“市场文化”，但是这一钟摆永远都回不到考威尔时代之前的状态了。这辆车催生了20世纪末期的一大成长行业，即法律诉讼业。“T型车让美国人走上了公路，”来自新泽西州的考威尔收藏家罗伯特·马洛（Robert Marlow）在1996年写道，“考威尔则把我们交到了律师的手上。”马洛的一些藏友们在珍藏的汽车的车牌上表达了自己的悲伤之情，有的写着“RALPH WHO（谁是拉尔夫）”，有的写着“F. RALPH（F. 拉尔夫）”，还有简单而机智的“NADIR[①]（最低点）”。

当66岁的纳德于2000年竞选总统时，这些人多半没给他投票。他在佛罗里达州获得了9.5万张选票，而乔治·布什约以1 800张选票的差距险胜。布什虽然在美国普选中败给了小艾伯特·戈尔（Albert Gore Jr.），但由于美国最高法院支持他在佛罗里达州的险胜而赢得了总统选举。

如果纳德的名字没有出现在选票上，戈尔毫无疑问将会赢得更多的票数。而若是没有考威尔，纳德的名字也就不会出现在选票上。考威尔消失30年后，科尔的这辆有缺陷的汽车依然改变着美国人的生活。无论以何种速度，我们都可以说，是雪佛兰考威尔的遗产帮助乔治·布什成为美国总统。

---

① 纳德的英文为NADER。——编者注

考威尔

时间 1959 年

特点 空间宽敞、外形时尚，后置风冷发动机

定位 美国平民车、上班族代步车

背景 通用汽车公司为应对甲壳虫的冲击，对批评美国汽车不注重工程而作出的回应

影响 1. 改变了美国的法律体系以及政府与商界之间的关系

2. 将诉讼变为一种惩罚方式，使制造商不敢生产不安全产品

第6章　福特野马，为年轻人带来刺激

肯尼迪时代真是太令人激动了。我们查阅了所有当时的人口数据，都是关于年轻人的。

——哈罗德·斯珀利奇（Harolel Sperlich）

野马车主的平均年龄为31岁，而普通福特汽车车主的平均年龄为42岁。

——福特新闻发布会

差点儿置福特汽车公司于死地的埃德塞尔车型在构思和开发中几乎没有进行

任何市场调研。公司单纯地认定这辆车构思不错，于是就把它造了出来，最后才发现没什么人喜欢它。因此在埃德塞尔 1959 年退出市场后，福特为了不再重蹈覆辙，于 20 世纪 60 年代早期专门成立了一支 20 人的团队负责市场调研。“我们的专家会观察顾客的每一次心跳变化，”在福特汽车公司迅速成长起来的充满活力的年轻执行官李·亚科卡（Lee Iacocca）夸口说，“很长一段时间我们就意识到市场中出现了一股史无前例的青年潮。”福特市场研究人员为这一现象记录下来的统计数据多得占满电脑的内存。

人口统计学家预计，在 20 世纪 60 年代，15 ～ 19 岁的美国人数量将增加 41%。20 ～ 24 岁人口的数量将上升为 54%，甚至更多。在 1960—1975 年，年收入超过 1 万美元的家庭数量将增加 156%，而收入在 5 000 美元到 1 万美元的家庭数量会增加 27%。虽然只有 21% 的美国“家庭单元”（按照福特报告中的措辞）拥有两辆或以上的汽车，但之后这一比例迅速提高。女性驾驶员的数量在 1956—1964 年增长了 53%，而男性驾驶员的数量仅增加了 6%。20 世纪 60 年代的大学新生数量翻倍，在紧接着的 20 世纪 70 年代再增加 25%。大学毕业生虽然仅占成年人口的 19%，但是在新车销量中的比重高达 46%。

即便你不是人口统计学家，也能明显地觉察到青年潮的迹象。“百事，致年轻的心。”这是 1961 年的一则广告口号，暗示了碳酸饮料和心态之间的联系。《电视指南》刊文教你如何跳一种新的儿童舞蹈：“双脚像拳击手一样站立。屁股左右摆动，就像用毛巾擦背一样，像踩灭烟头一样扭动脚踝。”这叫扭扭舞。

小型州立大学已经扩展成专业齐全的综合性大学来满足接踵而至的婴儿潮一代的需求。其中一所就是位于伊利诺伊州中心的师范镇的教育学院，之所以叫师范镇，是因为教育学院在传统上被称为“师范学校”。该大学后来在 1964 年更名为伊利诺伊州立大学（而这个镇的名字依然保留至今）。

1964 年 5 月，林登·约翰逊（Lyndon Johnson）总统视察了位于底特律卫星城市的一所大学，即在安阿伯的密歇根大学，并在那里举行了一场具有里程碑意义的演讲。“我今天从首都的动荡中来到你们宁静的校园，”约翰逊娓娓说道，“来和你们探讨国家的未来……伟大的社会依赖于所有人的富足和自由。”过了几年，他的话听起来充满了讽刺意味，届时的大学则是一派暴乱而非宁静的景象。

就在约翰逊提出“伟大社会”的一个月前，福特汽车公司推出了一款名为野马的新车，这款新车将目标锁定在市场调研人员千辛万苦确定的青年市场。和命运多舛的埃德塞尔车型不同，野马的销量如同风驰电掣的跑车般一路加速。在纽约的一家餐馆贴出这样一则广告：“我们的薄煎饼卖得跟野马一样好。”

野马在当时可谓至臻至美。它运动风格的灵感来自英国小跑车。它定价适中，基本版不到 2 500 美元，同时还提供升级配件，这是福特很大的一笔利润来源。而且，尽管是一款紧凑型汽车，但野马的内部空间却足以容纳一家四口。尽管其造型新颖而有活力，但野马并不是一款全新设计的汽车。该车的基础发动机和机械基底都是从毫无特色的旧款福特猎鹰中照搬过来的。福特市场调研主管、前大学教授西摩·马沙克（Seymour Marshak）用一则生动的比喻描述了福特是如何将丑小鸭变成了白天鹅。

“找一个女孩，将她的头发扎成发髻，戴上老式框架眼镜，穿上平底鞋，使她的胸和臀变平，你就得到了一个学校图书馆管理员，”在野马一炮而红后，他骄傲地在《底特律自由报》（*Detroit Free Press*）上说，“如果把同一个女孩烫成卷发，配上隐形眼镜、高跟鞋，那么你就得到了一个万人迷！我们的车就是这样一个女孩。”如果马沙克在 10 多年之后说出这样的话，可能就会被拖到人力资源部门，被罚接受好几周的敏感训练，不过前提是他还没有被直接开除，直接开除可能还比较轻松一点儿。但当时是 1964 年，女权运动尚未开始，内陆城市也没有骚乱。而美国人也实实在在地热爱福特野马，因为只有它把握住了当时年轻人的精神风尚。

充满活力的李·亚科卡

1960 年 11 月，43 岁的约翰·肯尼迪（John Kennedy）当选为史上最年轻的总统。同月，另一个名字以元音结尾的人，李·亚科卡，成为福特汽车公司旗舰福特部的主管。年仅 36 岁的亚科卡是历史上担任这一职务的最年轻的人。

“当亚科卡进入福特部时，大家都精神振奋。”他的一位年轻的追随者，外号“哈尔”（Hal）的哈罗德·斯珀利奇在将近 50 年之后回忆道。斯珀利奇在 1960 年的时候才 31 岁，但他已经获得了第一份管理岗位的工作。他负责“特殊研究”，即在野马的制造中扮演一个重要的角色。“当时是这样的：肯尼迪来了，亚科卡来了，哇哦——青年市场也来了。”

尽管肯尼迪时代在 1963 年 11 月 22 日就以悲剧告终了，但青年正走向舞台中央的趋势却没有改变。1964 年 2 月，披头士乐队出现在了《埃德·沙利文秀》（*Ed Sullivan Show*）上。女孩子们开始放肆地叫破喉咙，男孩子们则开始留长发，而他们的父母为了管教他们喉咙都喊哑了。两周后，鲁莽小子卡修斯·克莱（Cassius Clay）击败了桑尼·利斯顿（Sonny Liston），赢得了重量级拳击的世界冠军，引起了一场轰动。没过多久，克莱宣布自己是个穆斯林，将名字改成了穆罕默德·阿里（Muhammad Ali），再次引起了一场轰动。

亚科卡出身于宾夕法尼亚州的艾伦镇，他的父母是居住在那里的移民。他在附近的理海大学学习工业工程学，然后在普林斯顿大学获得了机械工程学的硕士学位。在加入福特汽车公司之后，他转到了销售领域，原因是觉得相比穿着短袖带着尺子的工程师，在这个岗位更容易引人注目。在长达 10 年默默无闻的辛劳之后，亚科卡成为福特汽车公司在费城区域的销售经理助理。他为福特 1956 年的新款车型策划了每月 56 美元的分期付款方案。其“56 美元，56 型福特”活动让费城区域一跃成为福特销售榜的第一名，也开启了他的职业生涯。亚科卡获得晋升，被调往公司总部工作。总部位于底特律旁边的迪尔伯恩市，是一座被昵称为“玻璃屋”的新的玻璃和钢结构的建筑。

他的顶头上司是另一个神童罗伯特·麦克纳马拉（Robert McNamara）。麦克纳马拉是1946年从空军退役后加入福特汽车公司的10位财务管理"神童"之一。在二战期间，他和其他同事一起改革了五角大楼陈旧的采购系统，使坦克、飞机和枪支的生产得以大幅提高，壮大了美国及其盟友的力量，并赢得了战争的胜利。当这些神童来到迪尔伯恩时，福特汽车公司的财务系统还非常原始，公司在支付费用的时候是把钱先摞起来，称好重量，然后根据每磅纸张等于多少美元来换算成支票上的数额。麦克纳马拉和同事们复制了在五角大楼的成功案例，建立了现代化的财务成本控制和信息管理系统，拯救了跟不上时代的公司。

麦克纳马拉是个一切从简的人。他戴着无框眼镜，梳着中分头，并且故意没有居住在深受美国汽车王国的诸位王子喜爱的新近暴发户云集的底特律西北郊区。

他在福特打造的招牌产品是紧凑型的猎鹰，这款于1960年发布的汽车被人嘲笑为"麦普通"（Plain Mac）。它与麦当劳的汉堡包有着相同的特点。福特的经理们都用"超低价格、毫无个性"这样的话嘲弄他，也不知道是在攻击猎鹰还是麦克纳马拉本人，不过通常两者都是，但是质优价廉的猎鹰成了大热门。该车在被福特推出一年内销售了417 174辆，打破了当时历史上所有新车的纪录。由于猎鹰的成功，麦克纳马拉在1960年11月9日被任命为福特总裁，亚科卡则接替了麦克纳马拉在福特部主管的位置。而就在前一天，肯尼迪当选了总统。

如果说麦克纳马拉是阳，那么亚科卡就是阴。由于亚科卡喜欢直言不讳地用各种俏皮话嘲讽别人，所以《新闻周刊》称其"就像活塞的推力一样直接"。事实正是如此，亚科卡有一次解释说，他丝毫不在意管理那些年长的或比他资历高的人，因为如果管理不严，"突然之间你就必须正视现实，总得有人承担责任"。当一位惊慌失措的公关人员告诉亚科卡说，在报纸上有一则批评文章因为意外出现在了公司广告的旁边时，他当即就怒斥："你是在告诉我有人在抢我们的风头？"因为他口若悬河、滔滔不绝的天赋，《华尔街日报》送给他一个"汽车城最著名的话匣子"的外号。采访过他的记者都发现，打断他冗长独白的唯一方法就是趁着亚科卡停下来吸口烟（他的手上永远都拿着烟）的时候跳到别的话题上去。

令人惊奇的是，善于分析的经济管理师和健谈的超级销售员之间的关系非常融洽。亚科卡很钦佩这位老板的数字魔法，而麦克纳马拉也很欣赏这位年轻的追随者在福特汽车公司的各项繁文缛节中推行自己的改革和管理的能力。有一次麦克纳马拉甚至还要求亚科卡将提案以书面方式提交，而不是当面汇报，因为他觉得这个年轻人在当面请求时的说服力太强了。这两个人在扮演了新的角色之后，或许能够组成一支绝佳的团队，但也可能变成一场灾难。而实际情况却朝着第三条路发展了下去。

在麦克纳马拉和亚科卡得到晋升后不久，总统肯尼迪授予麦克纳马拉国防部长一职。才刚做了福特总裁几周的麦克纳马拉又回到了五角大楼。公司认为亚科卡太过年轻，无法立刻成为福特总裁，这令他大感沮丧。不过他却意外得到了更大的施展空间，使他得以实现一些保守的麦克纳马拉裹足不前时不曾涉及的想法。

其中一个想法就是让福特赞助在大学校园里举行的民间音乐会，这一行动最终催生了美国广播公司的电视系列片《民谣音乐会》(*Hootenanny*)。尽管亚科卡本人更偏向于弗兰克·西纳特拉，而非皮特·西格（Pete Seeger）或者琼·贝兹（Joan Baez），但是当他发现学生都在听不同以往的音乐时，他认为赞助民谣音乐可以让福特在青年群体中的形象焕然一新，而这一点对福特是至关重要的。“年轻人是汽车、服饰和许多其他商品的潮流引领者，”福特市场营销研究人员冷静地指出，“他们还对父母购买的汽车品牌和类型产生很强的影响力。”

亚科卡还恢复了对赛车车队的赞助，以此强化福特的形象。虽然三巨头在几年前“自愿地”退出了赛车界，规避政府对其市场营销行为可能采取的行政制约，但是这吓不倒亚科卡。“汽车比赛的观众人数要比棒球和橄榄球观众加起来的还要多。”亚科卡还一度策划让福特收购法拉利。事实证明，即便对方的某一高层是美籍意大利人，但要把一个国家性的象征卖给一家美国公司对于意大利人而言依然是不可接受的，于是这个计划就流产了。但是，亚科卡的宏图伟业并没有结束。

穷人的T型鸟

亚科卡在1961年年初当上福特部主管的职位没多久就秘密启动了生产野马的计划。尽管猎鹰在第一年取得了成功，但公众对于“无装饰”汽车的兴趣正在减弱。用福特市场营销部门的话来说，美国汽车市场正在经历一场“斗式座椅大爆发”，但其实大部分福特汽车别说座椅了，整辆车看起来都跟桶一样丑陋，公司的高管有时甚至因此被家里人笑话。亚科卡的产品规划总监唐纳德·弗雷（Donald Frey）的几个十几岁的孩子就对父亲说，福特汽车很“单调”，而弗雷却无力反驳。

亚科卡有能力笼络优秀的人才，拥有冶金学博士学位、精通俄语和法语的弗雷就是其中的一个例子。弗雷最后离开了福特汽车公司，成了贝尔 & 霍威尔（Bell & Howell）公司首席执行官。

另一个例子则是斯珀利奇，此人不仅能力超群，而且敏感易激动。斯珀利奇有时会在办公室里工作一整夜，然后在男卫生间里召集员工开晨会。他会一边洗脸刮胡子，一边仔细修改当天要呈献给老板的报告。亚科卡曾经说，斯珀利奇对待产品开发就像是在近身肉搏一样。斯珀利奇认为这是一种恭维。

斯珀利奇去欧洲出了一趟差后，就成了名爵MGB、凯旋（Triumph）TR4和阳光阿尔卑斯（Sunbeam Alpine）这样的双座敞篷跑车的粉丝。这些车虽然小巧、时尚、有趣，但完全不实用。双座汽车只占美国汽车销量的1%而已。这就是为什么麦克纳马拉下令要给雷鸟增加后座的原因，这一举措虽然招致跑车爱好者们的臭骂，但确实大幅提高了它的销量。

不过，雷鸟的售价高达 3 500 美元，几乎是大部分美国汽车的两倍。亚科卡告诉斯珀利奇和弗雷，他想要的是一辆“穷人的 T 型鸟”，这是一款轻量级的、动感的四座轿车，即便以 2 500 美元的价格出售也有利可图。弗雷和斯珀利奇通过计算发现只是开发一辆全新的汽车，成本就负担不起。如果从头开始进行所有的工程设计并购买新的生产机器，那么开发成本就是个天文数字，这款车的价格肯定会超出亚科卡规定的 2 500 美元的限制。

既然亚科卡想要的是一辆低价版的雷鸟，弗雷和斯珀利奇就开始研究如何利用雷鸟的底盘和关键零件，像积木一样直接安装在新的汽车上。但最后得出的结论是不可能。雷鸟的底盘又重又贵，无法用于生产轻便廉价的汽车。这是一道无解的难题，不过斯珀利奇终于想到了一个点子：找一个双座跑车风格的汽车车身，把它改装成可以容纳后座的空间形式，然后安装在猎鹰的底盘上。猎鹰的底盘不仅质量轻，制造起来也很便宜，完全符合麦克纳马拉的无装饰汽车的要求。它也非常可靠，装配的契合度也相当高，或者说足够接近。

斯珀利奇越琢磨越相信这个想法可行，而且他觉得这是让新车满足亚科卡规定价位的唯一方法。在确定了工程规格之后，弗雷和斯珀利奇就请福特的设计师团队为猎鹰设计一款新的跑车风格的车身。

旧底盘新车身

1962 年 8 月 16 日，首席执行官亨利·福特二世、亚科卡及其他高管聚集在福特造型中心不对外开放的后院里，评审这款新车的 7 种不同的设计方案的黏土模型。每一种设计方案都是由不同的福特造型团队完成的。其中 6 支团队都已经花了好几个月的时间。而第 7 支团队是为了保险起见而被临时拉来的，他们的设计方案只花了几周时间而已。

最后这支团队的负责人是约瑟夫·欧若斯（Joseph Oros），在跳槽到福特设计四门雷鸟之前，他在通用汽车公司的哈利·厄尔手下起步做设计师。他设计将猎鹰的客舱向后挪了约 23 厘米，使车头变长，并将前轮朝前移动了一点儿。

尽管车尾的“行李箱盖”看起来很短，但依然有足够大的后备厢和相当宽敞的后座。两扇门也很长，一方面带来了整车修长的外观，另一方面也让乘客能方便地上下车。车身两侧面板带有美观的矩形“凹槽”，看起来就像是反过来的字母“C”。在亚科卡眼里，这款车即使是在静止不动的时候也给人一种动感。福特二世也很喜欢它，两人在最后时刻拍板决定选择欧若斯的设计方案。在场的其他高管一致表示同意。

将猎鹰的底盘用作新车的基础架构就好比是“给老奶奶贴硅胶垫”，亚科卡的一位同事开玩笑说。也像福特二世所说的将一个学校图书馆管理员变成万人迷，但还是这位同事说得比较言简意赅。在 20 世纪 60 年代结束之前，麦克纳马拉因为将成千上万美国青年送上越南战场赴死而饱受唾骂。但是，麦克纳马拉的猎鹰却是最紧扣 20 世纪 60 年代美国青年文化的那款车的基础，连甲壳虫都得甘拜下风，因为野马实在是太流行了。虽然李·亚科卡是野马之父，但麦克纳马拉应该称得上是野马之祖父。

决定设计方案是开发这款新车的一道难关，但并不是最后一道。它依然面临着在福特掌管大权的产品规划委员会的财务“项目评审”。福特二世亲自主持会议，他或许很喜欢这种设计，但如果他不喜欢报价数字，那么这款车还是会被否决。

底特律的项目评审是个令人身心俱疲的过程，其中包括每一个零件和生产零件所需机器的几十个详细成本预算、销售规模预估、利润空间和总体利润。比接受评审更糟糕的是准备评审材料，而这些事儿都留给了斯珀利奇。

他最初提出的投资额仅为 5 000 万美元，只有福特汽车公司在埃德塞尔车型损失金额的十分之一。数额之所以如此之低，是因为许多零部件都直接沿用猎鹰，其中不仅含有底盘，而且还包括最基础的六缸发动机、变速器乃至加热器。经过几个月的埋头苦干，斯珀利奇将所有的信息都印在玻璃幻灯片上，在电子幻灯片（PowerPoint）出现之前，人们都是用它来向最高管理层面前进行正式演示的。

由于斯珀利奇只是一名初级经理，他无权单独出席会议，只能坐在投影室里，静静地看着那些印有所有方案的根据、数字和预测的幻灯片被一一呈现和讨论。会议的气氛颇为沉闷，一点儿都看不出野马将要掀起的狂欢热潮。在未摸清福特二世的想法时，20 多个委员会的高管都不敢发表任何观点。

在演示结束后，福特二世迅速而坦承地表达了他的认可。就在斯珀利奇走出投影室的时候，福特二世和亚科卡也走出会议室。依然对命运多舛的埃德塞尔车型心有余悸的福特二世很是不安。“你们所申请的项目到手了，”他对亚科卡、斯珀利奇和弗雷说道，“最好能成功。”

下一轮争吵的对阵双方是设计师与工程师。双方针对这款车的最终规格展开了“锱铢必较的斗争”。这款车的散热器盖无法塞进被设计师放低的车头中，于是在一番争论后，工程师们不得不设计了一种全新的嵌入式散热器盖。油门踏板的角度让测试员“脚踝疲劳”，于是工程师们就把踏板朝前移动了 1.8 厘米，并将前座椅向后挪动了 1.3 厘米，从而改变踏板的角度。尽管亚科卡指出进一步拉长车身会影响美观，但福特二世还是坚持要将后排座位的伸腿空间增大2.5厘米。毫无疑问，获胜的人是老板。

不过，在关于新车命名的这一敏感问题上，福特二世却表现得没这么强势了。福特的广告商提出了数百个建议名称。其中一个叫都灵（Torino），即意大利汽车之都都灵的意大利语拼写，目的是强调这款新车的欧洲血统。其他的建议还有野马（Bronco）、美洲狮（Puma）、猎豹（Cheetah）和小马（Colt）。福特二世喜欢“雷鸟 II”，“但其他人似乎都不喜欢”，后来说这话时他表现出了明显的气愤。

亚科卡认为选用过去的名称可以让这辆车站在前人的肩膀上。于是列表上就有一个用来纪念二战时传奇的 P-51 野马战斗机的“野马”。尽管亚科卡知道年轻人对于这场战争并没有太多的记忆，但还是很喜欢这个名字。“它给人一种广阔空间的激情，而且有种骨子里的美式风格。”一位福特广告部门高管写道。虽然福特选择了这个战斗机的名称，但还是决定在汽车商标上采用矮种马的形状。

就在一切进展顺利时，灾难降临了。斯珀利奇发现自己把野马的一部分成本算错了。这辆车无法满足当时向产品规划委员会承诺的预期利润。这非常令人尴尬，以至于斯珀利奇都没敢告诉亚科卡。就在他绞尽脑汁寻找对策的时候，公司高管决定提高该车最初的生产计划，而增加的产量提高了预期利润。如释重负的斯珀利奇侥幸摆脱困境。

1964 年 3 月中旬，就在第一辆野马驶下组装线，但距离首度公开亮相还有一个月的时候，爆发了一场广为人知的小危机。福特二世的侄子沃尔特·福特三世（Walter Ford III）在其母亲位于格罗斯波因特的车库里看见一辆鲜艳的红色新野马，忍不住诱惑开着它出去兜了一圈。这个 20 岁小布尔被《时代周刊》描述为“住在格罗斯波因特附近的某个传奇人物”，他把这辆野马交给了底特律的喜来登凯迪拉克酒店的泊车员，刚好被一位路过的《底特律自由报》的编辑看到了。

这个编辑赶紧找来摄影师拍摄了照片，打破围绕野马车型的固若金汤的保密措施，刊登了这条独家新闻。结果，这场意外的公开展示进一步吊起了公众对这款车的胃口，不禁令人怀疑小布尔的这次失误可能是福特汽车公司的公关噱头。不过，该公司言之凿凿地否认有过任何这样的计划。

跨越代沟的吸引力

1964 年 4 月 16 日晚，福特发动了一场电视广播闪电战，它将三个电视网络（美国东部时间）晚上 9 点半到 10 点的时段全部买下来宣传野马。公司还买下了

2 600 份报纸的广告位，其中包括面向当时所谓的“女性版面”的特殊广告，庆祝野马荣获蒂芙尼设计奖，这也是该奖项首度颁给商业产品。官方介绍会则于第二天的 4 月 17 日在纽约世界博览会上举行。

“除非白痴，否则没有哪个美国人会不知道这个名字。”《新闻周刊》表示。其主要竞争对手《时代周刊》则将野马比喻为“在晨跑前跃跃欲试的精神振奋的矮种马”。这两则同时发表、内容相似的封面故事让福特公关部门暗自窃喜，因为他们成功地让双方在互不知情的情况下都为这款新车做了宣传。

并不是每一家出版物都对野马大加赞赏。“野马的基础发动机是容量为 2.8 升的六缸猎鹰，”《人车志》指出：“看到这样的机器就跟看到婴儿餐一样令人感到索然无味。”该杂志还补充道：“一看到前格栅上面的车头，我们就想起了老妈的奶锅，那玩意儿还比它贵一点儿呢。”但是人们似乎对此并不在意。在得克萨斯州，一家经销商现有的唯一一辆野马有 15 位买主争抢，最后只得通过竞拍的方式将车卖给了出价最高的人，那个人一整晚都坐在车里，生怕被别人抢走。

当一辆野马参加亚拉巴马州的赛车比赛时，9 000 名粉丝将防护墙围得水泄不通，导致比赛推迟了将近一个小时。在西雅图，一位水泥卡车司机在经过一家福特经销店的时候，由于看野马车太入神，致使卡车失控冲入了展厅。在底特律，一名男子将车停在人潮涌动的经销商展厅门口，挡住其他人进入，自己则溜了进去看车。经销商花了半个小时才找到这名男子，让他把车开走。

福特制造的第一辆野马并非在美国本土销售，而是销往了加拿大纽芬兰省。其省会圣约翰斯的一位航空公司飞行员斯坦利·塔克（Stanley Tucker）买下了当地福特经销商的唯一一辆野马。在几周时间内，他都是该省唯一的野马车主。孩子们看到他驾车而过，都会挥手大喊：“野马！”这种情景在美国也不是司空见惯的事情，那些孩子们在几十年后依然能回忆起父亲将第一辆野马开回街区时的情景。“妈妈从一个 33 岁的母亲瞬间变成自由奔放的女学生。”约翰·希契科克（John Hitchcock）回忆道，他的父亲是一位福特采购经理，为了讨好妻子而买了一辆深绿色的野马敞篷车。珍妮特·希契科克（Janette Hitchcock）从此再也没碰过原来那辆老旧的旅行车。像这样的女性正是福特汽车公司的营销目标之一，福特的一则广告上展示一位正在把杂货搬上野马的迷人年轻主妇。标题写道："超市购物的甜心。"

大众甲壳虫广告都运用了幽默元素，而福特野马广告却并非如此，至少没有刻意追求这一点。福特在一本题为《女性的角度》(*The Woman's Angle*）的销售小册子中邀请伊丽莎白·雅顿（Elizabeth Arden）设计了工作繁忙的女性坐在野马副驾上时可以进行的 8 项锻炼。"将手置于身前，反复开合，"其中一则锻炼说明写道，"用力摇摆。然后放下双手，手掌朝下划出数字 8 的样子。"听起来没有任何地方是在开玩笑。

与此同时，针对男性的广告则更偏向于阳刚的特性，而非大脑的理性。"一辆让弱者变强、让强者无敌的车"，这则广告中一个微笑的男子坐在他的野马前面。另一则野马广告则说："德斯蒙德（Desmond）拿他的波斯猫换来了一个名叫奥尔佳（Olga）的女继承人。"还有一则写道："沃尔夫冈原来经常为几个挚友演奏大键琴。后来他买了一辆野马……成为野马车主后他就变成了在沃尔夫冈的狼。"还好这位朋友的名字不叫迪克（Dick）。[①]

最令福特高管感到意外的是，野马对不同年龄层次的人都具有强烈的吸引力。野马车主的平均年龄为 31 岁。但是每 6 名车主中就有一位的年龄在 45 ～ 54 岁，其中许多都像老杰克·雷迪（Jack Ready Sr.）一样，经历过"大萧条"的苦日子，雷迪曾作为大型轰炸机的侧炮手从德国上空飞过，目睹了二战的激烈。在 1964 年，他成了康涅狄格州韦斯特波特市的一位 45 岁的学校校长，同时也是个依然顽固地保留着军人式平头的老兵。多年来他也一直驾驶着底特律笨重但实用的旅行车。

① 沃尔夫冈（Wolfgang）名字中前半部分是单词狼（Wolf），Dick 有男性生殖器的意思。——译者注

因此，当老杰克宣布自己买了一辆刚上市的野马时，雷迪一家都震惊了。那是一辆英式绿色敞篷车，黑色内饰，白色车顶，具有最高级的 4.74 升的 V8 发动机，以及落地自动变速器。家里人没有一个见过这样的汽车。“购买这辆野马跟他平时的行为完全是两种风格，”他当时年仅 12 岁的儿子小杰克回忆道，“简直是一场突然袭击。”家里人给老杰克买了一条宽领带，于是他就戴着领带，开着野马敞篷车出去兜风了。在长大成人，能开这辆野马去约会时，小杰克依然觉得这辆车与众不同。将近 50 年过去了，他依旧保存着这辆车的原始发票。

更老的车主大有人在。住在威斯康星州奥科诺莫沃克的密尔沃基郊区的米尔德丽德·格里菲思（Mildred Griffith）已经 63 岁了，孙子都有好几个，她在 1964 年春天购买了一辆亮黄色野马，黑色内饰，落地自动变速器。当时恰好是简－迪安组合的《帕萨迪纳的小老太太》在流行歌曲排行榜上一路走红的时候，歌里高唱着“去吧，奶奶，去吧，奶奶，去吧，奶奶，去吧！”格里菲思奶奶看起来要比实际年龄年轻不少，她似乎已经把这首歌铭记于心。尽管车里只配备了基本款的发动机，但她却经常在密尔沃基地区的高速公路上开着这辆野马超她丈夫的凯迪拉克，引得孙子们大呼过瘾。当奶奶的野马停在院子里时，4 岁的杰克总是喜欢坐在方向盘后面，比画着开车的神情。他的三个表哥后来轮流开过这辆车，一直到车报废为止。看样子，野马还能博得不同年龄段美国人的喜爱。

多功能“矮种马”

20 世纪 60 年代的汽车公司几乎总是在秋天发布新款车型，这也就成了底特律新“车型年”的开始。但是 1964 年春天，野马的首度亮相开创了一个新的历史，就像 1961 年罗杰·马里斯（Roger Maris）创下本垒打纪录的那样。虽然福特将这辆车指定为 1965 年款车型，但它将永远以“'64-1/2S”被人们铭记。

这款车要比亚科卡期望的偏重且稍长一些。不过它的价位定于 2 368 美元，这远低于当时新车的平均水平。野马实现了亚科卡给基本款设定的 2 500 美元的

1908 年，亨利 · 福特在底特律一条小巷的这栋办公楼里开发了 T 型车。虽然皮科特街附近的街区如今已是一片废墟，但福特老工厂的一楼仍然开着一家还算成功的洗衣店，楼上则是一间面积不大的 T 型车博物馆。[约翰 · 斯托尔（John Stoll）]

富信大教堂，如今位于皮科特街福特工厂旧址的对面。（约翰 · 斯托尔）

由于皮科特街的工厂已经跟不上公司的快速成长，亨利·福特在底特律郊区建造了一个新的工业中心——海兰帕克工厂，这是新工厂 1913 年的照片。福特在同年引入革命性的装配流水线。1914 年年初，他又推出了 5 美元日薪制度。这两项改革催生了美国中产阶级。（底特律公共图书馆）

1912 年款福特 T 型皮卡，这与福特在一个世纪后生产的奢华 F-150 国王牧场版皮车完全是天壤之别。1912 年，皮卡的底盘和车箱分开销售，而且需要由经销商或者顾客自己来安装固定，这就好比是一只巨大的乐高玩具。（福特汽车公司）

亨利 · 福特和他的儿子埃德塞尔，旁边是占据美国汽车市场 60% 的 1921 年款福特 T 型车。此时福特拒绝对他的汽车进行现代化改进，这为通用汽车公司带来了机会。通用汽车公司不仅将汽车视为人们出行、运输的工具，同时也是一种社交的工具。（福特汽车公司）

福特发电站位于密歇根州海兰帕克工厂，照片摄于 1920 年，当时公司的霸主地位达到了巅峰。（福特汽车公司）

詹姆斯·卡曾斯，帮助亨利·福特建立其帝国的精明的财务主管。一些历史学家认为是卡曾斯，而不是福特，构思出了 5 美元的日薪制度。但是福特和卡曾斯最终分道扬镳，就像福特和其他亲密的商业伙伴之间的合作结果一样。（底特律公共图书馆）

阿尔弗雷德·斯隆，从 20 世纪 20 年代到 50 年代执掌通用汽车的高管。他宣称通用汽车公司将施行“不同的钱包、不同的目标、不同的车型”的战略，建立品牌等级体系，从而使汽车转变为美国最重要的社会地位象征。[通用汽车遗产中心（General Motors Heritage Center）]

1927年款拉塞勒，是传奇人物哈利·厄尔设计的第一辆车。其流线形的低车身与当时大部分汽车方方正正的模样形成了鲜明对比，让拉塞勒成为美国第一辆雅皮士汽车。（通用汽车遗产中心）

哈利·厄尔，到20世纪50年代已经掌管通用汽车的设计工作室30年之久，其设计的尾鳍称霸当时美国的公路。（通用汽车遗产中心）

哈利·厄尔和他 1951 年的马刀（LeSabre）概念车。请注意其尾鳍和前格栅上突起的圆锥装饰，这些成为凯迪拉克的标准配置，被世人用当时天生丽质的电视女明星“达格玛”的名字命名。（通用汽车遗产中心）

原版雪佛兰科尔维特于 1953 年 1 月在纽约的通用车展上作为一款试验车 EX122 的身份首度亮相。多年后，《跑车画报》将该车称为“一条装了不合适假牙的白化病蟾鱼”。（通用汽车遗产中心）

佐拉·阿库斯－邓托夫，摄于 1974 年即将退休时。这位俄罗斯移民的工程师对科尔维特坚定不移的投入让这辆车在面临被通用汽车老板扼杀时活了下来，并最终成为美国的一大标志。(通用汽车遗产中心)

1963 年款科尔维特 CK，一辆是黑色硬顶的款式，一辆是红色敞篷的款式，这是该车型最流行的两种传统颜色。(科利尔收藏)

1963 年款科尔维特魔鬼鱼，其别具一格的分体式后车窗让邓托夫和设计主管比尔 · 米切尔（厄尔的继任者）之间爆发了一场冲突。米切尔喜欢这种车窗的设计，但邓托夫认为它会影响视野。这种分体式的车窗最后只持续了一年。（通用汽车遗产中心）

弗吉尔 · 埃克斯纳，克莱斯勒在 20 世纪 50 年代中期的设计主管，他将尾鳍推上了一个新的高度，并引发了底特律的尾鳍大战。没有什么能像尾鳍那样表现出 20 世纪 50 年代末期美国人热情洋溢的标新立异风尚。（底特律公共图书馆）

1955 年款克莱斯勒普利茅斯贝尔维迪跑车（Belvedere Sport Coupe），第一款采用了弗吉尔 · 埃克斯纳设计的车型，拥有当时美国最大的尾鳍，在销量上发生了井喷。更大的尾鳍设计由此陆续产生。[克莱斯勒史料收藏馆（Chrysler Historical Collection）]

在 1957 年底特律汽车展上展出的道奇。多亏了弗吉尔 · 埃克斯纳，克莱斯勒的尾鳍相比 1955 年又长高了一点，但是它们的成功很快就激起行业巨头通用汽车公司的反击。（底特律公共图书馆）

20 世纪 70 年代的查克 · 乔丹，距离他设计 1959 年款凯迪拉克已经过去了大约 15 年，其尾鳍创下了历史新高。乔丹最后成为通用汽车公司的设计副总裁。（通用汽车遗产中心）

1959 年款凯迪拉克 62 系列敞篷车，尾鳍王国的缩影，美国对太空时代的迷恋在汽车上的终极体现。在 1959 年后，尾鳍的尺寸就开始减小，到了 1965 年就销声匿迹了。（通用汽车遗产中心）

1959年款凯迪拉克黄金帝国，乔治·杰特森（George Jetson）最喜欢的汽车。其侧面板看起来像是喷气发动机的机身。在尾鳍后部分别安装有红色的尾灯。（通用汽车遗产中心）

费迪南德·保时捷，大众汽车甲壳虫的发明者，这是他晚年的照片，大约摄于20世纪40年代后期。保时捷在执掌大权之前就认识阿道夫·希特勒，而希特勒对这位“教授”的赏识也帮助保时捷得到了开发德国“平民汽车”的合同。（大众汽车档案馆）

当感恩而死乐队的杰里·加西亚于 1995 年去世时，大众汽车公司在《滚石》及其他杂志上刊登了这则广告。甲壳虫虽然产生于希特勒统治时的德国，但这辆车和其派生的微型客车却成为美国 20 世纪 60 年代嬉皮士反主流文化的象征。（大众汽车档案馆）

“柠檬”是大众汽车公司在 20 世纪 60 年代刊登的最大胆的甲壳虫广告之一。文字中讲述了这辆车由于一个微小的瑕疵尚未修复而被公司的质检员扣下来的故事。广告公司 DDB 运用自嘲的幽默打破传统，让希特勒的汽车在美国树立成一个“可爱”的形象。（大众汽车档案馆）

这则 20 世纪 70 年代早期出自 DDB 之手的异想天开的甲壳虫广告唤起了美国人的哥特情结。广告中的夫妇确有其人，生活在密苏里州的欧扎克斯。（大众汽车档案馆）

这则 1963 年大众微型客车的广告的标题在几年后激起了女权主义者的愤怒。不过，这些文字其实描述的是一个拥有独立思想的女性，至少在当时的文化背景下是这样的。（大众汽车档案馆）

海因里希·诺德霍夫，拯救了大众汽车公司，因此也拯救了甲壳虫。大约在 20 世纪 40 年代末，该公司复兴时期，诺德霍夫需要美元来购买现代生产设备，这导致大众汽车公司在 1950 年开始向美国出口甲壳虫。（大众汽车档案馆）

1959 年 10 月，时任雪佛兰总经理、后来成为通用汽车公司总裁的爱德华·科尔登上了《时代周刊》的封面，当时他革命性的后置发动机考威尔首次亮相。科尔驳斥了考威尔不稳定的说法，导致一位名叫拉尔夫·纳德的名不见经传的律师在他 1965 年出版的《任何速度都不安全》一书中嘲讽了这款车。[感谢时代公司提供（Courtesy of Time Inc.）]

1960年，爱德华·科尔带着他钟爱的考威尔亮相。考威尔百公里耗油8.1升，这在当时是很了不起的，但它很容易在弯道上打转儿。（通用汽车遗产中心）

考威尔，1960年的通用汽车公司照片蒙太奇。（通用汽车遗产中心）

1969 年 12 月，爱德华 · 科尔登上《时代周刊》封面的 10 年 2 个月之后，其宿敌拉尔夫 · 纳德也出现在了同一期刊封面。请注意右下角的考威尔正在驶离人们的视野。通用汽车公司在这一年停止生产考威尔。（感谢时代公司提供）

外号“哈尔”的哈罗德 · 斯珀利奇在福特野马和克莱斯勒小货车的开发中都扮演了重要的角色，照片大约摄于 20 世纪 70 年代末期。野马抓住了美国婴儿潮一代人刚要开始开车的时机，而小货车则在他们培养孩子的时候又成了一大诱惑。（克莱斯勒史料收藏馆）

福特野马的原型车，1964 年 4 月 17 日发布。背景虽然俗气，但车身的线条让它即使在静止的时候都有一种运动感。在引人注目的外形之下，是朴素的福特猎鹰的架构，而这也是野马能打出低价牌并随后迎来成功的关键所在。（福特汽车档案馆）

亨利 · 福特二世，福特汽车公司创始人的孙子，从 20 世纪 40 年代到 80 年代执掌福特汽车公司。公司在埃德塞尔在任时遭遇的痛苦经历让福特二世起初对野马产生了怀疑，但后来他还是得益于这辆车的成功。（福特汽车档案馆）

李·亚科卡，“野马之父”，登上了该车发布那一周的 1964 年 4 月号《时代周刊》的封面，同一周也登上了《新闻周刊》的封面。野马由于外表奢华价格低廉而一炮走红。（感谢时代公司提供）

在这张福特的宣传照片中，一辆野马汽车遇上了一匹野马。实际上，这辆车的名字来源于第二次世界大战中的 P-51 野马战斗机，而不是马的品种。（福特汽车档案馆）

这是斯波克先生吗？不，这是约翰·德洛雷安，通用汽车公司高管当中的叛逆者、庞蒂亚克GTO之父，照片大约摄于1970年。他的鬓角、时髦的西装和面部妆容让德洛雷安成为通用汽车公司高管当中的异类，但他成功复兴庞蒂亚克的功绩在一段时间内令其平步青云。（通用汽车遗产中心）

1964年款庞蒂亚克GTO敞篷车，美国最早的肌肉车。虽然其夸张的发动机搭配相对较小的车身违反了通用汽车的工程规范，但约翰·德洛雷安采取了迂回之计，将这款发动机当做庞蒂亚克风暴勒芒的一款可选配件。几年后，GTO就成了一款独立的车型。（通用汽车遗产中心）

1967 年的约翰 · 德洛雷安和庞蒂亚克火鸟，雪佛兰科迈罗的附属产品，后来成为通用汽车公司应对福特野马的法宝。（通用汽车遗产中心）

本田宗一郎（左）和藤泽武夫，工程和金融方面的两大天才，他们将本田汽车公司从一家小型摩托制造商变成世界最成功的汽车公司之一。在他们相反的性格和偶尔冲突的背后隐藏的是相互尊重的持久的伙伴关系。（本田汽车档案馆）

1970 年款 AMC 格雷姆林，这辆车是在西北航空的晕机袋背面设计出来的，并于愚人节那天发布。经常发生故障的格雷姆林以独特的方式解决了美国在 20 世纪 70 年代的家庭用车困境。布拉德 · 阿尔蒂在第一天到本田上班的时候开的就是这款车，结果因为汽车故障而迟到了两个小时。（克莱斯勒史料收藏馆）

吉野浩行，在雅阁成为美国畅销车时负责管理本田在美国的制造业务。这也是首次非底特律的汽车登上美国畅销榜。小时候的吉野跟着家人在二战结束时为逃离战场经历了重重危险。后来，他成为本田汽车公司的总裁。（本田汽车档案馆）

本田汽车公司在 1976 年推出的第一款雅阁，当时高涨的汽油价格让许多美国人开始寻找简单可靠的替代品，来取代底特律粗制滥造的“油老虎”。在 1982 年 11 月，雅阁成为第一辆在美国制造的日本汽车，并因此成了经济全球化的一个实例。（本田汽车档案馆）

2004年的布拉德·阿尔蒂，这个俄亥俄州的小镇男孩在哥伦布市附近的本田工厂里已经工作25年了。他是本田汽车公司第一批派往日本接受培训的美国员工之一。如今的阿尔蒂已经是本田在俄亥俄州的高级制造经理了。（本田汽车档案馆）

1983 年 5 月号《人车志》的封面上是一款革命性的小货车新车，它小到可以轻松停入车库，大到可以容纳 5 名底特律活塞队的篮球明星。仅在几年时间内，小货车就变得非常普及，以至于那些“足球妈妈”车主也成为一股强大的政治力量，使两大政党的候选人热烈追捧，以谋求支持。(《人车志》)

1984 款道奇凯领的一则广告，这个名字是“汽车和货车”的缩写。小货车让旅行轿车近乎绝迹了，并且为克莱斯勒从 1980 年近乎破产的状态到实现令人瞩目的财务复苏提供了重要的力量。(克莱斯勒史料收藏馆)

李 · 亚科卡，克莱斯勒的董事长兼首席执行官，在 1991 年的一场新闻发布会上，他的职业生涯即将结束。一路走来，他曾捧红福特野马、克莱斯勒小货车和吉普车。[路透社 / 约翰 · 希勒里（John Hillery）]

宝马 2002 在 1968 年粉墨登场。这款车的车身小巧，动能强劲，为宝马 3 系成功成为 20 世纪 80 年代典型的雅皮士汽车奠定了基础。[宝马档案馆（BMW Archives）]

1973 年，宝马汽车公司在慕尼黑设立了新的公司总部，拥有了一处新的资产。这栋由 4 个圆柱体组成的高楼的设计让人联想起宝马强大而高效的四缸发动机。（宝马档案馆）

宝马汽车公司在 1976 年刊登的一则广告，在这一年，公司推出了宝马 2002 的后继车型 3 系。（宝马档案馆）

左图：赫伯特 · 匡特，主要因拯救宝马于水火之中而受人尊敬，照片摄于 1980 年，当时他 70 岁。（宝马档案馆）右图：赫伯特 · 匡特（中）和哈拉尔德 · 匡特（右），摄于 1966 年，在庆祝宝马 50 周年的典礼上。7 年前，这两个同父异母兄弟想方设法阻止了岌岌可危的公司被梅赛德斯 – 奔驰吞并的危机。赫伯特几近失明，而哈拉尔德是约瑟夫 · 戈培尔的继子。（宝马档案馆）

1987 年的宝马 325i，当时这款车和雅皮士风尚都正处于鼎盛时期。（宝马档案馆）

1941 年的威利斯。威利斯－奥弗兰虽然在吉普车的设计竞赛上败给了美国班塔姆，但五角大楼却还是将大量的生产订单签给了规模大得多的威利斯。（克莱斯勒史料收藏馆）

虽然主题是爱国主义，但在这则 1944 年刊登在《星期六晚邮报》和其他杂志上的吉普车广告中也可以看到明显的商业动机。"'吉普'是否出现在你的战后计划中？"广告上的文字推荐这款车可以作为战后"个人商务和娱乐用途"。（克莱斯勒史料收藏馆）

这则庆祝吉普 CJ-5（民用吉普第 5 代）的 25 周年的广告刊登于 1979 年，当时吉普还是美国汽车公司的低档品牌，后来该公司被法国的汽车制造商雷诺控制。在接下来的 30 年里，吉普又接连被德国和意大利的公司控制，而这两个轴心国在二战中能被击败也有吉普的一份功劳。（克莱斯勒史料收藏馆）

1979 款吉普瓦格纳限量版，一辆领先于时代的汽车。1963 年问世的瓦格纳提供了可选的四车门和自动变速器。等到吉普车成为户外生活方式的象征时，这种功能才成为标准配置，虽然它们通常能碰到的最大的障碍也只不过是去超市路上的小坑儿而已。（克莱斯勒史料收藏馆）

1948 年款福特 F-1 皮卡，福特汽车公司在二战之后的首款卡车。数十年来，皮卡都只是劳动工具，但在 20 世纪 70 年代，它们开始成为郊区牛仔的时尚代表。（福特汽车档案馆）

1953 年款福特 F-100 皮卡是后来长达 30 多年里畅销全美的一系列汽车（包括轿车和卡车）的祖先，这一纪录至今依然由它保持。（福特汽车档案馆）

乡村音乐超级巨星托比 · 基思和福特 F-150 皮卡。福特汽车公司赞助了基思，并将其最畅销的卡车带进了基思的演唱会，这种做法“增强了娱乐体验”，当然这也是基思银行账户收入的一部分。乡村音乐和皮卡在 20 世纪 70 年代开始进入美国的主流文化。（福特汽车档案馆）

福特 F-150 哈雷 - 戴维森版只有一个配色——“深紫水晶”，也就是黑色，并且有一条从前翼子板凹槽开始的火焰形贴花。这对于想要逃避中年危机的男人而言是一辆完美的卡车，他们可以用福特哈雷卡车拖着哈雷摩托去参加哈雷展。（福特汽车档案馆）

左图：丰田汽车公司的元老丰田英二，摄于 20 世纪 90 年代中期，此时他已接近职业生涯的尾声。他所构想的面向 21 世纪的车型——丰田普锐斯，也就是第一辆成功取得商业油电混合动力汽车。（丰田汽车公司）右图：内山田武，普锐斯之“父”。成长于战后日本的内山为丰田工作了一辈子，当他被选为领导普锐斯项目的主管时，大家都非常意外。（丰田汽车公司）

奥田硕，丰田汽车公司总裁，于 1997 年 10 月 14 日在东京的全日空酒店为第一辆普锐斯汽车揭幕。奥田对创新性和新技术汽车的顽强坚持推动丰田汽车公司开发出了油电混合动力汽车。[路透社 / 真山公正]

第二代普锐斯，于 2003 年年底于美国首度亮相，推动了这款车型进入汽车主流市场。该车非常省油且内部空间宽敞，足以容纳一个四口之家；独特的空气动力学外形进一步提高了燃油经济性，体现了车主强烈的环保意识。(丰田汽车公司)

这张照片是第二代普锐斯的汽油发动机（左）和电动机（右）。混合技术可以根据车速和驾驶状况的不同，在两台发动机之间转移动力负载。(丰田汽车公司)

最高限额。即便是基本款，它也包含了车内地毯和斗式座椅，这都是在当时的低价车型中看不到的配置。斯珀利奇将这些免费升级项目称为“罗宾汉”套餐。这些原本只有豪车的有钱买主能享受到的东西如今在一辆中档市场的车型上向普通人开放了。不过，并不是所有的升级选项都是免费的。

野马是“面向新一代美国人设计的新一代福特车”，一则早期的福特电视广告这样标榜：“这一代人想得到欧式旅行车的优雅，到目前为止，仍不得不停留在基本的代步功能上……野马有令人意想不到的丰富配置选择，是专为你而设计的汽车之一。”确实没错，一系列种类繁多的额外付费选配组件是保证野马人气和利润的关键所在。该车基本款的六缸猎鹰发动机功率只有微不足道的 75 千瓦。但车主可以将其升级为三种八缸发动机的其中之一：一种是 122 千瓦的 V8，售价 116 美元；一种是 156.6 千瓦的 V8，售价 181.70 美元；还有一种是 202 千瓦、4.74 升的“高性能”V8，售价 437.80 美元，同时还带有特殊的运动操控套件。各种型号野马的变速器都将换挡手柄安装在地板上。标准的变速器是三速挡位。根据发动机的不同，野马车主可以自主选配自动变速器或者四速手动变速器，其价格从 115.90 美元到 189.60 美元不等。助力刹车需要额外支付 43.20 美元，助力转向则要增加 86.30 美元，空调为 283.20 美元，按键式 AM 电台为 58.50 美元。这些可选配件总共有将近 40 种，让福特大喜过望的是这些配件都卖得很好。

野马的推出正好处于经济繁荣时期。在其首次亮相的两个月前，道琼斯工业平均指数首次突破了 800 大关。像美国国际电话电报公司的哈罗德·吉宁（Harold Geneen）和林－特姆科－沃特公司（Ling-Temco-Vought）的吉米·林（Jimmy Ling）这样的行业大亨正在大量收购公司，创建跨产业的集团，并在“腾飞 60 年代”产生了市场中“漂亮 50”股票中的一部分。

美国人开始有了闲钱。野马车主在配件上的平均消费为 500 美元，这等于将每辆车的售价提高了 21%，相当于把如今 3 万美元的汽车增加了 6 000 美元的额外售价。“野马是一款多功能汽车，”自诩“汽车界的专业出版物”的《汽车季刊》杂志在 1964 年年末惊叹道，“这是一款适合有两个小孩的年轻夫妇的家庭用车，是一款活顶的敞篷车，是一款带有大量重型配件的拉力赛车。如果你认为这款车既温顺又狂野，既能够满足每天在城市通勤的需要，又能满足周末出门狂飙的欲望，那么野马就是这样的跑车。”

从发布日到1964年年底，福特汽车公司卖出了超过26.3万辆野马，1965年这一数字更是达到了近52.5万辆，这远远超过了公司最乐观的预期。野马已供不应求。于是，福特汽车公司立刻投入了第二家组装工厂进行该车的生产，随后又开了第三家。“矮种马汽车”很快成为汽车词典中用来描述小型、运动且驾乘愉悦的汽车术语，野马就是其鼻祖。

1964年秋天，也就是1965年款车型正式开始发布的时候，福特汽车公司在硬顶和敞篷款野马基础上推出了斜背式的野马车，增加了产品线。这款车型具有流线型的后车窗、百叶窗式的通风槽，以及后排的伪斗式座椅（虽然实际上是单个的后座，但看起来像是两个斗式座椅）。从赛车场退役改行开发高性能汽车的得克萨斯州人卡罗尔·谢尔比（Carroll Shelby）将一辆斜背式野马改造成了赛车。他把后座拆掉，减轻整车重量，放低并强固了悬挂系统，安装了超大号轮胎和大型前盘式制动器。他还安装了特殊的四桶化油器，并对发动机做了改装。

完成后的野马GT-350拥有228千瓦的功率，百公里加速只需7秒，比起最快的原版野马的速度要高出30%。其售价为4 547美元，比入门级汽车高出2 000多美元。谢尔比的野马后来成为汽车收藏家追捧的对象，就像是艺术爱好者眼中的毕加索作品一样，只不过它的声音更大、速度更快。

1966年，福特汽车公司卖出了破纪录的549 436辆野马。2月，野马的总产量突破了100万辆。在开始买下第001号野马的加拿大飞行员斯坦利·塔克又买下了第1 000 001号野马。他的新野马是一辆敞篷车，任何在纽芬兰经历过“夏天”的人都会对他的乐观精神印象深刻。塔克队长后来将他的第一辆野马作为纪念品回赠给了福特汽车公司。

福特汽车公司抓住这个机会，发动了新一轮的市场调查统计行动。大约25%的野马车主都不足25岁，福特汽车公司说，而其他福特车主的这个数据仅为3%。女性在野马车主当中占比达42%，而在福特总体的车主基数中只占31%。福特汽车公司在一场新闻发布会上宣布说，野马车主“高达35%的人是单身”，而在其他福特车主当中单身者只占9%。

此时，野马已经成为歌曲和电影中的常客。这辆车的标志性歌曲是威尔逊·皮克特（Wilson Pickett）的《野马萨莉》(*Mustang Sally*)，该歌曲曾经荣登1966年的排行榜前列。皮克特唱道：

> 我给你买了一辆崭新的野马，
> 一辆1965年款，哈！

1968年，演员史蒂夫·麦奎因（Steve McQueen）在电影《警网铁金刚》(*Bullitt*)中驾驶一辆卡罗尔·谢尔比的野马GT斜背式在旧金山的大街小巷横冲直撞，为了追击两个驾驶道奇战马R/T马格南姆（Charger R/T Magnum）的杀手而展开一场惊险刺激的旅程。这场追逐的场景让这部电影名留史册，也让野马的魅力得到了更好的展现。

许多20世纪60年代的野马都被其主人，或者主人的孩子们像传家宝一样留存了下来。1972年，阿肯色州人杰夫·德怀尔（Jeff Dwire）购买了一辆二手1967年款野马敞篷车。本来他买这样一辆车也没什么特别的，只是20年后，他的继子阿肯色州州长比尔·克林顿成了美国总统的竞选人。1992年8月19日，克林顿的几个朋友为这个46岁的老候选人举办了一场以60年代为主题的生日派对。这位后来成为美国第一位婴儿潮一代总统的人开着这辆1967年款野马在派对中闪亮登场。1994年，身为总统的克林顿又开着这辆车在北卡罗来纳州的夏洛特赛车场上参加野马诞生30周年庆典。

1970年当《玛丽·泰勒·摩尔秀》(*Mary Tyler Moore Show*)在电视上首播时，

开幕式场景就是虚构人物玛丽·理查兹（Mary Richards）驾驶着一辆崭新的白色野马在明尼阿波利斯－圣保罗（Minneapolis-St. Paul）的高速公路上兜风。摩尔小姐的荧幕形象与她在《迪克·范·戴克秀》（*Dick Van Dyke Show*）中所演绎的那个糊里糊涂的家庭主妇完全不同。尽管还称不上自信满满，但摩尔小姐的确是一个独立自主的职业女性，她的野马就是塑造这个角色的重要一环。

但是在 1970 年，福特汽车公司只卖出了不到 15.9 万辆野马，还不到 1966 年销售数字的三分之一。实际上，从 1967 年开始，野马的销量就开始一路下滑，因为野马变得不像从前了。1969 硬顶版本的重量一下子增加到了 1 287 千克，比第一代野马高出 16%，这已经足以改变这款车的行驶动力了。福特为了搭配更庞大的选配发动机而增加了底盘的重量：这台功率达 239 千瓦的发动机容量足足有 6.39 升，比普通汽车上最大的发动机还要大 30%。由于重量的增加和车辆外部尺寸的扩大，配备小型发动机的野马看起来就显得弱小且慵懒。虽然强劲的野马更适合热爱竞速的男孩，但对其他人来说则更糟。

“在推出后的几年内，野马就不再是一匹骏马了，”亚科卡后来这样写道，“它更像是一头肥猪。”原本那台既美观、又廉价的真正改装车级性能热销的“多功能汽车”的吸引力开始减退了。

野马变胖其实是为了应对竞争而采取的策略。在 20 世纪 60 年代末期，福特汽车公司在底特律三巨头的马力战中已经败于下风。短短 3 年，1967 年款普利茅斯梭鱼（Barracuda）的功率从之前的 134 千瓦蹿升到了 209 千瓦，销量也随之大涨。更糟糕的是，在被野马的成功打得措手不及后，通用汽车公司于 1966 年推出了一款新车，即雪佛兰科迈罗（Camaro），该车配备了能击败野马的 V8 发动机。

与此同时，通用汽车公司的庞蒂亚克部门也推出了一款与“性感女郎”甚至是任何女性元素都毫不沾边的高马力汽车，来改变其一度慵懒的品牌形象。新款庞蒂亚克并不是一款像原版野马那样的多功能且面向所有人的汽车。相反，它是专门为20世纪60年代后期的人设计的，在这段时期，美国几乎一切事物，无论是音乐、电影、民权运动还是校园生活，都处于一个更严酷的阶段。新款庞蒂亚克更多地给人以咆哮的印象，而不是微笑。它并不是“矮种马汽车”，而是其爱好者口中的“肌肉车”，其设计的目标就是比公路上的其他任何汽车都跑得更快、吼得更响亮。它肆无忌惮地展现出它的桀骜不驯，一如其创造者。

野马

时间 1964年

特点 定价适中、可升级配件、造型新颖有活力，六缸发动机

定位 青年人

背景 经济繁荣时期，市场中出现了史无前例的青年潮

影响
1. 开启额外付费选配组件模式，让普通人也能拥有豪车的配置
2. 创造了专有汽车术语“矮种马汽车”，用于形容小型、运动且驾乘愉悦的汽车

第 7 章　庞蒂亚克 GTO，有四个轮子的叛逆老虎

制造这辆车是为了向全能的上帝表达敬意，并向我的父亲与没能有幸拥有这段回忆的家乡老兵们表达怀念。

——一辆复原后的庞蒂亚克 GTO 上的题字

尽管伊利诺伊州杰尼瓦市的小联盟棒球队这一天并没有比赛，但在凯恩县美洲狮体育馆停车场里，车子已经停得满满当当了。巡游虎队（Cruisin’ Tigers）来了。他们聚在一起参加一年一度的纪念印第安人起义活动，这让人很容易联想到渥太华印第安人部落在 18 世纪的首领庞蒂亚克酋长。老虎和印第安人看起来似乎风马牛不相及，但对于巡游虎队而言并非如此。酋长的名字跟庞蒂亚克汽车

一样，而庞蒂亚克在宣传其最著名的车型 GTO 时使用的就是老虎的形象。巡游虎队是美国 GTO 协会最大的地方分会之一。

虽然纪念印第安人起义活动发生在 21 世纪初期，但庞蒂亚克 GTO 的主要活动却是在 20 世纪中期。当时，庞蒂亚克 GTO 凭借能与科尔维特匹敌的马力和低得多的售价，几乎超越了美国公路上的所有汽车。在芝加哥郊区 8 月的活动中，潮湿的空气中弥漫着一股浓郁的怀旧气息，喇叭里传来 1963 年左右兰迪 & 彩虹（Ranely & the Rainbows）组合的声音：

哦，丹尼斯·史酷比，
我爱上了你，丹尼斯·史酷比……

在展出的约 200 辆 GTO 中，许多车主都在引擎盖或车顶上摆放着老虎填充玩偶，也有的车主在车盖上装着老虎尾巴（估计是假的）。这些老虎装饰的灵感源自 GTO 最初一则以老虎为主题的广告策划：“献给敢于骑四轮老虎的男人。”

这一主题由此发展开来，有时甚至达到了不可理喻的地步。1966 年，庞蒂亚克的广告商尝试拍摄真老虎跟 GTO 在一起的场景。但是当工作人员用大约 18 千克生肉将它引到车内以后，这只受惊的动物突然发起狂来，咬碎了仪表盘和方向盘，还在座椅上留下了长长的抓痕。唉——丛林之王似乎不想成为公路之王。同样令人难忘的是一则身穿虎纹的比基尼美女斜倚在 GTO 车尾的杂志广告，其关键之处在于从穿着比基尼的屁股后面垂下来一条老虎尾巴。通用汽车公司的高级管理层对此非常不满。很快，GTO 的老虎主题广告就销声匿迹了。

老虎广告是年轻的底特律广告公司高管吉姆·万格斯（Jim Wangers）的创意。在其老虎广告出炉后的 40 多年，万格斯在纪念印第安人起义的活动上也加入了巡游虎队的行列，享受着他们的盛赞。81 岁的他当时刚刚写了一本新书《庞蒂亚克的激情》（*Pontiac PIZAZZ*！），书名透露着一个广告人的精明。巡游队伍里的人都排着队迎接他，等候着倾听这位大师的智慧之语。“你读过我的新书吗？”

似乎成了他的口头禅。

一些GTO的车牌号就像是告示牌一样充满意义："HE GONE"（他走了）、"GRRRR!"（咯咯咯！）、"KEITHS 68"（基思68）等。车牌并不是唯一有价值的特色。一位名叫比尔·纳夫罗特（Bill Nawrot）的巡游之虎向大家展示他的1972年款GTO的"侧排气管"，这是在车身侧面斜伸出来的排气管，而不是位于车尾的那种普通款式。"唯一将侧排气管作为标配的是在1972年。"和蔼可亲的58岁的电话公司员工纳夫罗特解释道，那架势就像个品酒师在鉴赏1982年波尔多的独特品质一样。

在别的年份，这种"侧排气管"都是要额外花钱的配件，就跟重型"金属"刹车套件和颇受追捧的"三重动力"化油器一样，后者是由排列在发动机上面的3个双桶化油器组成的，替代了标准的四桶汽化器。桶数越大意味着马力越大，当然给庞蒂亚克带来的利润也越多。GTO的选配组件清单"跟你的手臂一样长，丰富程度更是你体毛的两倍"，庞蒂亚克夸耀道。

GTO的神秘和嘶哑轰鸣依然在巡游虎队中回响，这些人大都是60岁上下的大叔，有的大腹便便，有的头发灰白，还有的几乎谢顶。他们的古董GTO就像是强效的长生不老药一样，生动地唤起了他们对过去那段身材健美、头发茂密、激情勃发时光的回忆。巡游虎队虽然没有找到青春的源泉，但找到了可与之相媲美的东西：令人感受到青春活力的泉水。

GTO同样见证了底特律最具魅力也最神秘莫测的人物约翰·德洛雷安（John DeLorean）的职业巅峰。德洛雷安的名字伴随着他的鸥翼跑车、精心栽培的新一代风云人物及他悲惨的结局而为人熟知。不过在这一切发生之前的20世纪60年代，这个身高1.95米的俊朗男子德洛雷安正带着一股挑战一切的气势走在美国支柱企业通用汽车公司办公楼的走廊里。

他的代表性汽车GTO完全体现了叛逆精神。这并不是反物质主义、艺术或者嬉皮士之类的叛逆，这一类人开的都是大众汽车。GTO 的铁杆车手并不会试图引起任何人的注意，他们只是喜欢喧闹。虽然 GTO 发布于 1964 年，与野马同年推出，但是这两款车在这个独特的动荡十年中抓住了两股不同的潮流。正如 60 年代早期是披头士、民权运动和野马的天下，60 年代后期则是滚石、种族暴动和 GTO 的时代。

仅仅在几年前还无法想象的事情转瞬就成为家常便饭。1966 年 8 月，前海军陆战队队员查尔斯·惠特曼（Charles Whitman）爬上位于得克萨斯大学奥斯汀分校的钟塔，用大火力步枪射杀了 13 人，射伤 31 人，随后被警方击毙。同年，滚石乐队发行了《第 19 次精神崩溃》（*19th Nervous Breakdown*），这首歌演唱了与社会格格不入的青年，似乎就是那个时代的缩影。

在这之后的 1967 年嬉皮士给旧金山带去了歌曲《爱之夏》（*Summer of Love*），却把底特律给遗忘了。美国陆军被派到底特律镇压一场造成 43 人死亡的种族暴动，城市上空滚滚翻腾的黑烟促使戈登·莱特富特（Gordon Lightfoot）创作出了《黑暗的七月》（*Black Day in July*）这首歌曲。沃伦·贝蒂（Warren Beatty）和费伊·达纳韦（Faye Dunaway）在《雌雄大盗》（*Bonnie and Clyde*）中演绎了一段浪漫的叛逆故事。1968 年则发生了令人毛骨悚然的暗杀马丁·路德·金（Martin Luther King）和鲍比·肯尼迪（Bobby Kennedy）的事件。警察和抗议者在芝加哥民主党美国代表大会外发生了一场冲突。

在这样的气氛中，年轻人开着拥有超强动力的汽车在街上闲逛已经算得上是良好且富有道德的行为方式了。虽然当时还没有出台相关的汽车尾气排放法规，但法规的出台也已经迫在眉睫。虽然汽油的价格还很便宜，但距离涨价也已经不远了。人们正在打破规则、抗拒规范、跨越界限，享受无拘无束的快感。巧合的是，德洛雷安在创造庞蒂亚克 GTO 时也是这么做的。

桀骜不驯的德洛雷安

和李·亚科卡一样，德洛雷安出生于一个移民家庭。他的父亲是福特汽车公司工厂的一名工人，不仅经常酗酒而且还喜欢骂人。他最后离开了妻子，4 个儿子由妻子独自抚养。德洛雷安在小时候就表现出了极强的音乐天赋，并在底特律郊区的劳伦斯理工学院攻读工程学时赢得了奖学金。1950 年，获得学位的德洛雷安开始在克莱斯勒工作，不过很快他又为了一个看似更好的机会而跳槽到帕卡德汽车公司（Packard Motor），可结果并不遂人意。1956 年，帕卡德陷入了财务危机，最后终于在 8 月 15 日宣告破产，这其中一部分原因是两年前不合时宜地收购了岌岌可危的斯图德贝克。1956 年 9 月，德洛雷安在通用汽车公司的庞蒂亚克部门找到了一份工程师的工作。31 岁的他已经在汽车行业经历了两次失败，这一次他终于迈进了世界顶尖的汽车公司。

德洛雷安是个闲不住且富有创造力的人。他开发了十几项专利和创新技术，其中包括转弯和变道时闪烁的转向灯。1961 年，年仅 36 岁的德洛雷安就成了庞蒂亚克的首席工程师，在底特律，如此年轻便担任这样的职位的人是非同寻常的。而庞蒂亚克需要的恰恰就是这样一位年轻的领导。

多年来，庞蒂亚克一直被视为“老人”汽车。但是庞蒂亚克已经通过大力支持赛车比赛，改变了自己一直以来沉闷的形象，在通用汽车公司禁止以公司名义支持赛车前，庞蒂亚克在这方面一直做得非常成功。总部的老板担心支持赛车可能会给公司贴上提倡鲁莽驾驶的标签，从而引起不必要的政府管制。这则赛车禁令对庞蒂亚克造成了特别大的打击。

和其他通用汽车公司部门，即雪佛兰、奥尔兹莫比尔、别克和凯迪拉克不同，庞蒂亚克的整体形象都是围绕赛车和性能建立起来的。庞蒂亚克的“宽轮距”市场营销活动以低调自信的外观而引人注目，这实际上只是提高了销量而非性能。庞蒂亚克高管担心没有了赛车事业，其性能无法体现，该部门的形象会有所损失，无法使顾客撇开雪佛兰或者福特来选择庞蒂亚克。

20 世纪 60 年代早期，德洛雷安周六上午会在距离底特律 64 公里的密歇根州米尔福德的通用汽车公司试验场里给庞蒂亚克的工程师召开改装车研讨会。工程师给自己的杯中加满热咖啡，再给他们的车子加满高品质汽油。数十年后的公司的顾问会把这种活动称为“团队建设实践”，不过德洛雷安和他的同事对这种说法表示否定，他们想要建造的是高性能的汽车，而非亲和友善的团队。

定期参加周六试车的人当中有几个德洛雷安的核心工程师，其中包括底盘专家比尔·柯林斯（Bill Collins），发动机专家拉斯·吉（Russ Gee）。1963 年春天的一个早上，大家把一辆 1964 年紧凑版庞蒂亚克风暴轿跑车（Tempest）的原型车置于千斤顶上。柯林斯和拉斯·吉在车底进行观察。风暴搭载一台 5.34 升的发动机，对于这样尺寸的汽车这个发动机有些大了。不过，柯林斯突然想到，在全尺寸博纳维尔（Bonneville）车型上所使用的庞蒂亚克 6.37 升发动机也可以毫无障碍地安装在风暴上。他沉思着，尽管更大的发动机需要有更重的前端弹簧，但是风暴的发动机支架应该足以应付。

在小车里安装大发动机并不是一个独创想法。阿巴拉契亚地区的非法酿酒商在 20 世纪 30 年代就利用这个方法蒙骗税务官。再往后的话，南加利福尼亚的改装车爱好者也早就开始这么玩了。许多汽车公司也尝试过这样的做法，但并没有认真的去实施。虽然雪佛兰的科尔维特是个例外，但这是一辆配备了重型跑车悬架的高档双座豪车，这对于普通买家而言太昂贵且不实用。

在一周后的周六上午的研讨会上，柯林斯和拉斯·吉将 6.37 升发动机装到了风暴里。德洛雷安驾驶它上了试验跑道。事后，他用“令人振奋”来形容驾驶拥有巨大发动机的轻量级汽车的感受。在接下来的几周，德洛雷安和同事们不断地修补和调整这辆车的悬架系统、增加高性能轮胎，并且进行了其他的改装。这些改装庞蒂亚克的年轻人乐在其中。尽管公司下了赛车禁令，但他们照样能开发出一款不辱庞蒂亚克高性能名声的汽车。

不过，在这一过程中遇到了一个严重的阻碍。通用汽车公司有这样一条公司规定，对于制造出来的汽车，车辆每 10 磅（4.5 千克）重量其发动机排量不超过 1 立方英寸（0.016 4 升）。科尔维特由于使用了跑车悬架，勉强确保了发动机的功率没有超过车辆所能驾驭的范围。但是，风暴的重量仅为 1.54 吨左右，于是 6.37 升的发动机就几乎超了 0.8 升。尽管它能满足风暴的需求，但无法满足该公司工程政策委员会有关汽车重量和排量比例的要求。对于这一规则就连庞蒂亚克的首席工程师都得认真对待。

德洛雷安当时还不是那种生活奢侈到搭乘飞机四处旅行的传奇人物。在通用汽车公司 20 世纪 60 年代早期的活动照片中，他还穿着宽大的深色西装，戴着深色窄领带，看起来十分拘谨。但是，在保守的公司外表之下，德洛雷安内心的叛逆正在萌发。在研究了工程政策委员会的规则后，德洛雷安找到了一个漏洞。委员会只会审查新车的规格。这项规定并不涵盖原有车型的选配零件。他提出将 6.37 升发动机作为原有的高端版本庞蒂亚克风暴的一款额外付费的选配套件推出，而这一版本车型被冠以风暴勒芒（LeMans）的称号。德洛雷安找到了方法，他利用官僚主义的工程政策委员会根据权限范围制定的官僚主义的规则甩开了公司官僚体制的束缚。这真是一招漂亮的企业柔术。

不过，这跟德洛雷安后面要做的事情比起来就显得规矩多了。他需要一个名字来彰显新款选配套件高性能的特点。法拉利是最能代表“高性能”这一特点的汽车品牌。当时这家意大利公司正在生产名为 250 GTO 的限量版车型。不过由于销量很小，法拉利忽略了去锁定这个名字的相关法律专利。德洛雷安这下又找到了一个可以钻的空子。他决定将这辆车命名为庞蒂亚克风暴勒芒，再加上 GTO 作为选配套件的名字。虽然名字很长，但依然简单好记。GTO 是 Gran Turismo Omologato 的首字母缩写，意为“蓄势待发的豪华旅行车”，一位名叫索伦·菲尼（Solon Phinney）的庞蒂亚克公关人员解释道。按照字面意思理解，这个名字的意思是被认为或者被判定为可以参加比赛的豪华旅行车。

“纯跑车爱好者对于这种盗版法拉利名字的做法表示了强烈不满，但除了气得跺脚和像泼妇一样咒骂之外也别无他法。”《人车志》报道称。不过，我们可以肯定的是，大部分年轻的改装车爱好者都不怎么关心这场争议。许多人甚至连GTO究竟代表什么也不清楚。但这并不重要。不久以后，美国的年轻人就会拿这些字母开玩笑，根据谐音给这款车起了一个“山羊”（Goat）的小名。

德洛雷安还需面对庞蒂亚克销售主管的反对，对方认为无论这款车叫什么名字，经销商都不可能允许青少年的改装车踏上展厅的地板。但是德洛雷安的老板，外号为“皮特”的庞蒂亚克总经理艾略特·埃斯蒂斯（Elliott “Pete” Estes）为了安抚销售人员，要求他们只需售出5 000辆配备GTO的车型。经销商很快就将其抢购一空，因为它们发现这款车型卖得很好，于是还增加了订单数量。庞蒂亚克的销售人员对此又惊又喜。

通用汽车公司的高层在得知情况后非常恼火。但是德洛雷安的汽车已经不能回头。取消这款车的话将会惹恼庞蒂亚克的经销商，这是必须避免的。而且，增强版风暴的销售可以带来很高的利润。庞蒂亚克将GTO配件的价格定为295美元，这款车的基础售价为2 491美元，而且通用汽车公司还不需要花钱改造工厂来制造全新的车型。

这一切都是那样的非同寻常。所有的密谋和欺瞒都在1963年的春天到秋天之间一气呵成，最终“GTO强化版”车型以1964年款新车的身份亮相。德洛雷安无论是在赛道上还是在办公室里都雷厉风行，在那6个月里，他打破规则、嘲弄权威，这些行为都给他日后的毁灭埋下了伏笔。尽管困难重重，他的汽车依然驶入了市场。而且最具讽刺意味的是，在迫使庞蒂亚克放弃珍贵的汽车比赛，但又勉强同意了GTO方案后，通用汽车公司的老板虽然不再推崇赛道上的汽车比赛……但开始推崇美国街头赛车比赛。

狂野的GTO

6.37升大小的V8发动机能提供惊人的242千瓦的功率，相比之下，拥有完全相同外形的标准版风暴的六缸发动机功率只有 104 千瓦。因此，带 GTO 套件的风暴勒芒成了一头披着羊皮的狼。来自新泽西州肯德尔公园的年轻改装车玩家肯·克洛西（Ken Crocie）购买了这辆车，在收到第一份保险账单的时候，他喜出望外，因为他得到了 200 美元的优惠。和大部分早期的 GTO 买家一样，克洛西也享受到了购买紧凑型汽车才享有的 10% 标准折扣。

美国的保险公司并不知道自己投保的是狂野的改装车而非温和的紧凑型汽车，过了好几年他们才醒悟过来，其中很大一部分原因就是庞蒂亚克从一开始对待这款车型就非常低调。庞蒂亚克的市场营销大师们担心公司高层会半途而废。他们将 GTO 的广告局限在汽车爱好者的出版物上，这一方面可以用集中的力量吸引潜在的顾客，另一方面也不会引起不必要的关注。庞蒂亚克在 1964 年的产品目录甚至都没有提到 GTO 配件，在提供给经销商的小册子也只有一个不起眼的标题“适用于勒芒跑车和敞篷车的性能配件”。

但是这种低调并没有持续太久。急切地想要推广这辆车的万格斯（说到底他还是一个广告人）找《人车志》的编辑提出了一个想法。他建议让庞蒂亚克 GTO 和法拉利 GTO 在赛道上比试一下，因为不管结果如何，跟法拉利的宣传力度完全无法相比的庞蒂亚克都不会有什么损失。杂志的编辑很喜欢这个创意。1963 年年末，他们在圣诞节和新年之间的那周租下了代托纳国际赛道（Daytona International Speedway），进行了测试。

万格斯将两辆风暴 GTO 运到了代托纳，不过编辑们并不知道，其中一辆做了手脚。万格斯将正常的6.37升的发动机更换成了更大更强劲的6.9升的发动机，而这根本就不是这辆车的配置。这个广告人想要在比赛中使诈，但事实证明这是多此一举。

1964 年 3 月的《人车志》刊登了一张引人注目的封面，大张旗鼓地报道了风暴 GTO 和法拉利 GTO 之间的大对决。不过打开杂志你就会发现，编辑承认他们并没有找来一辆法拉利进行测试。他们只是单纯地假设法拉利会有什么样的表现。在激情四射的GTO的百公里加速时间创下了跌破眼镜的4.6秒记录后，杂志就下了定论。“庞蒂亚克可以在加速赛中击败法拉利……”编辑写道，“庞蒂亚克，上帝的宠儿，踏上了狂野的旅程……”GTO似乎给人留下了胸毛浓密的阳刚印象。虽然整个对比完全就是虚构的，但这没有什么关系。它给庞蒂亚克以及这本杂志带来的公关影响力是巨大的。

差不多同一时间，一个痴迷于汽车的高中少年约翰·威尔金（John Wilkin）又为GTO创造了一次公关机会。威尔金的外号“布基”（Bucky），居住在纳什维尔市，他的母亲玛丽约翰（Marijohn）是个作曲家。一天下午上物理课的时候，威尔金写了一首关于运动定律的歌曲。大红大紫的新版庞蒂亚克不就跟运动息息相关吗？他的母亲很喜欢这段歌词，她通过在音乐圈的人脉帮布基安排了一次录音，还找了一群“临时乐师”配合他。后来这支组合被称为罗尼 & 代托纳（Ronny & the Daytonas），并发行了这张唱片。

许多人都以为这首歌是沙滩男孩的《小小 G.T.O.》（*Little G.T.O*），但其实这首歌的名字就是简单的《*G.T.O.*》。不管是不是出于误解，这首歌的的确确凭借其动感的旋律和巧妙的歌词跃居流行音乐排行榜的第4位：

> 小小GTO，你看起来真的很棒，
> 3双、4速、389……

“3双”指的是需要额外花费92美元的3个双桶化油器。它们可以产生足量的汽油与空气的混合物，将GTO的功率从标准的242千瓦提升到260千瓦。所谓的“4速”则是售价188美元的落地式四级手动变速器。“389”当然是指发动机了，6.37升的发动机。歌词中还赞美了这辆车的转速表，它会用指针将发动机每分钟转动的圈数表示出来。

如果说这首歌简直就是一个完美的推广，那素来高调行事的万格斯就一定是个大功臣。在录制这首歌之前，年轻的威尔金曾经给庞蒂亚克打过电话，询问有关歌词的建议，结果电话被转接给了这个广告人。万格斯提出了一些改动，后来他欣喜地说：“我们的新款庞蒂亚克有了一支 2 分 20 秒的商业广告歌曲。”

的确如此，最后一句歌词“要存下我所有的钱，去买 GTO”，这就是在直言不讳地邀请听众去买车。1964 年庞蒂亚克售出了 32 450 辆风暴 GTO，远远超出了销售人员一开始都不能接受的 5 000 辆。

肌肉车的竞赛

这还只是个开始。1965 年的销量又翻了不止一倍，达到了 75 352 辆。新推出的“垂直堆叠”双大灯和汽车媒体不断的大肆宣传为销售势头起到了推波助澜的效果。《汽车趋势》的一则标题为“凶猛的 GTO”，该杂志的编辑建议大家购买重型刹车，因为“具有 GTO 配件的汽车可能需要额外的制动力”。

1965 年 7 月，40 岁的德洛雷安坐上了庞蒂亚克的头把交椅，继承了埃斯蒂斯的衣钵。GTO 的意外成功让他成了当仁不让的候选人。德洛雷安似乎能理解年轻人的需求，同时也掌握了把车做得与众不同的诀窍。在戴上王冠的一个月后，庞蒂亚克发布了一款“冷气进入”套件，还为之起了个好记的名字“冲压空气”（Ram Air），供经销商或车主安装。这一套件可以将 GTO 车头独特的进气口由一种装饰品转变成实用品，使发动机吸入更多的空气，为 GTO 提供更多的动力。

1965 年 9 月，当庞蒂亚克准备 1966 年款车型的发布时，德洛雷安撕掉风暴勒芒 GTO 配件的这层伪装，正式将这款车命名为 GTO。庞蒂亚克找人穿上虎纹衣服，扮演“神秘之虎”，驾驶名为“GeeTO Tiger”的汽车到美国各地的双车短程赛车道上亮相。GTO 在 1966 年的销量再次达到了将近 10 万辆的新纪录。

尽管这个数字还不到那一年野马销量的 20%，但两者之间没有可比性。

GTO 的受众并不是“超市甜心”，它是为速度狂人打造的。除了销量优异之外，它还提升了庞蒂亚克的形象，并巩固了其作为美国第三大汽车品牌的地位，紧随通用汽车公司旗舰雪佛兰和同城劲敌福特之后。

“我们在雪佛兰的打压下实现了增长，这让雪佛兰的经销商们感到不安。”德洛雷安后来就像是个揍了哥哥的小男孩一样夸耀地说。但是德洛雷安的洋洋得意总归要付出代价。他面临着新的挑战，公司总部那群自命不凡的讨厌鬼开始给他帮倒忙了。1966 年夏末，随着新款车型的发布尘埃落定，通用汽车公司的董事会会议在纽约位于第 5 大道 59 街的公司办公室里召开。走过一楼大厅就到了一间宽敞的展厅，通用汽车公司的各个品牌会在这里轮流展出自己的汽车。这个月轮到了庞蒂亚克。公开向拉尔夫 · 纳德道歉的那位吉姆 · 罗克走进展厅，发现这里已经被改造成了名副其实的丛林。

“到处都是咆哮的音效、丛林音乐、老虎尾巴、虎皮地毯，还有虎头……”万格斯后来这样形容当时的场景。保守而冷淡，且没有任何市场营销背景的财务总监罗克被震惊了，他愤怒地咆哮着。德洛雷安接到了来自罗克的命令：立刻停止 GTO 的老虎广告。不仅如此，总部通知庞蒂亚克取消 1967 年款 GTO 的“3 双”，即三重动力化油器。对考威尔的灾难依然心有余悸的罗克希望通用汽车公司走安稳的道路。

德洛雷安的工程师们很快就重新调回到 GTO 的标准四桶化油器，使其功率能与三重动力相匹配。这时一个不可避免的难题开始浮出水面。GTO 之所以受人欢迎，是因为它是美国最狂暴的能合法上路的汽车，并且这也符合这一品牌的高调形象。为了安抚谨慎的公司管理层，德洛雷安不得不弱化这种形象，逐渐采取更温和的方法。

在老虎被禁后，新一轮的广告计划针对 GTO 的首字母缩写使用了一个有点别扭的词，给这款车贴上了“最伟大”（The Great One）的标签。一份 1967 年款车型的销售手册上热情洋溢地写着：“在追求伟大汽车的不朽初心中，或许可以找到‘最伟大’（GTO）的精髓。”庞蒂亚克在报纸上刊登了醒目的双色广告，以展示 GTO 的付费配件：倾斜的副驾座椅，仿木质的方向盘及安装在车头（而非仪表盘）上、专门供人膜拜的转速表。广告的标题上写着：现在你明白了“最伟大”的伟大之处了吧！

不过，到了这个时候，其他汽车公司也都知道了这个秘密，或者至少在尝试解开它。庞蒂亚克的竞争对手，不只是福特和道奇，还包括通用汽车公司的雪佛兰和奥尔兹莫比尔部门，都对 GTO 的成功感到惊讶。它们正在努力希望在这场肌肉车的竞赛中后来居上。

第一次真正的竞争发生在 1966 年，当时道奇推出了一款适用于旗下战马和皇冠两款车型的 317 千瓦发动机。这台发动机被命名为 Street Hemi（意为街头半球），因为其 8 组内燃机气缸的一头是半球形的。由于 Street Hemi 过于彪悍，所以尽管战马在 1966 年的总体销量为 37 344 辆，但道奇售出的这款发动机只有 468 台。不过道奇已经在力量上战胜了 GTO。与此同时，雪佛兰发布了 1967 年款 SS 396（Super Sport 的缩写，发动机排量 6.4 升），配备了能提供 280 千瓦的“高压缩”发动机，相比 GTO 的 260 千瓦略胜一筹。野马也通过选配的“大块头”V8 得到了更强的力量，拥有了 240 千瓦。面对野马的升级，雪佛兰则拿出了时髦而动感的科迈罗，配备了 SS 396 发动机。这就是底特律式的战争。

肌肉车所带来的利益也如同肌肉般强健，因为它们的售价要比基础版轿车和轿跑车高出 1 000 美元甚至更多，毕竟它们从功能（重型悬架和刹车）到外观（拉力赛轮胎和赛车条纹）的方方面面都有了新的特色。其他的竞争对手也加入了这场战争，其中包括普利茅斯梭鱼和奥尔兹莫比尔 442。到了 1968 年，就连在 10 年前让紧凑型汽车深入人心的乔治·罗姆尼所供职的比较低端的 AMC 都推出了双座 235 千瓦的 AMX 快背式汽车。

到 20 世纪 60 年代末期，肌肉车的流行促成了一轮街头赛车文化的诞生。这些赛车活动往往并不需要特意组织。那些在街上兜风的年轻人看见一个潜在的对手，双方交换一个眼神，就在红绿灯前把车并排停住，随后就在刺耳的轮胎的摩擦声、橡胶的燃烧气味及尾气管的轰鸣声中，在夜色中穿梭比赛。这种情况到处都是。

在伊利诺伊州首府斯普林菲尔德附近，有一个名叫格林维尤的农场小镇，人口不足1 000人，在那里人们将一条无人管理的荒废的国道变成了当地的赛车道。在罗格斯大学所在的新泽西州新布伦瑞克，利文斯顿大道同样也被当成了赛车道，这里的红绿灯正好成为午夜狂飙的完美起点。

在芝加哥，富尔顿街和克莱伯恩大道是两条穿越工业园区的宽阔公路，在深夜里基本没人，因此非常适合加速赛。当这样的比赛变得张狂失控时，市里面的消防部门就会在周五和周六的晚上将这两条公路全都清洗一遍，以至于道路太潮湿赛车手们没法比赛。

不过，街头赛车的起源之地还是位于底特律的伍德沃德大道。这条路以市中心为起点，按照对角线笔直地穿过市中心的街区，然后是日益富裕的市郊，最后终止于庞蒂亚克城，也就是通用汽车公司的庞蒂亚克部门总部的位置。这是一条双向八车道，方便4辆车同时参与比赛，车辆都从红绿灯启动，看谁能甩开其他人夺冠。赛场上的常客们都拥有一些假名，如花生、骗子或者条子。参赛者有的时候还会赌钱、赌女人。“夜复一夜，伍德沃德就像是一个社交中心。”小时候经常在伍德沃德玩耍的乔治·波因特（George Poynter）在数十年后回忆道。1964年他从一位前往越南的朋友那里得到了如今4辆GTO中的第一辆，并且在驾驶其中一辆在伍德沃德兜风时认识了他的第一任妻子。

就在伍德沃德附近，一家皇家庞蒂亚克经销商专门提供将GTO的时速改装到每小时170公里的服务。按照波因特的说法，“凭着你的直觉去做”，或者就是本能。在几年后的1973年，人们会在电影《美国风情画》（*American Graffiti*）中重温这样的情景。

GTO 车主的平均年龄不足 26 岁，远远低于所有新车车主平均年龄 43 岁。但参加赛车的并不仅仅是青少年。这项街头运动同样吸引了许多成年人。1967 年，万格斯听说一位赫赫有名的本地车手换了一辆普利茅斯 Street Hemi GTX，并且跃跃欲试地想要跟 GTO 较量一番。这样的挑战怎么能拒绝呢？万格斯招募了一位前“神秘之虎”车手驾驶着一辆由皇家庞蒂亚克改装过的 GTO 前来应战。“比赛那天晚上聚集了一大群人，至少来了 200 辆车，”万格斯后来写道，“普利茅斯 GTX 是一辆乌黑的小轿车，停在人群的正中间。我们的白色‘山羊’就停在它的旁边。”参赛选手和围观人群很快就将车开到了底特律东部的埃德塞尔·福特高速公路，找了一段车流稀疏的路段。在“出发”信号发出的一刹那，GTO“完全就把 GTX 甩在了后头……”可以预见，通用汽车公司总部的那群大煞风景的家伙们肯定会对这样的“胜利”皱起眉头。1967 年这次比赛后一段时间，他们就提出了更多的广告限制，禁止出现任何暴力驾驶的倾向。但这并不能让德洛雷安和万格斯退缩。他们拿出一则跨页的全彩广告来回击总部高层，广告上两个年轻男子坐在一辆停在伍德沃德大道路牌下面的深绿色 1968 年款 GTO 里面。“庞蒂亚克最伟大的一辆车，”标题赫然写道，“不说你也知道。”这则广告暗示着 GTO 随时准备打败雪佛兰 SS、奥尔兹 442 或者普利茅斯梭鱼。但这则广告很快被总部否决了。

几个月后，庞蒂亚克租下了伍德沃德的一块广告牌，画了一辆 GTO，上面写道：“带着来自庞蒂亚克的爱前往伍德沃德。”当地政府官员抱怨说，即使这样含蓄的说法依然有鼓励街头赛车的嫌疑，至少在潜意识层面上是这个意思。于是公司再度将其叫停。

到了这个时候，德洛雷安让全公司坐立不安的地方已经不只是他的广告策略了。他开始留齐领口的长发、穿双排扣的西装，并且，最为可怕的是，西装里面还穿着蓝色的衬衫。通用汽车公司对衬衫的看法和福特对汽车的看法一样：员工可以想穿任何颜色的衬衫——只要他们穿的是白色。德洛雷安并不完全是一个嬉皮士，但他却努力地（其实也不需要花多少力气）在通用汽车公司与世隔绝的乡村俱乐部和企业从众的氛围中做到时髦。但是许多人都觉得跟着他工作活力十足，于是这个魔笛手的身后有了一群追随者。除此之外，他也取得了一些成果。

1968年，GTO重新设计了新的流线型，并被《汽车趋势》评为年度汽车。新款车型配备了复合橡胶材料的前保险杠，并且漆成了跟整车相同的颜色，而不是轻微碰撞就容易受损的传统的镀铬保险杠。庞蒂亚克在电视广告中让一个人用锤子砸保险杠，保险杠依然毫发无损。这一次，总部总算没有反对声音了。

但是，GTO面临的真正问题却是竞争变得越来越激烈。1968年，普利茅斯推出了一款名为公路奔跑者（Road Runner）的新肌肉车，这个名字来自那个总是能击败和戏耍大笨狼怀尔（Wile Coyote）的卡通角色哔哔鸟（Road Runner）。这辆车的喇叭还做了特别的改动，模仿这只鸟标志性的“哔哔”叫声。尽管公路奔跑者的花招不少，但它却拥有实打实的6.28升V8发动机，几乎与GTO的发动机一样。其基础售价为2 800美元，比GTO便宜了几百美元。汽车杂志也纷纷对新款普利茅斯极尽奉承，因此公路奔跑者的销量就像其名字一路飙升。

庞蒂亚克的反应就像是患了精神分裂症一般。德洛雷安组织了一个委员会来商议如何将GTO的售价降到比公路奔跑者还低。委员会提出的建议包括用长条座椅代替前排的斗式车座和使用5.74升的更小的发动机来替换GTO标准的6.55升发动机。德洛雷安勃然大怒，他呵斥道：“这是一个6.55升的世界。”

庞蒂亚克选择了另一个方向，其结果就是一款更昂贵的新版GTO。它用夸张的亮橙色搭配鲜艳的贴花，同时有着宽到让一些汽车撰稿人描述说能在上面煎蛋的车尾扰流器。德洛雷安亲自命名这款新GTO为法官（Judge），它取自电视喜剧节目《笑一笑》（*Laugh-In*）里面深受喜爱的一句妙语：“法庭上请肃静，法庭上请肃静。法官来了。”庞蒂亚克的广告宣称：“法官值得购买。”但事实上购买“法官”的人并不多。1969年庞蒂亚克经销商只卖出了6 800多辆法官，而GTO的总销量将近7.3万辆。不过这个数字又远远低于1969年公路奔跑者8.4万辆的销量。“最伟大庞蒂亚克GTO依然是王者。”庞蒂亚克的广告夸耀道。然而其销售数字却是另一回事。

然而，德洛雷安并不关心这个问题。1969 年年中，通用汽车公司宣布 44 岁的德洛雷安晋升为雪佛兰部门的领导，这个最大部门的领导的位子也一直是通向公司总裁路上的一个踏板。德洛雷安的任务就是扭转雪佛兰多年来的销量颓势，而造成这种情形的相当一部分原因就是德洛雷安在庞蒂亚克方面的成功。

为了纪念德洛雷安的升迁，为法官设计贴花的艺术家画了一幅全彩的漫画素描，总结德洛雷安在庞蒂亚克的这几年，也是他在公司最后几年里的大部分时光。漫画中，一位法官坐在两个对立的阵营之间：嬉皮士和当权派。穿着黑色花哨高领毛衣的德洛雷安站在嬉皮士阵营里，被鲜花、和平符号和各种稀奇古怪的胡须造型簇拥着。当权派阵营则由严厉冷酷的吉姆·罗克带头，他穿着条纹西装，用标准的嘲讽姿势朝着德洛雷安吐舌头。

德洛雷安沉醉于自己嬉皮而叛逆的形象。他跟陪伴了他 15 年的妻子贝蒂离婚后，1969 年夏末又携新任妻子闲庭信步地走入了雪佛兰的新车发布会。他的新任妻子是加州金发女郎凯莉·哈蒙（Kelly Harmon），传奇橄榄球运动员汤姆·哈蒙（Tom Harmon）的女儿，年龄还不到德洛雷安的一半。记者对新德洛雷安夫人的兴趣超出了新款雪佛兰。

德洛雷安用紧身的意大利西装、喇叭裤和亮色的宽领带彻底改变了他的穿衣风格。“他会在开会的时候梳头，穿得像个妓女一样，管我们叫当权派。”曾经将毕加索称为“怪胎”的设计主管比尔·米切尔皱着眉头说道。德洛雷安还开始练习举重，减去多余的脂肪，并且做了整容手术，削尖了下巴。在做手术的时候，他擅离职守好几周，骗同事说他要做手术治疗在一场车祸中曾经受的伤。他的解释被通用汽车公司的同事四处八卦成为笑柄。随着 20 世纪 60 年代肌肉车热潮和相关的潮流逐步退去，德洛雷安阵营也就解散了。

陨落的反叛者

“20 世纪 60 年代的激情在 70 年代烟消云散了，”多年后德洛雷安写道，“同样随之而去的还有庞蒂亚克汽车的创新领导者和令人振奋的年轻形象。”这话无异于在说“没有我的领导，庞蒂亚克就脑死亡了。”虽然这句话说得有一定的道理，但事情并没有这么简单。

汽车保险公司当时正开始使用大型计算机追踪事故记录。他们终于发现年轻的肌肉车驾驶员把车撞坏的概率就跟厨子敲开鸡蛋一样多。于是紧凑型汽车的折扣一去不复返了，取而代之的是对高马力汽车的额外收费。1969 年，部分城市的 GTO 车主必须支付每年 1 000 美元的费用为其 3 600 美元的汽车投保。更糟糕的是，德洛雷安在创造 GTO 的同时所塑造的高性能庞蒂亚克形象也正从当红小生转变成明日黄花。

1969 年 8 月的伍德斯托克音乐节成为 20 世纪 60 年代的一个高潮。而在那年的 12 月，即 60 年代的最后一个月，滚石乐队在北加利福尼亚州的阿尔塔蒙特赛车场上举行了一场演唱会。随着观众情绪越来越高涨，一个黑人青年开始冲上舞台，被一群雇用的地狱天使黑帮人员拦截。在随后发生的扭打中，这名青年被刀刺死。这场悲剧可以说是 1970 年的其他事件的预兆。那年春天，针对越南战争的抗议在校园里引发了一场致命的转变，俄亥俄州国民警卫队开枪射杀了肯特州立大学的 4 名学生。那年夏天，学生激进分子炸毁了威斯康星大学麦迪逊分校的军方数学研究中心，致使一名年轻的科学家死亡。到了秋天，贾尼斯·乔普林（Janis Joplin）成为最新但不是最后一个死于毒品的摇滚明星。

GTO 是叛逆的代表，但当时的叛逆还只是无害的喧闹。不过，我们已经越来越难以忽视开车闲逛的少年与整个国家近乎失控的情景之间的联系了。在所有的疯狂之中，无论是地狱天使提供的“安保”服务，还是国民警卫队杀害学生，学生炸毁大楼，逃离叛逆的种种迹象已经开始显现。

1970 年的春天，披头士在解散前夕发行了《顺其自然》(*Let It Be*)。这张专辑的主题歌是一首在混乱中寻找安慰的赞美诗。同年，乔治·哈里森（George Harrison）单飞后发行的第一张专辑《一切都会过去》(*All Things Must Pass*) 中也有一首带有明显圣歌性质的歌曲《我亲爱的上帝》(*My Sweet Lord*)，这首歌很快成为乐坛的一匹黑马。1971 年的大热电影中有两部将警察塑造为英雄，它们是《法国贩毒网》(*The French Connection*) 和《肮脏的哈里》(*Dirty Harry*)。克林特·伊斯特伍德（Clint Eastwood）扮演的哈里·卡拉汉（Harry Callahan）警探的台词“我知道你在想什么，朋客”对 20 世纪 60 年代的自我放纵表现出了嗤之以鼻的态度。尽管受到评论家的抨击，但人们却非常喜爱这部电影。

GTO 或许还有机会逆流而上，但是这款车似乎冒犯了新环保主义的信仰。环保主义起源于 20 世纪 60 年代，并在 1970 年 4 月 22 日的第一个世界地球日开花结果。对清洁空气的支持似乎与 GTO 粗大的排气管和百公里 22 升的油耗格格不入。20 世纪 60 年代末期，GTO 车主最多也只是被视为一群无害的、雄性激素分泌旺盛的小鬼罢了，但几年后他们毫无缘由地变成了反叛者。GTO 的销量在 1970 年暴跌了将近 45%，仅为 4 万辆多一点，但更糟糕的事情还在后面。

环境保护运动的第一次大获全胜是通过立法禁止含铅汽油的使用，其中也多亏了爱德华·科尔的催化转化器。这其中有一段过渡时间，在强制规定使用无铅汽油之前，低铅汽油还能继续存在几年，但最终的结果已经很明确了。

不过，汽油中铅含量越低也就意味着马力越小。直到 20 世纪 80 年代中期，汽车工程师才找到制造使用无铅汽油的高马力发动机的方法。与此同时，底特律还在想方设法地让购买者相信肌肉车依然拥有强劲的动力。“你现在可能以为这些发动机用上低铅汽油就会慢得更乌龟似的，”庞蒂亚克的销售手册就拿 1971 年款 GTO 开玩笑说，“事实恰恰相反。”然而事实却恰恰如此。1971 年，GTO 最强劲的发动机的功率只能提供 231 千瓦，相比前几年的 260 千瓦低了不少。而这一年 GTO 的销量又跌了 75%，仅为 1.05 万辆。

到了 1973 年，GTO 的功率仅为 186 千瓦了。庞蒂亚克放弃将这款车列为单独的车型，重新将 GTO 恢复到了原始状态，成为勒芒的一款选配套件。少了强劲动力的肌肉车已经没有什么吸引人的亮点了，因此配备 GTO 的勒芒在那一年仅有 4 800 辆的销量。

1973 年秋天，阿拉伯国家“石油禁运”事件引发了美国的第一次石油危机。有一段时间，汽油已经稀缺到要定量配给。在许多城市，车牌尾号为偶数的汽车只能在每周二、四、六加油，而车牌号尾数为奇数的汽车只能在其余时间加油。另一项燃油经济性举措，即限速每小时 88 公里也开始实施了，人们无奈地笑它为“双五规定”（英制时速为 55 英里）。

就在这时，首先提出将大型发动机装入庞蒂亚克风暴小型车中的工程师比尔·柯林斯在一场庞蒂亚克管理会议中建议，终止 GTO 的生产。“还有什么意义呢？”他问道。柯林斯的提议没有得到任何反对意见。1974 年款 GTO 成为庞蒂亚克 30 年来最后的绝唱。

在 11 年的运营中，庞蒂亚克仅卖出了 514 793 辆 GTO，连野马在 1965 或 1966 年短短一年的销量都比不上。但是这辆车作为肌肉车的鼻祖，其影响力远远超过了其销售数字的意义。GTO 如同一颗流星划过了美国汽车和文化的大气层，最终随着大气层的变化而坠毁消失。德洛雷安最后也会坠落下来，只不过还得等上一段时间。

短暂但光荣的自我毁灭

德洛雷安与凯莉·哈蒙的婚姻持续了 3 年。随着两人感情的疏远，德洛雷安开始与厄休拉·安德烈斯（Ursula Andress）、拉克尔·韦尔奇（Raquel Welch）及其他好莱坞新秀约会。他在八卦小报上露面的频率快跟在汽车杂志上差不多了。每周四晚上，他会霸占一架通用汽车公司的飞机，从底特律前往洛杉矶，然后一位通用汽车公司的工作人员会开着一辆公务车，拿着贝弗利山庄或者贝莱尔酒店一间房屋的钥匙等他。他会整个周末都在这里开派对，然后在周一晚上飞回底特律，周二早晨出现在办公室里。而到了周四晚上，他又会飞回好莱坞。

他的老板之所以还能容忍他这样开着飞机去享乐，是因为德洛雷安依然能做出点成绩。他清理了冗余的管理人员、重组了工程结构，指定不同的项目经理负责雪佛兰的每一个车型，削减了库存，并且安装了计算机化的财务管理系统。1971 年 9 月 18 日，《商业周刊》（*Business Week*）在封面文章上这样吹捧他："德洛雷安：一个尝试治愈雪佛兰的浪荡子。"

1972 年，雪佛兰在德洛雷安的领导下成为世界上第一个在一年时间内卖出超过 300 万辆汽车。这是一个重要的里程碑，到了这一年的 10 月，德洛雷安再一次得到了晋升，成为负责通用汽车公司整个汽车和卡车业务的集团副总裁。这个曾经对抗公司总部的叛逆者现在也成了总部的一员。

但是，他现在把时间都花在了听取那群在他眼里毫无头脑的老人的报告上，不再开发汽车了。而这些人也反过来觉得他傲慢而怪异。他后来穿牛仔靴到办公室的叛逆举止也无法掩盖他确实已经改变的事实。

1973 年 4 月，在新任职仅 6 个月，德洛雷安就辞去了通用汽车公司年薪 65 万美元（相当于如今的 350 万美元）的工作，被传媒界捧为"炒了通用汽车公司鱿鱼的男人"。实际上，老板很乐意看到他离开。作为离职礼物，公司送给了他一家凯迪拉克经销店，这在当时就是一棵摇钱树，而且还安排他管理由公司高管组成的美国商人联盟。

离开通用汽车公司一个月后，48 岁的德洛雷安与第三任妻子——22 岁的意大利模特克里斯蒂娜·费拉雷（Cristina Ferrare）结婚了。德洛雷安依旧是万众瞩目的明星人物，不仅因为这位充满魅力的新婚妻子，而且也与他广为人知的高调生活方式有关。这其中就包括位于公园大道上的一套公寓、占地 176 公顷的新泽西州的马场和位于加利福尼亚州的一处农庄。

他一直渴望着回去开发汽车。在两年后的1975年，他建立了一家新的汽车公司德洛雷安汽车（DeLorean Motor），招募了比尔·柯林斯及其他几名前通用汽车公司追随者加入。德洛雷安宣称自己的公司将会制造一款“道德跑车”，尽管他从未明确这一概念的定义，但不管怎样，这听起来还挺不错的。喜剧演员约翰尼·卡森（Johnny Carson）投资了50万美元，而德洛雷安自己投入了大概70万美元。然而，这一切对于创办汽车公司来说只能算是杯水车薪。公司所需的1.2亿美元巨额资本大都来自英国政府。作为回报，德洛雷安承诺在北爱尔兰建造装配厂，因为政府迫切希望当地居民能制造炸弹之外的东西。

将工厂放在北爱尔兰就意味着德洛雷安汽车公司遍布各地，但同时也随处可寻。他的公司总部位于纽约，工程办公室则为了向英国政府示好而搬到了英格兰，销售办公室位于洛杉矶。与此同时，在位于贝尔法斯特市郊的装配厂里，不同信教的工人们还得遵守当地的习俗，通过不同的大门上班。

散布得如此之广的公司倒是满足了德洛雷安搭乘飞机的生活方式。但这对于协作和管理而言是不利的。与此同时，完成了新车基本工程草图的柯林斯由于不满自己在这家羽翼未丰的企业里所得的报酬和职位，选择了离开。

第一辆车按计划应该在1979年登场，但是各种各样的问题导致首批产品的发布时间推迟到了1981年，此时距离德洛雷安成立公司已经过了整整6年。等这辆车终于亮相时，它给人留下的惊奇而时髦的印象就如同德洛雷安本人一样。这辆车被称为DMC-12，但通常只称它“德洛雷安”（the DeLorean），这辆双座敞篷车采用了光滑的不锈钢材质，并使用了鸥翼车门、百叶窗后车窗，以及法国产的V6发动机。谁都不知道这些特色中的哪一项能让这辆车更符合“道德”。

和考威尔一样，DMC-12的发动机被安装在了车尾，不过德洛雷安的汽车安装了更强的悬架，因此不容易发生车尾侧滑。不过它还有其他的问题。由于零件匹配度不高，车辆的质量很差。其售价为2.6万美元，这在当时可是个天文数字，比科尔维特高出了 8 000 美元。

如此之高的售价并不能吓跑约翰尼·卡森。为了支持自己的投资，卡森在洛杉矶购买了一辆 DMC-12，结果 1982 年他因为酒驾而被逮捕。这场意外为这辆车掀起了新一轮的宣传，尽管这其中并不完全是受欢迎的声音。但问题是无法回避的：DMC 价格昂贵，质量堪忧，而且是在交战区制造的。

德洛雷安的生活方式并没有受到影响，毕竟他享受着 47.5 万美元的年薪和每周额外 1 000 美元的补贴。那片整夜都有热水供应的加利福尼亚州的农场总归还得维护。“德洛雷安马上就会直接破产，且不会有任何过渡阶段。”越来越多的批评者中有人愤愤地说道。

这家新兴的公司无法继续经营下去了。在仅仅生产了 8 563 辆汽车后，德洛雷安汽车公司就在 1982 年 2 月宣布破产，位于贝尔法斯特的工厂关上了大门。德洛雷安的投资人几乎损失了所有的钱，其中也包括英国的纳税人。

德洛雷安自己的身价也迅速缩水。克里斯蒂娜卖掉了 4 件单价为 1.5 万美元的黑貂皮大衣。这对夫妇将一些路易十五的钟表拿到了苏富比拍卖行，德洛雷安还卖掉了自己在纽约洋基队和圣地亚哥电光队的小部分股份。但是，德洛雷安依然梦想着筹钱让公司复活。一般人会选择尝试走 IPO 或者垃圾债券的路。而德洛雷安却尝试销售可卡因。1982 年 10 月，FBI 起诉他在一间洛杉矶旅馆里试图完成一笔毒品交易，并且将其逮捕。1984 年他接受审判，但奇迹般地被无罪释放，因为他的律师声称他是诱捕的受害者。

1986 年，他再次被告上法庭，这一次被指控在德洛雷安汽车公司倒闭时犯有财务欺诈和贪污。他的律师认为，公司的失败并不能为贪污提供证据。身穿牛仔靴出庭的德洛雷安再次被无罪释放，令人大跌眼镜。

在这两次法庭审判期间，德洛雷安还见证了另一个奇迹：DMC-12 在停止生产后的影响力反而比生产时候还大。1985 年上映了一部名为《回到未来》(*Back to the Future*) 的热门电影。迈克尔·福克斯（Michael Fox）饰演少年马蒂·麦克弗莱（Marty McFly），他驾驶一辆被改装成时光机的 DMC-12 来到父母过去的年代。虽然评论家对电影中植入的许多生硬广告发出了无情的嘲笑，比如百事可乐、耐克以及卡尔文·克莱因（Calvin Klein），但是大部分评论家却都认为德洛雷安的汽车在这部电影里确实非常贴切。于是，二手德洛雷安车（反正一共就一个车型）的价格疯涨起来。虽然已经名誉扫地，但德洛雷安的市场营销戏法依然玩得很溜。

德洛雷安继续活跃了 20 年，偶尔会登上头条，比如他和克里斯蒂娜离婚及第四次再婚的时候。当德洛雷安以 80 岁高龄于新泽西州的一家医院去世之前，他一直都在债权人的追讨中东躲西藏，这成为他狂妄自大一生的最后注解。

在伊卡洛斯[①]式的职业生涯中，德洛雷安创造了两台汽车时光机。其中一台是 DMC-12，它出现在科幻电影中。而另一台是庞蒂亚克 GTO，它让人们真实地体验到回到过去的感觉。通用汽车公司在 2004 年重新推出 GTO，试图勾起人们的怀旧之情。然而这款澳大利亚进口的汽车撞了南墙。铁杆的 GTO 粉丝想要的依然是来自美国的原版车，任何一个巡游之虎都可以证明这一点。

"它让我感觉自己回到了 17 岁，"巡游之虎约翰·斯克维尔布利斯（John Skwirblies）在参加纪念印第安人起义的活动中这样描述他那辆 1972 年款"亮橙色"金属硬顶车型的迷人之处。这辆车的尾部还巧妙地竖着一根缩短了的"鸭尾式扰流"，其车牌上也恰如其分地写着"DUCKTAIL"（鸭尾）。在汽车之外，斯克维尔布利斯并不单单是一个有房有家的生活在市郊的销售员，"我享受炫耀和受人瞩目的感觉，"他说，"我的车就是我的假日休闲地。"

---

① 希腊神话中的人物，是代达罗斯的儿子。他和代达罗斯使用蜡和羽毛造的翼逃离克里特岛时，因飞得太高，双翼上的蜡遭太阳融化后跌落水中丧生，被埋葬在一个海岛上。——编者注

庞蒂亚克 GTO

时间 1964 年

特点 强劲跑车，大型 V8 发动机配备中型车身

定位 为速度狂人打造，具有反叛精神

背景 青年潮正在打破规则、抗拒规范、跨越界限，享受无拘无束的快感

影响

1. 促成美国街头赛车文化的诞生
2. 为路面承载力制定了新标准，还产生了一个全新的细分市场“肌肉车”

第 8 章　本田雅阁，趣味与功能的良好结合

20 世纪末的美国梦：有两个孩子、一只猫或一只狗、有线电视、健康俱乐部、市郊的房子和一辆奔跑在路上的本田汽车。

——《华盛顿邮报》

1979 年 8 月 20 日是刚从俄亥俄州梅卡尼克斯堡高中毕业的 18 岁青年布拉德·阿尔蒂（Brad Alty）刚入职的第一天，一大早倒霉的事情就发生了，他所驾驶的一辆 1970 年款 AMC 格雷姆林抛锚在了路上。这样的抛锚问题在 20 世纪 70 年代并不罕见。长期作为美国经济实力象征的底特律已经成了工业品粗制滥造的陈列柜。通用汽车公司、福特汽车公司和克莱斯勒都忙着缩减汽车规模，以

适应新时代对清洁空气和高价汽油的要求。但是从肌肉车到经济型汽车的快速转变让他们的工程师不堪重负，这也影响到了底特律汽车的质量。雪佛兰、福特和普利茅斯都在这种慌乱、迷茫的情形下不知所措，而这几个汽车公司还算是做得好的。

那十年中最臭名昭著的汽车就是福特斑马（Pinto），其遭受恶评最关键的原因是它的油箱在车辆被追尾时非常容易发生爆炸。虽然斑马的缺陷是致命的，但格雷姆林的缺点反倒惹人怜爱，至少当你并不是这款车的车主时是这样的。这辆丑陋而突兀的汽车的设计草图最早是一位美国汽车设计师在西北航空公司的晕机袋背面画出来的。它那被生生截去的尾部还催生出一句流行的笑话："你的车尾怎么了？"

格雷姆林在 1970 年的愚人节首次登场，1980 年宣告退出。正如时任美国总统的吉米·卡特（Jimmy Carler）所说，这款车的寿命跨越了水门事件、越南战争、两次石油危机、伊朗人质危机、通货膨胀、滞胀和国家"萎靡"的 10 年，还见证了喇叭裤、迪斯科，以及喜剧《脱线家族》（*The Brady Bunch*）的流行。

当阿尔蒂的母亲赶到格雷姆林的抛锚现场，并把他送去上班时，他迟到了两个半小时。这个年轻人让母亲在外面等着，因为他已经做好了被开除的准备。不过他的新老板还是安排他去打扫卫生，给工厂地板漆上黄线。几周后，阿尔蒂和其他新来的工人开始制造摩托车。

他们一开始每天只制造 3 ～ 5 辆摩托车，并且在每天结束的时候再把车都拆解成一个个零件，接受令人抓狂的检查。阿尔蒂认为这种行为太愚蠢，"我觉得我去那里工作是个错误的决定，"他在数十年后回忆道，"当时就想，'该死的，我到底在这里干什么？'"

20 世纪 80 年代，阿尔蒂与同事所做的一切却不知不觉帮助美国实现了复兴，其影响力堪比 20 世纪 70 年代的萧条期。在这 10 年里，美国克服了通货膨胀，重新找回了国家的自信。而在这个过程中，美国人也再一次开始生产优质汽车了。

不过，通用汽车公司、福特汽车公司和克莱斯勒在这时期并不是领头羊，取而代之的却是本田汽车公司。这家日本汽车公司在建立阿尔蒂所供职的俄亥俄州摩托车工厂时还只是个三线品牌。几年后本田就在摩托车工厂旁边建立了一家新的汽车装配厂，阿尔蒂被调到那里生产本田雅阁（Accord）。这款车没有尾鳍、达格玛、“生殖腺”，甚至一开始都没有高马力的发动机。它朴素、简单，但安全可靠。

从 20 世纪 80 年代中期开始，在美国销售的大部分雅阁都是在这里生产的，而非日本进口。在美国制造的日本汽车所取得的成功标志着美国经济的全球化的道路日趋明显。在 20 年的时间里，数以万计的美国人在该公司不断扩张的美国工厂里工作。其他的外来汽车公司，如日本、德国和韩国都学习本田汽车公司在美国开设了自己的工厂，他们的到来引发了从喜剧到悲剧的文化冲突。

全球化为一些人带来了机遇，其中就包括阿尔蒂，但也让其他人失去了工作，其中许多人原本都是底特律工厂的工人。在 20 世纪 70 年代，这座城市不断上演着破坏性越来越大的劳资冲突。本田虽然担心自己也会面临相同的问题，但依然选择和许多其他公司一起迎难而上。它在美国建厂的决定非常大胆，不计任何后果地加大扩张的步伐。但令人意外的是，它竟然成功了。

30 年后，阿尔蒂依然在本田工作。但由于一个小个子的男人在战后日本灰暗的绝境中实现了自己疯狂的梦想，阿尔蒂生活中其他部分也因此发生了改变。

脾气火爆的雷霆先生

1906 年本田宗一郎出生于东京西南的农村地区。8 岁那年他才看到人生中的第一辆汽车，那是一辆福特 T 型车。这辆汽车的外形和气味令少年为之着迷。他开始频繁光顾汽修店，经常弄得满脸油污，导致同学们都叫他“黑鼻子黄鼬”。和福特一样，他也提前辍学成为一位自学成才的工程师，他俩职业生涯或多或少有些共同点。

在二战期间，年轻的本田宗一郎帮忙管理一家为军用车辆制造活塞环的公司，他因此从中了解了工厂生产流程的详细情况。1948 年，他开办了自己的公司：本田技研工业（Honda Giken Kogyo），从事摩托车的生产。当时本田宗一郎已经 42 岁了，和福特一样是个晚熟的人。

公司最初的产品是带有小型电机的传统款式的自行车，而这些电机都曾被用于日本军方战时的无线电通信机上。后来，它开始生产更传统的，但非常小巧的摩托车，并根据其独特的声音将其命名为“吧嗒吧嗒”。几年后的本田宗一郎所制造的发动机发出的则是类似缝纫机的声音。

本田宗一郎按照字母顺序给早期的各种型号摩托车命名：A 型、梦想 D 型、幼兽 F 型等，福特也是这样命名他最早的汽车的。和福特一样，本田也招募了一位合伙人来处理公司的财务和行政事务，好让自己能专心于工程领域。这位日本版的詹姆斯·卡曾斯名叫藤泽武夫。

本田宗一郎和藤泽的性格彼此互补。藤泽是一个内向的会计，他会在家里听一整晚瓦格纳的歌剧，但很少亲自开车。本田宗一郎则是一个热衷于派对的日本人，他曾经开车载着两名艺妓从东京的一座桥上冲了下去。幸运的是，没有人因此丧命。“藤泽武夫是支撑着宗一郎这朵鲜花的茎秆。”一位日本记者后来写道。不过，这两个人却有一个共同的特点：脾气火爆。本田汽车公司的员工给他们起了两个绰号：藤泽是“哥斯拉”，而本田宗一郎是“雷霆先生”。这至少比“黑鼻子黄鼬”好听多了。

到了 20 世纪 50 年代早期，本田汽车公司借着日本二战后经济复苏的东风迅速扩张。一位年轻的求职者在接受公司管理层面试时冒失地问道："先生，您是什么时候开始为本田工作的？"面试官回答道："昨天。"本田于1954年在东京证券交易所上市，当时本田是日本最大的摩托车制造商。但不久，这种疯狂的成长带来了大量的质量问题，公司的销量迅速下滑。

这时，本田宗一郎做了一件为公司未来30年确定基调的事情。他宣布，本田汽车公司将通过追求一个新的目标来应对自身质量下滑的现状：赢得世界上最负盛名的旅行者杯摩托车赛，这个比赛每年在英格兰马恩岛举行。这就好比芝加哥小熊队通过赢得世界职业棒球大赛来学习如何把棒球打得更好一样。本田宗一郎的激励战略大胆得可笑。1961年，在本田宗一郎设定这个似乎无法企及的目标5年之后，本田就在马恩岛的比赛中包揽了前5名，让摩托车迷们惊掉了下巴。因此，本田宗一郎有足够的勇气追逐其他梦想了，这其中就包括在美国销售本田摩托车。

1959年，本田汽车公司携一款名为超级幼兽（Super Cub）50的小型摩托车进军美国市场。这辆小摩托车看起来与当时的大部分摩托车一点儿都不像。它采用了跨步式的设计，就连女性都能轻松地上下车。它还配备了清洁的"四冲程"发动机，不需要像许多其他摩托车的双冲程割草机式发动机那样必须使用混合了机油的汽油。超级幼兽一炮而红，原因在于其广告非常巧妙地改变了摩托车是地狱天使的专属座驾这一刻板印象。"本田的想法比男孩子对比基尼的幻想更丰富，"一则广告这样说道，"坐着本田，你将遇到最好的人。"最后这句话成为公司的广告口号，并大为流行。《人车志》评论道：公司"将摩托车从一种声名狼藉的新奇之物变成了类似于家用电器的东西"。

1964年，当歌曲《*G.T.O.*》在带动庞蒂亚克GTO销量的时候，本田汽车公司也利用一首《小本田》（*Little Honda*）取得了一定销售效果。这首歌歌颂了这款可爱的小摩托的所有优点，其虽然由沙滩男孩创作，但把它唱红的却是一个名叫Hondells（与本田的名字非常相似）的即兴组合，歌词就跟本田的广告相差无几：

它不是一辆大大的摩托车，

它只是一辆时髦的小摩托车……

在这一年里，本田汽车公司在美国卖出了20万辆摩托车，和5年前区区几百辆相比已是天壤之别。与此同时，本田宗一郎正排除万难，决定开始制造汽车。

事故频发的风冷发动机

1962年10月，本田汽车公司在东京汽车展上推出了第一款汽车S360，但它的首次亮相并不顺利。日本政府的经济规划部门认为国家已经有足够多的汽车制造商，正准备发布法令阻止更多的公司涉足汽车行业。本田汽车公司赶在最后期限来临之前匆匆推出了S360，而如此仓促的行动不可避免地留下一些后遗症。日本记者嘲笑S360是四个轮子的摩托车。

更糟糕的是，本田宗一郎和藤泽在市场营销战略上发生了分歧。这位创始人想要将S360塑造成一辆改装车，而藤泽想将它定位成实用的日常交通工具。二人都坚持要求公司在汽车展上按照自己所期望的去展示新车型。两个人的分歧使负责设计展台的年轻员工千野哲夫陷入了两难的境地。在一番苦思冥想后，千野在本田展区的两侧分别准备了两个不同的展台。“一侧展示这款车跑车的一面，另一侧则展示高端商务车的一面，”千野在多年后坦陈，“本田先生和藤泽先生是分别前来参观的，我就小心翼翼地把他们带到各自坚持的那一侧去。”千野的战术成功了。本田汽车公司推出了它的第一款汽车，而年轻的千野也开启了自己的职业生涯。

在接下来的1963年，本田汽车公司推出了S500，虽然看起来与S360很像，但它换上了功率稍大一点的发动机。在公司内部拥有特殊地位的本田技术研究所（Honda Research and Development，R&D）是这两款车型的开发者。人们所熟知的本田技术研究所得到了本田公司年利润中指定比例的投资。这个研究所是本田宗一郎创办的，也是他对藤泽定期削减成本计划而采取的保护公司产品开发的一项举措。本田技术研究所成为一个试验场，它测试的不仅是新的发动机，同时也包括本田最有前途的年轻工程师们。他们向本田先生直接汇报，而本田先生自己也把大部分时间花在研究所，而不是总裁办公室。

在20世纪60年代早期发生过一个令人意想不到的小插曲。在许多前途无量的年轻人中，有一位毕业于东京大学的精英入交昭一郎。这位年轻的工程师修改了摩托车发动机上一个活塞的设计方案，结果导致本田汽车公司输掉了一场比赛。怒不可遏的本田宗一郎责令入交辞职。“我不喜欢大学生，”雷霆先生怒斥道，“他们只知道照本宣科。”而实际与书本上的死板东西是不一样的。当这个年轻人拒绝请辞时，本田宗一郎要求他给本田技术研究所的每一个同事道歉，并且全程由他在一旁监督。这样的耻辱让入交昭一郎终生难忘，从此以后他再也没有犯过这样的错误。本田技术研究所成了公司的“海军陆战队”，这些精英工程师将其他本田汽车公司员工视为“平民”。

在如此紧张的氛围中，只有藤泽能够与意志坚定、脾气暴躁的创始人对着干。关键的地方他也不让步，最为人熟知的就是20世纪60年代末期本田深陷安全问题的艰难时刻。

1968年7月在鲁昂举行的法国汽车大奖赛上，一辆本田汽车失控打滑，狠狠地撞上了围墙，车手没来得及逃出就被大火吞没了。在场的本田工程师都惊呆了，虽然并不知道打滑的具体原因，但他们怀疑大火是汽车的风冷发动机引起的。与费迪南德·保时捷、爱德华·科尔一样，本田宗一郎也很喜欢风冷发动机，因为它们省去了液态冷却剂和相关的设备。本田宗一郎坚持在本田早期的大部分汽车中采用这样的发动机，其中就包括它的一级方程式赛车，但比赛中的超高速度会让发动机承受特别严重的热应激。本田的工程师曾经对此提出过异议，但奈何本田宗一郎坚持己见。

1969年出现了另一桩更加严重的安全事故。一名日本男子在一场与本田风冷N360车型相关的事故中丧生。该男子的家人对本田宗一郎提起个人诉讼，指控他在设计这款缺乏转向稳定性的车辆时时故意疏忽。这与另一辆风冷汽车考威尔所面临的诉讼十分相似。与考威尔不同，N360的发动机位于前端，但本田汽车性能不稳定的舆论已经四处传播了。《人车志》将其形容为“恶魔的操纵”。侧滑、起火、意外致命、法律诉讼和负面消息接踵而至。而最重要的是，日本的检察官对该公司发起了刑事调查。

在未告知本田宗一郎的情况下，藤泽开始与本田技术研究所的工程师展开了一系列秘密交流。工程师们表达了对一些工程设计方面的疑虑，尤其是对本田汽车公司未来仍将执着于风冷发动机而产生的担忧。撇开安全问题不谈，他们说，风冷发动机还带来了一个战略上的问题。美国即将执行更为严格的汽车尾气排放法规，工程师认为风冷发动机不可能满足新规定的要求。后来，大众汽车公司也出于同样的考虑停产了甲壳虫。但是，本田汽车公司的年轻工程师并不能自己提出这些想法。

1969年年末，藤泽与公司创始人坐下来展开了一场面对面的交锋，藤泽陈述了关于发动机的顾虑。这场对话火药味十足。藤泽直接将问题摆在了宗一郎面前。“你打算走哪条路，本田先生？”他说道，“你是打算做总裁呢，还是打算做工程师？”藤泽的意思是，本田宗一郎作为公司的总裁，不能将个人的工程项目置于公司利益的前面。本田汽车公司必须集中力量解决汽车的安全问题。

在几次尴尬的沉默和大声地叹息后，本田宗一郎妥协了。他同意允许工程师为本田未来的车型开发水冷发动机。

藤泽的插手非常及时。1971年7月，东京检察官办公室的特派调查员宣布，尽管N360存在固有的稳定性问题，但并没有确凿的证据表明该车的设计是发生这些意外的主要原因。1971年8月，这位检察官称，本田汽车公司将不会有任何人面临刑事起诉。同样，对于本田宗一郎的个人诉讼也烟消云散了。尽管这对于本田宗一郎或者整个公司而言都算不上非常明确的无罪宣告，但也已经足够了。与此同时，本田宗一郎允许年轻工程师实现各自想法的决定也带来了突破性的成果。

CVCC 的研发

1972 年年底，本田技术研究所的工程师发布了一款名为 CVCC 的革命性新型水冷发动机，CVCC 是“复合涡流控制燃烧”的缩写。CVCC 带有一个额外的“预燃烧”室，能让发动机中的空气燃料混合物燃烧得异常干净。其结果就是提高燃油经济性和减少有害物质排放。

CVCC 对本田宗一郎本人及其公司而言，都有着深远的影响。1973 年，在本田汽车公司推出这款发动机的第二年，公司董事长兼首席执行官本田宗一郎退休了。媒体描述他是日本公司从众氛围中的特立独行者，是二战后唯一成功建立汽车公司的变不可能为可能的男人。CVCC 项目也被奉为是宗一郎在本田培养天才工程师的典范。本田之外的人都不知道他原本是反对水冷发动机的，只是最后不得已才给这个项目放行。

至于公司这方面，当美国新的尾气排放法规于 1975 年生效时，本田公司为其超小型汽车本田思域推出了 CVCC 的选配款，同时它的悬架系统也比本田早期的车型好得多。思域 CVCC 的百公里油耗约为 6 升，而且更令人叹为观止的是，这是唯一一款没有使用笨重的催化转化器的汽车，且即便使用含铅汽油也能满足新的尾气排放法规的汽车。

CVCC 在汽车行业的形象就好比从硅谷车库里白手起家最终给计算机行业带来革命性变化的小公司。在美国 20 世纪 70 年代的种种不幸当中，一些新兴的小公司正在实施大型竞争对手无法比拟的创新，而大型公司却受限于成熟公司狭隘的视野。这是一轮及时复兴美国经济的新潮流。

思域推出时只有两种颜色，和 T 型车相比也就多了一种选择。但是这两种颜色是黄色和橙色，就连那些沉迷于日本柏青哥店的人都会因这样的亮色而清醒不少。不过，过于鲜艳的色调并没有带来多少改变。CVCC 推动本田于 1975 年在美国的销量达到 10 万辆，而相比之下，1970 年的销量还不到 5 000 辆。“如果这是美国的标准汽车，那么我们大部分的汽车问题都早就被解决了。”《道路与行车》（*Road & Track*）杂志这样写道。

1976 年，本田公司推出了一款新车型——雅阁。虽然它比思域要大，但还是比通用汽车公司的紧凑型雪佛兰诺瓦短了约 90 厘米。雅阁的功率也只有 51 千瓦，而诺瓦有 82 千瓦。但是这几个数字并不能说明所有的问题。虽然雅阁比诺瓦轻了 60%，但是因为采用前轮驱动的设计方案省去了驱动轴，所以雅阁内部空间更为宽敞。雅阁的大号车窗和放低的仪表盘也使内部空间更显空旷，四缸发动机的上方有一根凸轮轴，能像缝纫机一样顺畅地提供高速运动，这后来就成为本田的一大特点。五速手动变速器的手感非常光滑，给人一种抹了特氟龙的感觉。而且它还提供了宽阔的齿轮间距，提高了车辆的加速性能，同时改进了燃油经济性。这款车能带给人愉悦的驾驶体验。

与之相反，雪佛兰的后轮驱动型的诺瓦完全就是一款低端产品。其六缸发动机采用了旧式的内部推杆，而非上方的凸轮轴。所以它所需的功率和燃料必然也更多。三速自动变速器的性能无法与五速变速器相提并论，车窗也小得捉襟见肘。诺瓦看起来局促、笨重而迟缓。而尺寸更小的雅阁却给人以宽大、轻盈而灵敏的感觉。

1978 年，本田在美国的销量几乎是 3 年前的 3 倍，达到了 27.5 万辆。在这一年的 3 月，《人车志》的高级编辑、美国最具影响力的汽车评论家之一的布罗克·耶茨（Brock Yates）公布了一个令人意外的大爆料。耶茨的一个纳斯卡赛车手（NASCAR）朋友拥有了一辆爱不释手的本田雅阁。“他爱上了一个侏儒大小的本州鞋盒？”耶茨用玩笑般的质疑口吻写道，“可不是吗。据说迪克·布特库斯（Dick Butkus）穿起了坡跟女鞋，安尼塔·布赖恩特（Anita Bryant）还谈了个女朋友呢。”

耶茨还表示他自己也拥有一辆雅阁，并同样为之倾心。对于一个崇拜高马力汽车的人而言，这是多么不可思议。“相当一部分顾客都很想得到一辆形式与功能俱佳的汽车，一辆真正好用的汽车……”他解释道。那是多么大的改变啊！

在短短5年时间里，原本只能制造劣质品的本田汽车公司就转变成深受评论家喜爱的优秀汽车公司。这就好比黑猩猩只用了几代的时间就从猿进化成了人一样。雅阁的车主在擦身而过时都会挥手、鸣笛，相互致意，就像10年前的甲壳虫车主们所做的那样。

这个故事说到这里已经可以圆满结束了，本田这样一家日本汽车公司利用20世纪70年代底特律的失误而大获成功。但是本田汽车公司又开始了下一轮大胆的举措。这家小公司认为丰田和日产称霸了本国的汽车行业，自己的发展前景受到了制约。本田的领导还预计，贸易紧张的局势会制约了他们将汽车出口到美国。唯一的解决方案，就是把汽车制造搬到美国去，尽管这在当时看起来不可思议。他们需要一家工厂，而且需要有人来完成这个任务。

第一辆美国制造的日本车

吉田茂成长于二战时期，20世纪60年代初期他加入了本田汽车公司，10年后前往美国。他是一个为人低调、井井有条的经理，在公司扩大美国销售市场的业务中扮演着重要的角色。1977年，吉田出乎意料地接到了一个特殊的任务：为本田在美国寻找一处最佳的工厂地点，这可不是什么小事儿。美国是个幅员辽阔的国度，各州的法律和地方习俗之间有着巨大的差异。

吉田走遍了全美国，去过加利福尼亚州、田纳西州、肯塔基州，以及拉斯维加斯，他发现这些地方的劳动力拥有某些天赋，但并不适合制造汽车。几个月的调研之后，他来到了俄亥俄州中部的农村地区，这里的公路四通八达，本田汽车公司可以在这里找到廉价的土地，并从当地的农场家庭中获取充足的劳动力，这里的孩子似乎都有很强的职业道德观念。这是个理想的地方，他最后决定，在这里建立本田的新工厂。

当吉田返回日本，准备向本田汽车公司的董事会陈述自己的选择时，出于礼貌，他决定先拜访本田宗一郎。虽然这位创始人已经退休 4 年了，但他依然是本田技术研究所的常客，还经常亲自动手做研究。两人寒暄之后，吉田将他决定选择俄亥俄州的事情及相关原因告诉了宗一郎。他问道："您赞同吗，本田先生？"本田先生再次化身雷霆先生。"你为什么要问我赞不赞同？"他厉声说道，"我对美国一无所知。这得由你自己决定。"即便是在退休后，本田先生依然得理不饶人。

董事会在听了吉田的汇报后，对他的工作很满意，并且接受了他的建议。1977 年 10 月 11 日，俄亥俄州州长詹姆斯·罗兹（James Rhodes）在哥伦布召开了一场新闻发布会，与吉田及其他本田汽车公司高管共同宣布，本田将在首府西北 48 公里外的马里斯维尔村庄建造一家摩托车工厂。尽管这家工厂规模很小，一开始只有不到 100 名员工，但对这位州长而言，这座工厂的建立可以说是一次意义重大的举措。当大众汽车公司在 1976 年打算建立汽车装配厂时，俄亥俄州曾败给宾夕法尼亚州，错失建立美国第一家外来汽车工厂的机会。大众汽车公司的决定对罗兹而言可谓当头一棒，因为他在长期执政口号"工作和进步"中就骄傲地表示要为俄亥俄州带来更多的工作岗位。

一位记者提问，本田汽车公司是否有一天会继续扩张，在马里斯维尔建造汽车工厂，州长答道："我不会感到意外的。你知道这些小日本非常聪明，"当听到台下议论纷纷时，罗兹马上意识到了自己的失态，赶紧补充道，"当然了，你们知道我说的‘詹普斯’（Japs）指的是‘工作和进步’。”① 大家立刻爆发出了释然的笑声。

这场媒体发布会后，罗兹开启了对本田汽车公司的魅力攻势。当这位州长发现本田宗一郎和许多退休的人一样也喜爱打高尔夫时，他就邀请宗一郎到由当地土生土长的杰克·尼克劳斯（Jack Nicklaus）设计的位于哥伦布附近的缪尔菲尔德村高尔夫俱乐部打球。这两个人站在一起完全不搭调。罗兹不会说日语，宗一郎不会说英语。而且这位美国政治家的身高要比矮小的日本商人高出约 30 厘米。但他们的关系却有了个良好的开端。日语里的“早上好”是 ohayo gozaimasu，而 ohayo 的发音与“俄亥俄州”（Ohio）很相似。

即便是在俄亥俄州开设一家小型工厂，对本田汽车公司来说也是巨大的一步。作为一家在日本只能排到第 6 或者第 7 的小型汽车公司，如果在美国的巨额投资打了水漂，本田是根本无法承受这样的财务负担的。从一家摩托车工厂开始，而不是成熟的汽车装配厂，这是本田的一种“试驾”。该公司在其他方面也同样小心谨慎。

吉田非常仔细地筛选了每一份求职申请。他要求求职者在应聘时将名字写在一张标签上，然后将标签贴在左肩上参加面试。有的人把标签贴在了右肩上，有的干脆没贴，吉田直接将他们从名单上划掉了。他告诉自己雇用的第一批经理，这家工厂的员工会被称为“同事”，而不是工人。经理则必须跟“同事”穿着一样的白色连身裤制服，而不是在美国工厂中象征管理层优势的衬衫和领带。不仅如此，公司不会在工厂附近为经理分配专用停车位，更别说底特律的老板们享受的那种带暖气的停车库了。在本田汽车公司，停车位是先到先得的，与职位等级无关。而且这里也没有经理餐厅，没有独立的白领浴室，也没有供经理更换工作服的独立更衣室。这些规定让本田汽车公司的美国经理们大为吃惊，他们纷纷抱

① Japs，在此处为 Japanese 的缩写，即小日本的意思。同时，也可勉强理解为前文所指口号“Job and Progess”（工作和进步）的缩写。

怨公司没有考虑到美国的文化习俗，但吉田不为所动。这样做是很重要的，他解释说，要让所有员工感觉到自己是实现共同目标的一分子。

这种立场与底特律形成鲜明对比，底特律的规则是追求不同的目标。到了20世纪70年代末期，美国的汽车工厂已经成为劳资之间毁灭性冷战的战场。就在距离马里斯维尔几个小时车程的地方，位于俄亥俄州洛兹敦的通用汽车公司的大型装配厂正因为“蓝领的忧伤”事件成为美国的笑柄。这些矛盾使工人们疏离和蓄意破坏。在那里生产的雪佛兰维加斯（Vegas）“在下生产线的时候经常有内饰撕裂、油漆刮擦、车身凹痕、变速杆弯曲、点火线断开和螺栓松脱丢失的问题”，《时代周刊》报道称。与此同时，大众汽车公司在位于匹兹堡附近的工厂里也碰到了麻烦，这里生产的是经典车型甲壳虫的后继者兔子（Rabbit）。德国人为该工厂招募了许多来自底特律的资深经理，并加入了美国汽车工人联合会。不久以后，大众汽车公司匹兹堡的工厂也跟洛兹敦及其他三巨头的工厂一样，为蔓延开来的劳资之间的冲突痛苦不堪。因此，吉田如此谨慎也就不足为奇了。一开始，包括员工和经理在内，他只雇用了64个人，他们在本田汽车公司的历史上被称为“原始64人”。马里斯维尔的小工厂从1979年9月10日起正式开工。

才过了几天，吉田就收到了来自东京本部的传真，命令他立刻制订在摩托车工厂旁边建造一家汽车装配厂的计划。他惊呆了，建造汽车工厂的决策似乎过于鲁莽，他还不确定自己的雇用方法和劳资关系是否能奏效。当时的他对现状的理解还不是很深入，其实快速发展所带来的问题还远不止于此。

返回本田汽车公司位于东京的总部时，另一个问题又浮出水面。公司最早的财务分析表明，建造汽车工厂的风险太大，不适合投资。这份分析让受命筹备工厂的千野哲夫陷入了困境。而就在将近20年前，就是他在东京汽车展上打造了两个不同的展台让本田和藤泽两位大佬满意而归。现在，他需要的不是两个不同的展台，而是不同的数字。在苦闷了几天后，他决定对这一项目的预期略加修改，“稍微修饰了一些数字”，他后来坦白说。于是，千野再次凭借小聪明解决了问题。本田汽车公司的董事会认可了这一项目。

按照最后的决定，本田汽车公司在马里斯维尔的汽车工厂要在两年内建成，这比公司承包商所提出的时间短了一年。“一切都与速度有关，”本田的一位执行官在俄亥俄州说道，“疯狂的速度。”

1982年，当新的装配厂还有几个月就将按计划开始生产时，本田汽车公司将俄亥俄州的员工派往日本，到总部的汽车工厂学习。做事有条不紊的吉田为包括布拉德·阿尔蒂在内的获得学习资格的员工准备了一场特殊的预备会议。吉田在如何应对时差、如何吃生鱼片（或者礼貌地拒绝），以及如何适应习俗和货币的差异等方面做了简单介绍。

当吉田询问大家还有什么问题时，一位同事站起来问道：“哥伦布的机场在哪里，我们怎么去？”吉田傻眼了，他从来没想过这个问题。对于许多年轻的美国人而言，这次旅行不仅是他们第一次的日本之行，也是他们人生中第一次乘坐飞机出行。

从这个角度来看，阿尔蒂可是一个资深旅行者了。他之前就坐飞机去过一趟加利福尼亚，当时他12岁。不过，他也面临着一个棘手的问题，而且吉田也无法提供任何建议。他原本打算在几周后结婚，一切都安排好了，但按照培训计划，届时他仍在日本。阿尔蒂恳求未婚妻推迟婚礼，对方勉强同意了。在抵达日本后，他每天晚上都会给她打电话，而且还是在东京时间，一聊就是两小时。后来，阿尔蒂收到了一张400美元的电话账单，此时这对小夫妻才决定减少和缩短打电话的次数和时间。

当阿尔蒂来到日本时，寿司或者时差并没有给他带来多少影响，反而是人潮涌动的街市让他很不适应。在俄亥俄州中部，只有在举行俄亥俄州橄榄球赛时人们才会聚在一起。俄亥俄州也没有火车，这一点对于阿尔蒂及各位美国同事而言都是需要适应的。他和几个要好的同事周末出去游览，结果在火车上喝了太多的啤酒，以至于一觉睡到了终点站。他们不得不多花了好几个小时才返回来。

阿尔蒂在日本生活了两个月。他和其他俄亥俄州同事参观了本田汽车公司员工的家，游览了富士山，还观看了当地专业球队西武狮队的棒球比赛。这个俄亥俄州年轻人意犹未尽，一点儿都不会想到未来他还会多次出差日本。不过，在他离开美国的这段时间里，一场令人震惊的事件让美国原本潜藏的反日情绪暴露了出来。

1982 年 6 月 19 日，一位名叫维森特·秦（Vicent Chin）的美籍华人正在位于底特律伍德沃德大道的花花公子娱乐场所里享受单身派对。15 年前，这条街上的年轻人总是开着 GTO 比赛。一群当地的汽车工人当时也在那里，喝了些啤酒后，他们开始对维森特·秦和他的朋友挑衅。附近克莱斯勒工厂里的一位主管咆哮道："就是因为你们害得我们没了工作。"显然他错把维森特·秦当成了日本人。

随着场面越发难堪，维森特·秦一伙人起身离开，到附近的一家快餐店里躲避。但这里可绝不是什么安全的天堂。克莱斯勒的主管和其继子（后者是一个下岗的克莱斯勒工人）跟踪了维森特·秦，将他拖到店外，用一根棒球棍使劲殴打。维森特·秦意识模糊地在他朋友的耳边喃喃道："这不公平。"随后便陷入了昏迷。4 天后，他在亨利·福特医院去世，年仅 27 岁。

这场悲剧成为全美和世界各国的新闻头条，并在美国掀起了一场自我反省的风潮，其中也包括在20世纪80年代早期的大衰退中让数千人失去工作的底特律。当时的形势让许多本田的美国员工惴惴不安。阿尔蒂的哥哥甚至因为他"为日本人工作"而感到万分悲痛。当阿尔蒂周末前往密歇根州看望父亲时，他特意把汽车挡风玻璃上的本田员工停车证藏起来。说实话，光是在密歇根州开本田车就已经够危险的了，如果再给自己贴上本田汽车公司员工的标签，那就是自寻死路。

不过，尽管遭到反日抵制事件，但本田汽车公司并没有退缩。1982 年 11 月 10 日，马里斯维尔新建立的装配线上诞生了一辆四四方方的灰色四门雅阁轿车。这是在美国制造的第一辆日本汽车。

以疯狂的速度扩张

本田汽车公司希望在俄亥俄州雇用美国工人制造汽车可以缓解贸易紧张局势，并让美国人更愿意购买日本汽车。许多美国人一开始都非常谨慎。底特律那些质量堪忧的汽车已经为美国汽车带来了如此糟糕的名声，以至于在整个 20 世纪 80 年代早期，许多本田客户都坚持要求购买产自日本的雅阁。那些最懂行的买家甚至还学会了如何从车辆识别编号上看出这辆车是否产自日本。

与之类似，本田汽车公司的一些经销商也对第一批美国产雅阁心存疑虑。在芝加哥郊区，一个经销商发现一辆雅阁的仪表盘发出持续不断的嘎嘎声，于是要求服务经理把这辆车修好，达到日本车的品质。当这位经理开始动手维修的时候，发现这辆出毛病的车其实就是产自日本的。过了好几年，经历了数百次类似的情况后，经销商和顾客的疑虑才终于烟消云散。而到了 1985 年，本田在汽车品质黄金标准的 J.D. 鲍尔（J. D. Power）顾客满意度排行中名列首位。这使通用汽车公司、福特汽车公司和克莱斯勒都大失颜面。

到了这个阶段，马里斯维尔的本田工厂已经雇用了更多的当地工人，开始实行两班制。新一轮的扩张即将以“疯狂的速度”开始。1985 年本田在距离马里斯维尔 80 公里外的安娜村建立了新工厂。这个村子有多小呢？曾经有一头好奇的牛在闲逛时误入了被当作办公室的农舍。安娜工厂主要生产关键的零件，如发动机、悬架及相关的东西，于是马里斯维尔很快就开始使用在美国制造的零部件进行组装，而不再从日本进口。

几个月后，本田汽车公司在马里斯维尔建立了第二条装配线。生产扩张得过于迅猛，一条流水线已经不够用了。第二条线与第一条线一样，都是 U 形的。组装区域看起来就像是一对巨型的马蹄铁。而且由于焊接机器人能够处理不同的车型，这给本田提供了前所未有的灵活性，可以在同一家工厂中制造两种不同的车型，即雅阁和思域。规模的扩张和灵活的新型自动化技术在制造领域树立了新的里程碑。

1985年秋天，马里斯维尔工厂开始制造1986年款雅阁，这是一个翻新版本。相比上一代，这个版本更长更宽，还配备了新式发动机，其气缸分别带有多个进气阀。这就好比一个人的鼻子多了几个鼻孔一样。“多阀”设计将马力提高了30%，而且几乎没有增加多少油耗。

通用汽车公司、福特汽车公司和克莱斯勒在车型更新换代时都必须求装配厂停产两到三个月，以进行新机器的安装和整个工厂的重新配置。但是本田汽车公司决定在完全不停工的情况下完成“滚动车型变更”。经过数月的准备和规划后，第一辆1986年款雅阁开始进入一号组装线的起始端，而最后一台1985年款汽车则同时从组装线的末端出厂。底特律从来没有想到过能在制造效率上发生如此巨大的突破。

本田汽车公司的成就都是“业余爱好者”的杰作，一位来自底特律的记者在参观马里斯维尔的工厂后惊叹道。他说得一点儿都没错，一些经理都是厌倦了按小时收费和债券发行的中年律师。许多工人大多来自农场，根本不知道什么叫“不可能”。这里的体力劳动可不是过家家。本田汽车公司装配线的工作节奏有时候就跟做有氧运动一样，让一些员工在入职几个月后就瘦了10到20斤。而且工厂的纪律也十分严格。员工不能在装配线上喝软饮料、抽烟或者吃零食。在三巨头的展厅里，有的汽车的座椅上可以找到激浪饮料（Mountain Dew）或者香烟燃烧的痕迹。而本田汽车公司的工人只要无理由旷工6次就会被炒鱿鱼，到时候他们就跟底特律工会的同行们一样了。

虽然本田汽车公司的员工得到的薪水基本与底特律那边持平，但是他们不仅需要动手，而且还要动脑。他们可以提出建议，帮助改进工厂的效率，并承诺不会因此造成失业。发现问题的员工有权停止组装线，以便立刻排查问题。许多人刚进来时都无法理解这种理念。“一开始我们有点困惑，因为我们以为会有人告诉我们该做什么。”一个老员工坦白说。

美国工人在日本人管理下的欣欣向荣的情景让马里斯维尔的本田工厂受到了

美国两股强大力量的关注：美国汽车工人联合会和好莱坞。自从 20 世纪三四十年代形成三大巨头的汽车公司开始，美国汽车工人联合会就在 40 多年的时间里成为每一家美国汽车工厂中的每一个工人的代表。美国汽车工人联合会在马里斯维尔开展了组织筹备工作，并计划在 1986 年年初进行最终选举。但选举并没有如期举行。在选举开始前的几周里，工会发现自己遇到了一些麻烦。虽然美国汽车工人联合会的领导人要求将选举“暂时”延后，但之后再也没有重申过投票的事情。这是工会力量的一次重大失败，并从此留下了无法磨灭的疤痕。

不久之后，一部名为《超级魔鬼干部》（*Gung Ho*）的电影在美国影院上映。它讲述了一家日本公司收购一家不景气的美国汽车工厂时因文化冲突而发生的一些滑稽故事。电影中的工人必须在换班之前合唱公司主题歌，然后做广播体操。

实际上，这部电影里的刻板景象也不完全是虚构的。尽管马里斯维尔本田工厂并没有公司主题曲，但经理们确实会鼓励员工在上班之前跟着工厂广播的音乐做伸展运动。尽管上班操是自愿参加的，但当本田汽车公司请来了俄亥俄州的拉拉队长演示最流行的伸展运动时，参与人数就一下子提高了，这一举措成功跨越了不同文化之间的界线。

工厂里的一些用词也很奇怪。“同事”要学习“应对措施”，这是本田公司对在车间修复故障的叫法。员工还要了解“三个喜悦”，乍听起来还以为是东方的什么面食呢。其实这个词指的是汽车制造和销售的 3 个目标：制造喜悦、销售喜悦和购买喜悦。当然了，乐趣都在其中。

本田汽车公司的俄亥俄州工人认为电影里的情节非常可笑。许多人都去看了《超级魔鬼干部》。但本田自己却是笑到最后的赢家。“疯狂的速度”意味着本田持续不断的扩张，也意味着更多的晋升机会。公司凭借新的组装线于 1987 年在马里斯维尔制造了 32.4 万辆汽车，比 1986 年高出了将近 10 万辆。1988 年，工厂开始制造新版本的双座小轿车款雅阁，这是在本田日本工厂里看不到的车型。本田开始将雅阁双座小轿车从美国出口到日本，这一看似不太可能的做法给布拉德·阿尔蒂带来了新的工作内容。出口项目使他成了飞机上的常客。在不到两年的时间里，为了确保雅阁双座小轿车能达到质量标准，他去日本出差了十几次。

到 1988 年，本田汽车公司在俄亥俄州已经拥有了超过 6 500 名员工，与过去最初的 64 人相比已经不可同日而语。同年，在总共损失了数亿美元之后，大众汽车公司关闭了位于宾夕法尼亚的工厂，致使大约有 2 500 人失去了工作。而吉姆·罗兹一定在庆幸自己当初没将这家工厂留在俄亥俄州。

“业余爱好者”的杰作

综合性工厂、漂亮的销售数据、“疯狂的速度”、能变更车型的滚动生产线，这便是本田汽车公司在美国的成绩。除此之外，本田还制霸了一级方程式锦标赛赛车。它的发动机在世界最顶尖的汽车赛事中一次又一次地取得胜利。本田在 20 世纪 80 年代的 10 年中的冒险是一部由数百个个人的故事所组成的公司异国创业史，在这其中，个人的奇迹创造了集体的辉煌。其领导人都是从二战后日本的贫困和本田宗一郎的雷霆怒火中生存下来的勇士。

其中一位勇士就是入交昭一郎，就是那个在 20 年前被本田先生逼迫向本田技术研究所的每一位同事一一道歉的人。在那次耻辱之后，他的职业道路一帆风顺，这位美国人口中的“入交先生”创造了 20 世纪 80 年代本田汽车公司在美国制造规模的爆发式增长。他在哈佛商学院发表演讲，题为《竞速精神》(*The Raling Spiuit*)。无畏和创新是本田扩张的动力。

另一个关键的领军人物是千野哲夫，他曾巧妙地安排车展展台来满足闹矛盾的两位老板，他曾修饰预期数字让工厂得以顺利兴建。他专心经营着本田汽车公司的美国控股公司，管理着自己一手建立起来的组织。

但是，或许在本田汽车公司的美国冒险故事中最应该被提起的是吉野浩行，他的个人经历要比本田公司的成功更引人注目。1945年，二战刚结束时，由于侵华日军曾派遣他的父亲驻扎在伪满洲国，所以8岁的吉野就跟家人一起被困在了那里。为了返回日本，一家人不得不跋涉数百公里到达中国东北的海岸。途中吉野的小弟弟因经受不了颠簸而去世。回到日本，灾难接踵而至，一场地震将他们的房子震塌了。“当时我才意识到，人是可以露天生存的。”吉野后来回忆道。

吉野从1990年1月4日起负责本田汽车公司在美国的制造业务，同日，各大汽车制造商都公布了1989年在美国的汽车销售情况。本田在1989年卖出了362 707辆雅阁，以将近1.5万辆的优势击败了位列第二的福特金牛座（Taurus）。美国最新的销量第一的汽车史无前例地被外来品牌本田雅阁占据了。

在短短20年里，本田汽车公司就从一个制造破烂汽车的小公司成为在美国开设工厂的大企业，并且一举超越通用汽车公司、福特汽车公司和克莱斯勒，登上了全世界最有分量的美国汽车销量榜的榜首。这一不可思议的成功令人感到非常意外，包括本田自己在内。那一年在美国销售的雅阁有接近60%都产自马里斯维尔。员工在吉野的带领下在装配线上举行了一个小型庆祝会，吉野也对所有努力工作的员工致以谢意。8年后的1998年，吉野将被任命为本田的总裁，成为本田宗一郎的继任者，完成了他超乎想象的人生历程。

雅阁的成功让底特律炸开了锅。“虽然我们对此并不怎么开心，”一位福特汽车公司发言人承认，“但至少我们还占据着第二和第三。”一位克莱斯勒主管发出要提防外来企业的警告：“一个精心策划、全力以赴的经济侵略者正在将我们的裤子一点一点地扒下来。”事实上，如果日本的汽车行业真的是政府“精心策划”的，那么雅阁可能早就不复存在了。本田汽车公司是在违抗日本政府规定下进军汽车行业的。但是，当你冷静地观察时会发现，雅阁的崛起是有许多明显的征兆的。“这是美国汽车行业蒙羞的一年。”《华盛顿邮报》写道。《洛杉矶时报》（*Los Angeles Times*）认为这一发展是“日本逐渐压倒底特律那些多灾多难的汽车制造商的另一个迹象”。

雅阁的销售胜利证明了世界经济全球一体化，而一度鲜明的区域差异也开始变得模糊起来。说到底，外国车是什么？是在俄亥俄州制造的本田，还是在墨西哥制造的福特，还是在加拿大制造的克莱斯勒，这样的例子还少吗？由三菱（Mitsubishi）在日本制造，贴了美国商标在美国销售的道奇隐形（Stealth）又该如何理解呢？这样的问题在新的全球经济环境中已经远远超越了汽车行业的范畴。坐日本航空公司（JAL）航班的人难道就没有坐联合航空（United）的人爱国吗，如果JAL使用的是波音（Boeing）飞机又如何理解呢？博朗（Braun）的纯正苏门答腊（Sumatran）咖啡难道就比全美英雄乔·迪马乔（Joe DiMaggio）在电视上广告的咖啡先生（Mr.Coffee）更"美式"吗？二战后，美国自己也在日本建立了资本主义民主。在德国也是如此，当柏林墙于1989年倒塌时，德国民众自由了。自由的民众不再只能开特拉贝特（Trabant）这样的汽车，跟这辆弱不禁风的汽车比起来，考威尔真是安全可靠多了。他们还可以选择欧宝（Opel）这样一家底特律的通用汽车公司旗下的德国汽车公司的品牌。全球化并不是一条单行道。

本田汽车公司在俄亥俄州的成功激励它在美国建造了更多的工厂，并吸引了一大波海外的资金投入到美国和加拿大的汽车行业中。丰田、日产、马自达（Mazda）、三菱、斯巴鲁（Subaru）、宝马、梅赛德斯－奔驰和现代（Hyundai），这些公司纷纷在美国建立了自己的装配厂。就连大众汽车公司也回来了。在这一过程中，美国人的饮食和经济都变得全球化了。你可以在俄亥俄州看到日本的寿司，在亚拉巴马州看到韩国的石锅拌饭，在南卡罗来纳州看到德国的鸡蛋面疙瘩，旁边还有炸秋葵和肉汁饼干，运气好的话说不定还能看到我可舒适（Alka-Seltzer）消食片。

到1989年，本田宗一郎成为第一个荣登密歇根州迪尔伯恩汽车名人堂（Automotive Hall of Fame）的亚洲人。而在隔壁的亨利·福特博物馆里，在美国本土制造的第一辆雅阁也被展出在像科尔维特、野马和GTO这样的美国标志性车型旁边。雅阁永远无法成为像它们那样耀眼的火辣跑车。但它能吸引那些想要安全可靠并享受驾驶体验的人，而不是将汽车视为自身个性的延伸或者别的什么东西的人。

在进入本田汽车公司30年后，布拉德·阿尔蒂已经成为马里斯维尔的一位高级经理，管理着数千名员工。他的座驾已经不再是格雷姆林，而是一辆产自亚拉巴马州的本田SUV。此时，本田已经成了一家规模更大，也更为传统的公司，公司的管理越来越官僚，公司的冒险精神减弱了，公司的执行速度也随之放缓。但已发展成具有高马力发动机的中型轿车的雅阁仍是美国公路上销量最好、最受尊敬的汽车之一。“雅阁正好陪伴了婴儿潮一代的成长。”一位本田发言人解释道。然而，事实上它只陪伴了其中一部分人。雅阁或者其他轿车提供的空间并不足以满足更多的人。在20世纪80年代中期，他们发现了一款来自底特律的新型汽车。这种车最终成了应对日本挑战的一股强大力量。它将在美国的公路上无所不在，并成为美国政治力量的象征。

雅阁

时间 1976年

特点 朴素、简单、安全可靠，四缸发动机

定位 燃油经济性车，带给人们轻松灵敏的驾驶感

背景 在克服通货膨胀、重新找回国家自信的过程中，美国人再一次开始注重汽车的安全性

影响
1. 雅阁灵活的新型自动化技术在制造领域树立了新的里程碑
2. 美国销量第一汽车的位置史无前例地被外来品牌占据
3. 美国经济的全球化日趋明显，鲜明的地区域差异开始模糊，带来机遇的同时引发劳资冲突

第 9 章　克莱斯勒小货车，照看活跃家人的“保姆”

> 我跟你们讲啊，开保姆车的话就不会被警察拦下来了。当你狂飙到超音速时，警察看到只会说：“唉，让她去吧。她已经够惨的了，老天保佑。”
>
> ——喜剧演员克雷格·休梅克（Craig Shoemaker）

20 世纪八九十年代，许多 30 多岁的婴儿潮一代都对生活有了新的认识。在拥有了自己的孩子后，他们就得做出真正的妥协，甚至是牺牲。比如晚上给浴缸里的孩子洗澡，而不是自己躺在浴缸里泡澡享受；或者在热辣跑车和家庭用车之间做出抉择。

对于新手爸妈而言，当他们的生活和汽车里都塞满了儿童车、足球和芭比娃娃时，就根本不可能选择跑车了。把这些孩子的东西塞进不管是本田雅阁、雪佛兰或者福特这样的轿车后座，最多能坚持使用一两年。当孩子越长越大时，这些儿童用品就会让驾车出行变得苦不堪言。年轻的夫妇需要更大的汽车，即使这意味着这类汽车会更乏味无趣。在美国汽车的趣味性和功能性之间的拔河比赛中，功能性再次迎头赶上，而且要比本田雅阁进入市场的时候更为明显。

20 世纪五六十年代，当婴儿潮一代自己还是孩子时，“实用的家庭运输工具”指的就是旅行车，这个词会让 20 世纪 80 年代的这些青年唤起一段不怎么美好的尘封记忆。坐在旅行车里，每年长途跋涉地到祖母家里做客或者参加野营活动，对父母和孩子来说，都是脾气管理的训练营。孩子们被塞进后座，前面是父母，后面是行李。比利打了鲍比一下，鲍比放了个屁，而苏茜尖着嗓子抱怨跟“男孩子们”挤在后排。中途休息只能带来点聊胜于无的慰藉。虽然别克庄园（Estate）或者福特乡绅（Country Squire）这两个旅行车名字都给人一种虚幻的田园印象，但它们的燃油泵却经常会失灵，经常将一家人扔在宾夕法尼亚州的收费高速公路上。

解决这一家庭用车难题的是来自一家令人意想不到的差点儿倒闭的汽车公司。1979 年和 1980 年，克莱斯勒公司严重亏损，可以说公司只剩下一个招牌。它完全是依靠一次颇受争议的政府援助才免于进入最后的破产赔偿阶段。克莱斯勒公司的高管都是被其他公司抛弃的人物，其中包括李·亚科卡和哈罗德·斯珀利奇，他们都被亨利·福特二世以一种粗鲁和羞辱的方式从福特汽车公司解雇。

亚科卡和斯珀利奇正是在 1964 年合作创造了福特野马的那两个人。虽然为排名较低、濒临倒闭的克莱斯勒工作并不是两人的第一选择，但事后看来他们还算幸运。1983 年这两个男人和他们的支持者使克莱斯勒公司实现了令人惊奇的复兴。尽管困难重重，但他们成功让克莱斯勒恢复到了盈利状态。他们很好的利用了斯珀利奇的设计、亚科卡的销售，以及二战以来美国经济在最严重的衰退中反弹的时机。而许多曾在20世纪60年代被野马吸引的婴儿潮一代青年也在一步步成长。他们大学毕业，按部就班参加工作，结婚组建家庭。当然，顺序并不一定都是这样。

因此，亚科卡和斯珀利奇也就有了一个发挥特长的舞台，他们再次抓住了美国人口最多一代人的心。此时距离他们凭借野马取得惊人的成功正好过去了20年，许多婴儿潮一代都开始进入了家庭生活的模式。这两个男人所给出的答卷不仅仅是一款新车，而是一种完全不同于以往的汽车类型。和野马一样，这款车对一代人的生活方式起到了决定性的作用，或者至少对于那些从街道涂鸦人转变为给幼儿园刷墙者的婴儿潮一代的生活方式起了一定作用。这一切都标志着美国人对汽车偏好的转变，从时尚的汽车变为高大魁梧的卡车，这一变化也反映出了美国在过去20年里躁动不安的国民心理的转变。

小汽车大空间的设计理念

20世纪30年代，一辆名为斯托特圣甲虫（Stout Scarab）的汽车诞生，笨拙丑陋的圣甲虫可谓是小货车世界中的尼安德特人，即进入了进化学上的一个死胡同。之所以起这个名字，是因为他看起来就像一只滚动着的巨大甲虫，圆圆的车身既没有车头也没有车尾。一个名叫威廉·斯托特（William Stout）的底特律发明家构思了圣甲虫，认为这是面向有钱商人的理想车型，是名副其实的“轮子上的办公室”。

圣甲虫的发动机安装在后方的驱动轮上面，这种设计和后来在德国开发的大众甲壳虫一样可以有效地利用空间。但是圣甲虫的车身要比甲壳虫的车身长近1米，所以两侧各有4扇车窗。在洞穴一般的车厢内有一张沙发、几张转椅，以及一张可以拆卸的桌子，这与半个世纪之后的克莱斯勒小货车内部的场景颇为相似。但是，圣甲虫的价格标签也跟它的块头一样吓人：5 000美元，这相当于

2012 年的 8 万多美元。怪异的设计、高昂的售价，以及二战的爆发让圣甲虫在生产了仅仅十几辆后就夭折了。

这一进化路程中的下一个产物是大众微型客车，它的流行速度和成功都远远超过了圣甲虫。但是它的模样太古怪了，而且也过于受到嬉皮士的钟爱，以至于无法成为主流车型。20 世纪 60 年代的雪佛兰绿蔷薇厢式货车就没这么好运了。它的厄运来自采用了考威尔的底盘，绿蔷薇在 1965 年就早早地结束了生命。

当绿蔷薇淡出人们的记忆时，35 岁的斯珀利奇还是福特的初级主管，沐浴在野马成功的辉煌之中。在 20 世纪三四十年代，他在底特律长大，那个时候，当地的孩子们可以在自己的故乡奋斗并尝试进入美国商业的巅峰领域。1951 年，他毕业于密歇根大学。密歇根大学也是美国汽车行业非正式的精修学校，他在这里取得了机械工程学的学位。1957 年，斯珀利奇加入福特，进入了公司的产品规划层级。产品规划师的工作只是为成功的新款汽车制定规划。为此，他们必须调解工程师、设计师和财务人员之间的矛盾。发动机变大虽然会让汽车的行驶速度变快，但也会让它的造价变高。挡泥板的曲线虽然可以让汽车看起来更美观，但也会增加复杂程度和制造成本。类似的例子还有很多。

斯珀利奇成为在小型汽车中发现价值的少数底特律产品规划师之一。在他看来，野马本身就是一个有力的证明，因为这是一款以低廉的价格满足时代需求的功能性的小型汽车。它为福特汽车公司创造了巨额的利润，也同样为亚科卡和斯珀利奇自身的发展吹起了东风。当亚科卡 1970 年成为福特汽车公司总裁后，斯珀利奇也跟着他成为公司的高层，并在 1972 年成为公司的产品开发副总裁。

20 世纪 70 年代，斯珀利奇逐渐将小型汽车视为对抗日本进口车的最佳选择，他认为这一使命对于底特律的汽车制造商而言已是不言而喻的。他在福特汽车公司的通宵研讨会和黎明员工会议上的发言都成为传奇。他为自己的想法进行辩论的激情常常使他的同事感到恼火，甚至那些仰慕他真才实学的人也一样。“我听过哈尔所有的演讲，”一个在福特和克莱斯勒先后跟着他一起工作了几十年的高管说道，“他也听过我所有的演讲，只不过我的演讲的时间比较短。”

但是，在斯珀利奇看来，激情和紧张是福特创新过程所必须付出的代价。他说的也有道理。擅长分析的保守的企业管理层掌控了公司的大部分决策权。例如，财务员工在预估一款新车型的利润时是按照它在特定的市场区域中的份额计算的。这种方法看似很有道理，但当一款新型汽车并不属于任何原有市场区域时就不奏效了。在这种情况下，即便在这个尚不存在的市场区域中所预测的市场份额为100%，但由于其销售为零，所以就没有任何利润可言。对于财务人员而言，拒绝总是要比同意更安全、更谨慎。有创意的新型汽车的设想往往就因此而止步于绘图板上。

即使通过了初始分析，新设想也会在进入市场之前经历非常严酷的考验。在20世纪70年代初期就有这样一辆车，那就是通常被用作商业运输卡车使用的福特全尺寸厢式货车伊克诺莱恩（Econoline）的精简版：代号楠塔基特（Nantucket），这款旨在满足日常家庭需求的小厢货的原型于1972年出炉。但是在1973年，阿拉伯国家“石油禁运”事件搅乱了汽车市场，影响了当年汽车销量，而楠塔基特就成为福特汽车公司开源节流的牺牲品。

当时，着迷于小厢货概念的斯珀利奇认为，即便是缩小版的伊克诺莱恩对于家庭日常使用而言依然过于庞大。在20世纪70年代初期，他开始琢磨被其称为“小汽车大空间”（Mini-Max）的新设计方案。新方案的车身长度被压到最小，能停放在普通的车库里。但是它又会提供尽可能大的内部空间，从而成为受人欢迎的传统旅行车替代品。

同时满足外表小、内在大的唯一方法就是基于前轮驱动平台来制造这款厢式货车，而不是伊克诺莱恩所倡导的后轮驱动底盘。前轮驱动可以省去沉重而占空间的驱动轴，就像本田雅阁和其他前轮驱动车那样。巧合的是，福特汽车公司已经使用前轮驱动平台制造了嘉年华（Fiesta）超小型汽车，这是一款在欧洲生产和销售的车型。斯珀利奇在欧洲福特汽车公司的短暂轮岗期间亲自帮助开发了嘉年华，从此之后就醉心于前轮驱动的设计。

但是嘉年华原本也差点儿没能在欧洲上市。当时，欧洲福特汽车公司已经完全是独立于美国福特汽车公司运营的一家公司。两家公司相互猜忌地守护着自己的领地。“小汽车大空间”最适合的平台很不幸地落在了不适合的大洲上。亚科卡和斯珀利奇想要在美国引入一款大尺寸的嘉年华，但是遭到了拒绝。斯珀利奇的“小汽车大空间”陷入了尴尬的境地。

斯珀利奇自己也越来越迷茫。他对“小汽车大空间”喋喋不休的诉求让董事长福特二世愈发恼火。1976 年当斯珀利奇刚向他提出这个想法时，就遭到了福特二世的断然拒绝。更糟糕的是，在福特二世和亚科卡之间爆发了激烈的幕后冲突，属于“亚科卡阵营”的斯珀利奇躺着中枪。在福特二世拒绝了斯珀利奇不久之后，他就把亚科卡叫到面前，要求他解雇这位年轻的门徒。亚科卡提出抗议，但毫无用处。“别跟我说些没用的，”亨利说道，“我就是不喜欢他。”斯珀利奇在克莱斯勒谋得了一个职位。尽管克莱斯勒在底特律三巨头当中势微，但这总好过没饭吃。

这个时候，“小汽车大空间”也差点儿跟着斯珀利奇在福特曾前途无量的职业生涯一起行将就木。但是后来，命运却为斯珀利奇安排了一位贵人，而那人正是最意想不到的福特二世。

前轮驱动平台

1978 年 6 月 13 日，福特二世将亚科卡叫到办公室里，一句话就将他解雇了：“事情是这样的，有的时候你就是看某人不顺眼。”“大魔王”（Hank the Deuce）[①] 福特二世在炒别人鱿鱼的时候都坚持这一贯的理由，他并不需要补充什么。福特

① 福特二世因性格暴躁任性，对股东和政府官员时常没有好脸色，人称“大魔王”。——编者注

家族以绝大多数的股份控制着福特汽车公司，而福特二世时不时地还会提醒大家："我的名字就在大楼上面。"

亚科卡已经53岁了，正值职业巅峰。自从32年前从理海大学毕业加入福特汽车公司之后，他就不曾在其他公司工作过。他原本是最有希望继承福特二世的人，似乎将注定成为第一个不属于福特家族的首席执行官。这一登上全美新闻头条的解雇事件让亚科卡震惊了，他对未来失去了方向。而就在距离福特汽车公司总部不远的克莱斯勒正陷入一场巨大的危机。该公司的汽车多年来要么缺乏灵感，要么很不安全，而且往往两者兼备。克莱斯勒汽车公司的管理层也束手无策。不久，他们就向亚科卡抛出了橄榄枝。眼看着克莱斯勒麻烦缠身，斯珀利奇强烈请求他的前任导师入伙。在被解雇5个月后，亚科卡以总裁的身份加入了克莱斯勒，同时他还计划在一年左右时间内坐上头把交椅。

在克莱斯勒聘用亚科卡的那天，公司的财报给出了1.6亿美元的亏损数字，这是其历史上最大的季度亏损。坏消息随后接踵而至。该公司有个习惯，会在没有接到订单的情况下就生产汽车，然后将它们存放在底特律空闲的场地和停车场，一停就是好几个月，直到成功说服或者迫使经销商接受它们。这种做法有一个冠冕堂皇的外号，叫"销售银行"。这就好比麦当劳在顾客还没有进店之前就开始制作汉堡包，只不过这些待售的汽车直到生锈都无人问津。销售银行造成了数亿美元的损失，而这还只是该公司众多困境中的一个而已。"如果我在加入克莱斯勒之前对摆在眼前的麻烦有一丁点儿警觉的话，"亚科卡后来写道，"即便给我全世界的钱我也不会去。"1979年9月，亚科卡被任命为董事长兼首席执行官，比原计划提前3个月。此时，克莱斯勒已经出现了现金短缺，没有银行愿意借钱给他们。

亚科卡在绝望中开始了疯狂的游说，寻求政府的援助。他恳求美国政府和加拿大政府帮他们从银行担保贷款，他得到了来自工会办公室和克莱斯勒工厂所在地政治家的帮助。这段谈判漫长且离奇曲折。有一次，克莱斯勒的一名年轻的财务主管掩面痛哭，失去了对这场救援行动的信心。还有一次，亚科卡召集了一些银行老板，告诉他们克莱斯勒正在递交破产申请，等他们被吓得脸色发白时才提醒他们这一天是愚人节。当似乎失去一切时，亚科卡甚至还试图将公司卖给他的宿敌福特二世，但是再度遭到了拒绝。不得以亚科卡开始了一场残酷的成本削减行动，在接下来的 4 年里他将克莱斯勒的员工辞退了一半。

1979 年 6 月初，克莱斯勒现金耗尽，中断了支付零部件供应商的款项，这意味着公司即将崩盘。但是，公司咬牙又坚持了几周时间，并在最后时刻迎来了《克莱斯勒公司贷款担保法案》(Chrysler Corporation Loan Guarantee Act)，并因此重新获得了银行贷款。但是，即便如此，命运似乎依然在和克莱斯勒对着干。

1979 年 6 月 23 日，本应签署贷款文件的纽约办公大楼意外发生火灾。大火于凌晨 2 点被扑灭时，心痛万分的克莱斯勒工作人员纷纷进入刚被水冲刷过的烟雾缭绕的办公室，磕磕绊绊地回收文件。他们搬到了附近的一幢办公楼里，披星戴月地整理了数千份文档，确保第二天能顺利完成签署。克莱斯勒幸免于难，但如果没有亚科卡个人的三寸不烂之舌和他坚定的决心，这次千钧一发的拯救行动就不可能成功。具有讽刺意味的是，当亨利 · 福特二世开除了曾经的追随者时，却在不知不觉中在业内树立了一个竞争对手。克莱斯勒的未来尽管还难以保障，但公司确实拥有一些不被人注意的隐性资产。

在斯珀利奇来到克莱斯勒后不久，他就发现公司的欧洲子公司西姆卡(Simca) 开发了一款出色的前轮驱动超小型汽车，与欧洲的福特嘉年华有异曲同工之妙。克莱斯勒虽然被迫抛售了西姆卡以筹措现金，但依然保留了在北美生产和销售这款小车的权利。1978 年，经过几次工程改进之后，克莱斯勒在美国和加拿大推出了西姆卡，并分别命名为道奇欧姆尼（ Omni ）和普利茅斯地平线(Horizon)，起价约 2 500 美元。

克莱斯勒终于把握住了“天时”。当 1979 年伊朗人质危机爆发时，汽油价格发生了 10 年内的第二次暴涨。来自通用汽车公司和福特的小型汽车依然采用后轮驱动设计方案。他们给人笨重和内部空间狭小的感觉，油耗表现也十分平庸。与之相反，欧姆尼和地平线的前轮驱动平台配备强劲的四缸发动机横向安装在前舱盖下，这不仅降低了车辆的重量、增加了空间，而且还提高了燃油经济性。这些车的百公里油耗约为 7.8 升。《汽车趋势》将年度汽车的荣誉称号颁给了克莱斯勒。风雨飘摇的小克莱斯勒竟神奇地在一个细分市场上超越了主要的竞争对手。

斯珀利奇采用了相同的汽车架构，即配备横向安装发动机的前轮驱动平台，开发了两款紧凑型轿车，道奇白羊座（Aries）和普利茅斯里莱恩特（Reliant）。克莱斯勒在 1981 年推出它们时还围绕其内部代号“K 型车”发动了一轮市场营销攻势。虽然它们的外形四四方方，和改装车风马牛不相及，但 K 型车却能够容纳一家 5 口人（虽然得挤作一团），在高速公路上的百公里油耗约为 7.8 升。相比被替代的车型，它们更省油，重量则“平均减少了令人咋舌的 454 千克”，《大众科学》写道。该杂志还补充说：“克莱斯勒的命运可能就依赖这条新产品线了。”克莱斯勒是幸运的，它第一年售出了超过 30 万辆 K 型车，就连斯珀利奇都大感意外。

K 型车的成功让斯珀利奇得以继续追求小型家用厢式货车的梦想。虽然亚科卡很喜欢这个想法，但是许多克莱斯勒的工程师都半信半疑。这也并不是没有理由的。数十年来，底特律的三巨头汽车公司在组织上都各自分成了两个独立的工程人员集团，一个是面向汽车的，一个是面向卡车的。它们是两种不同的产品，有不同类型的顾客。汽车是供个人使用的。卡车是以商业买家为目标的：承包商、农场主，以及需要拉货的公司。

精简版货车从未取得过成功。它们是不现实的东西，对于商用而言太小，对于送孩子去镇里学校上学的父母而言又太大太丑陋。但是，斯珀利奇构思了某种不一样的东西：一辆卡车模样，却基于汽车底盘制造的车。这款车因此而变得更轻便灵活，且易于驾驶。用猎鹰平台造出野马的人想要在 K 型车平台上制造出新的货车。

为了说服那些持怀疑态度的工程师，斯珀利奇写了一份内部备忘录，在K型车销量开始下降时发了出来。这份备忘录来自一家神秘的汽车公司的“总裁”，该公司只生产一种汽车，一种类似斯珀利奇构思的小型货车。这位总裁收到了来自工程团队的申请，他们想要制造一种新的、革命性的汽车，并取名为“轿车”。

总裁的备忘录对这一提议表示了质疑。他问道，工程师们为什么要将小厢货后端去掉，将其替换成某种叫作“旅行箱”的东西，这种车只能塞进几个行李箱，装不下任何人，甚至连狗都塞不进去。制造一辆功能性更差的汽车有什么意义？工程师为什么会认为顾客会购买这种“轿车”，而不是购买大到足以容纳任何东西，同时又小到能够停放在家用车库中的多功能的便捷小厢货呢？

这份备忘录锋芒毕露、充满激情且诙谐戏谑，正如斯珀利奇本人。但这也说得很对，这让克莱斯勒的工程师们把质疑放在一边。制造一辆看起来像是卡车，驾驶起来像是汽车的货车的项目以 T115 的代号静静地向前推进。

克莱斯勒也同时开始了它的求生之路，只不过是以更加公开的方式。1983 年 3 月 21 日，亚科卡登上了《时代周刊》封面，他的脸被贴在了一辆 K 型车的前格栅上。标题为“底特律的王者归来”。5 个月后，即 8 月 12 日，克莱斯勒全额偿还了政府担保的贷款，比贷款到期时间提前了 7 年。作为为贷款担保的回报，政府获得了认股权证。纳税人在这笔交易中获利了。

公司在纽约的华尔道夫酒店举行了庆祝活动，并邀请了全美的新闻媒体。在酒店的舞厅里，亚科卡站在一张 1.2 米 ×2.4 米偿还贷款的硕大复制支票前面让记者拍照。这就“好比站在国旗前的乔治·巴顿（George Patton）”，一位克莱斯勒的公关人员欣喜若狂地说道，令人想起了 1970 年电影《巴顿将军》（*Patton*）的首映礼。整个安排毫不掩饰地带着一种伤感，但两人的相似性却是毋庸置疑的：亚科卡在 5 年前被解雇，这与巴顿将军一样。乔治·巴顿在二战期间也曾一度潦倒。但如今，和这位气势雄浑的二战将军一样，亚科卡重出江湖带领着自己的团队取得了难以置信的胜利。而克莱斯勒也即将揭开一辆日后会占据美国高速公路的新车型的面纱。虽然这比不上在欧洲横冲直撞的巴顿坦克，但其油耗表现确实与众不同。

保姆车市场的霸主

1983 年 5 月的《人车志》封面很容易让人误以为这是一本《体育画报》。封面上有 5 个底特律活塞队的成员，这几个壮汉并排站在一辆即将在那一年秋季发布的新款克莱斯勒前面。这辆车的车头很短，乘客舱很大，一直延伸到车尾。用汽车的专业术语来说，这是“单厢”设计，而不是大部分汽车采用的标准的“三厢”配置，即发动机罩、座舱和后备厢。标题写着“四季厢货车”，文章中将其称为“小型厢式货车”。

“想象一辆货车，和市面上小一号的货车相比，其车身长度短约 8 厘米，宽度窄约 25 厘米，从路面到车顶的高度矮约 38 厘米，”杂志写道，“但是有足够大的空间容纳底特律活塞队员及其行李，还能像一辆普通汽车一样开进你的车库。”保姆车[①]配备了 2.2 升四缸发动机和五速变速器，在城市中百公里油耗可达 9.8 升，高速公路上约为 6.7 升。顾客可以购买略大一点儿的发动机和燃油经济性略低一些的自动变速器。但是，考虑到它所能承载的乘客数量和货物数量，保姆车的油耗还算不错。

之所以能取得这样的优势，是因为克莱斯勒采用了福特（至少在美国）所不具备的前轮驱动平台。“我们 15 年前就在福特研究这东西了，”当时已经成为克莱斯勒总裁的斯珀利奇接受采访时表示，“我们需要靠前轮驱动来降低高度并保持四方的形状。我们在福特无法获得成功，因为我们无法保证能收回成本。但在克莱斯勒，我们拥有前轮驱动，于是我们做到了。”

---

① 中国与这种车型类似的也称为保姆车，下文以此称呼。——编者注

保姆车的基础版具备两排座椅，可以容纳 5 人乘坐，价格大约在 9 000 美元。高配版，比如带有大号发动机、选配第三排座椅，以及花里胡哨的仿木质装饰车身等，售价则可达到 14 000 美元。它们打着普利茅斯捷龙（Voyager）和道奇凯领（Caravan）的名号销售，凯领的名字其实代表的就是“汽车（Car）和货车（Van）”。

这些汽车并非完美无缺。在载满了孩子和所有随行的装备后，小型四缸发动机就几乎无法攀爬宾夕法尼亚州的小山坡了，更不要提什么科罗拉多山。尽管你可以拆除选配的第 3 排座椅来增加额外的储物空间，但这样做就跟拔掉疼痛的智齿一样意义不大。

它们在质量上也有一些小毛病，例如车身侧面的滑门很容易卡住。在生产货车的安大略省温莎工厂里举行的重要庆祝活动上，亚科卡驾驶着第一辆保姆车，载着各行各业的达官显贵离开组装线，这些人包括政府官员、工会管理者和公司执行官。当第二排的权贵人士想要爬出这辆货车时，滑门一动不动，于是他们只能尝试用力将其拉开，而围观的记者忍不住偷偷笑了起来。一位克莱斯勒的公关人员感到了危机，急忙站出来说这是货车的儿童保护锁功能出了问题。实际上，克莱斯勒的保姆车根本就没有儿童保护锁，只不过记者都还不知道罢了。过了一会儿，车门终于打开了，克莱斯勒公司成功解除了一场公关灾难。

但是，保姆车的优点要远远多于缺点。它们不仅宽敞、经济，而且提供了一个比较合适的座位高度，让身材矮小的人，尤其是女性，也能在第一时间看清路况。它们提供了足够容纳三四个小孩各顾各玩耍的空间，就好像小的非军事区一样。后排座的孩子们保持难得的清静可以让前排的父母保持头脑清晰。许多保姆车买主之前从未买过克莱斯勒的车。克莱斯勒的客户大部分都是由“坐着喝酒的人”① 组成的。但是保姆车的买主却往往是三四十岁的年轻职场人士。

《人车志》预言捷龙和凯领将会大卖。杂志猜得没错，有的买家不得不等上

① Joe Six-packs，这个词是克莱斯勒主管们的称呼方法，意思是超过 30 岁的蓝领工人。

好几周或者几个月的时间才能得到自己的保姆车。供应量的短缺使得部分经销商开始哄抬售价。该杂志还预测保姆车将会大幅提升克莱斯勒公司的财务价值，这一点它也猜对了。1984 年 2 月，在保姆车首次亮相的 5 个月后，克莱斯勒公司时隔 5 年终于再度为股东分发红利。1986 年 2 月，其股价已经疯涨到了每股 48 美元以上，相比 1980 年的黑暗时期增长了 1 500%。

保姆车成了公司利润的引领者，原因就是斯珀利奇通过利用原有 K 型车平台降低了开发成本。虽然所有的汽车平台随着风格和技术的变化都会变得过时，但 K 型车的底盘依然占据着主要地位。他又玩起了野马的那一套伎俩，只不过不会有人把保姆车叫作“万人迷”罢了。

克莱斯勒的保姆车戳中了福特汽车公司、通用汽车公司和日本汽车公司的盲点。尽管底特律两家公司抓紧时间推出了自己的保姆车，即福特宇宙星（Aerostar）和雪佛兰阿斯特罗（Astro），但是两者都只是公司里全尺寸后轮驱动货车的精简版本而已。它们显得迟钝且局促，驾驶起来就像是笨重的卡车一样，尤其是在进出停车位时，这一切都在斯珀利奇的预料之中。

几年后，通用汽车公司姗姗来迟地推出了一款名为雪佛兰罗米娜（Lumina）的前轮驱动保姆车。但它并没有像其名字一样光鲜照人。这辆车车身臃肿，车头还有一个拉长的鼻子，看起来就像是“塑料的厚皮动物”一样，一位克莱斯勒的高管肆意嘲笑说。几年后，通用汽车公司给这款厢式货车的鼻子做了个整容手术，改进了外观，但依然没什么成效。

与此同时，丰田汽车公司的第一辆保姆车是个名为普瑞维亚（Previa）的卵形物体，其发动机位于前排座位下方。发动机所选择的位置导致底盘要被抬高，身材矮小的人必须攀爬着才能进入车内，这对女性而言不是太友好。普瑞维亚是丰田少有的失败作品。保姆车的秘密并不是外观，而是易于驾驶和实用功能。克莱斯勒的高管非常惊讶地看着那些规模更大的竞争对手一次又一次错失目标。

在整个20世纪八九十年代的大部分时间里，克莱斯勒公司都是保姆车市场的霸主，它还先后成立了第二、第三家工厂来生产这种革命性的新型汽车。斯珀利奇还曾经提议制造一种更小的汽车，叫小保姆车，但由于原版保姆车的销路实在太好，以至于克莱斯勒公司认为没有这个必要。斯珀利奇于1988年退休，在简历上留下了野马和保姆车这两笔辉煌的印记。创造出任何一款车型都值得称赞，创造出两款车型真可谓是惊人的壮举。

亚科卡和斯珀利奇虽然都不是婴儿潮一代，但他们却两次在关键时刻为美国历史上人口数量最庞大的一代人量身定做了最适合的汽车。野马为刚到法定驾车年龄的年轻人带来了刺激，而保姆车则在他们拥有孩子时提供了舒适的实用性。但保姆车很快就做出了野马从未做出的成就。在20世纪的最后10年里，它成为一股强大政治力量的象征。

政治力量符号

1991年年末，来自堪萨斯州欧弗兰帕克的富人区的家庭主妇玛尔塔·布塞尔（Marta Buser）在《堪萨斯城明星报》（*Kansas City Star*）上讲述了自己第一次在家里的保姆车上为孩子做饭的经历。那天是个教学日，她下午4点到5点指导女儿足球训练，之后她还必须送儿子去参加下午5点到6点半的足球课。在路上，她拿出了花生酱、果冻、面包、土豆片、苹果和橘子，让孩子们在路上吃饭。尽管不是红烩牛膝配炖芦笋尖，但孩子们可能更喜欢这样的晚餐。之后他们还会经常在家用的保姆车里吃饭。“我的孩子们在车里吃饭，在车里换衣服，在车里做作业。”布塞尔解释道。假设他们在旅行车里做同样的事情，一定会挤来挤去，花生酱和果冻会在汽车座椅上涂抹得到处都是。

在20世纪90年代初期，美国各地都出现了类似的场景，许多家庭也养成了各自具体而独特的使用保姆车的习惯。在底特律这个保姆车的起源地，一位克莱斯勒公司律师的妻子埃德里·鲁滨逊（Edrie Robinson）在十几年的时间里一直开着各种各样的保姆车接送 4 个孩子上下学、看医生和参加足球比赛。当然了，她开的都是克莱斯勒的保姆车。20 世纪 90 年代，保姆车有了更多的版本，配备了大型 V6 发动机、皮革座椅，以及按一下按钮就能开合的滑动车门。

鲁滨逊的孩子们在保姆车中的座位安排是根据年龄顺序排列的。年纪大的孩子能够选择第二排的“队长位”，而年纪小的只能被发配到后面第三排的长座椅上。不过，几年后，年纪小的就很不服气。于是孩子们就为了谁能坐在队长位上而发生不断的争辩和偶尔的打闹。

鲁滨逊家名叫“左撇子”的黄色拉布拉多猎犬也是他们家保姆车里的重要角色。它虽然平时坐在第二排的地板上，但当鲁滨逊出去加油的时候，“左撇子”会跳到驾驶位上去。孩子们喜欢用安全带把“左撇子”绑在座位里，然后把它的爪子搭在方向盘上。当收银员询问鲁滨逊哪一辆车是她的时，她就会耸耸肩回答说：“那边，驾驶座上有条狗的那辆。”当孩子们（而不是狗）到了驾车年龄的时候，他们就继承了母亲的保姆车。其中一个男孩还给这辆保姆车粉饰一新，内部加上了浅绿色的灯光，在前挡泥板上贴了火焰贴纸，还换上了“MAN VAN”（意为男人的保姆车）的牌号。埃德里・鲁滨逊觉得这看起来像是在郊区拉皮条的车，于是再也不愿碰它了。她又重新开起了普通轿车。

1995 年，一位丹佛女士举着印有“市议会的足球妈妈”的标语到当地政府竞选。在她当选后，政治顾问就牢牢抓住了这一概念。全美类似埃德里・鲁滨逊这样的女性都被贴上了“足球妈妈”的标签，而保姆车也被称作“妈咪车”。这种说法给克莱斯勒带来了一定程度的营销困境。公司高管并不希望人们以为保姆车是仅限于女性的车型。事实上，许多美国男性也都开保姆车。但是克莱斯勒公司也希望能在市场宣传中将保姆车塑造成照看活泼孩子的母亲所需要的理想汽车。这种微妙的平衡随时都有可能被颠覆。该公司曾一度策划拍摄一则电视广告，呈现出一辆胚胎状的保姆车在母亲的子宫内成长。不过，这则广告在播出之前被比较有头脑的高管拦了下来。胚胎状保姆车广告片流产了。

20 世纪 90 年代中期，驾驶保姆车的足球妈妈们正在成为美国政治界的一股不容忽视的力量。至少在那些自诩为潮流定义者的国家政治专家的眼中是这样的。于是，足球妈妈的精神和心理成了各方分析研究的目标，那些政治顾问还装模作样地弄出许多可笑的分析结论，来解释那些再明显不过的事情。

他们的研究结论是：足球妈妈是婴儿潮一代的女性，往往受过良好的教育，放弃了刚刚起步的职业生涯而成为全职的家庭主妇。在这一过程中，全职妈妈在这个越来越崇拜职业女性的社会中努力寻求满足和尊重，所以加入少年联盟就不足为奇了。她们不得不全力应付孩子们繁忙的日程安排，并与长时间在外且经常跟职业女性在一起工作的丈夫保持联系。这些母亲还必须投入大量精力管理好孩子们的成长，一如她们当年对待自己的事业一样。足球只是无数项目中的一个，它成了郊区白人小孩的运动，与蓝领家庭孩子的棒球少年联盟及市内的黑人孩子喜爱玩的篮球运动泾渭分明。

在大部分人看来，足球妈妈都有中左翼的倾向，尤其是在社会问题方面。政治顾问和新闻导向专家开始建议竞选者想方设法吸引这一群体。典型的建议是这样的：虽然反对全球变暖，但也不威胁任何人驾驶长款保姆车的权利。支持增加学校的经费，但不支持提高税收。宽容对待堕胎，但又对此表示个人的担忧。最重要的是，不要对任何事情过于针锋相对，以免冒犯错综复杂的敏感的郊区人群。由于美国的城市地区和农村地区支持不同的党派，所以政客们总结发现，市郊地区的母亲手上摇摆不定的选票将会决定 1996 年的总统大选。《纽约时报》派了一位记者采访帕萨迪纳的一位足球妈妈，因为“她和她的保姆车派是政治上的大红人”，《时代周刊》刊文解释道。其中一些妈妈对自己这个团体的政治影响力并不知情。“我必须回家把速冻食品先拿出来，到时候做晚饭要用，”一位忙碌的市郊家庭主妇在《旧金山纪事报》（*San Francisco Chronicle*）上表示，“我成天忙着去看足球比赛，都不知道自己能真正成为什么政治力量。”她和其他跟她一样的人其实都是这样认为的。投票后的民调显示，在 1996 年的总统竞选中，比尔·克林顿赢得了大部分足球妈妈的选票。这是权威意见的胜利。

尽管足球妈妈是一股强大的集体政治力量，但女性往往讨厌这个称呼。许多人都觉得这里头带有陈腐平庸、乏味无趣的意味，好像她们只知道盲目地给孩子安排过多的任务和施加太大的压力，却丧失了自己的精神生活。这种观念是非常普遍的。在缅因州，一个经常用家里的保姆车接送朋友往返学校参加活动的高中女生告诉爸爸说，她不想再经常这么做了。“我还年轻，不想当足球妈妈。”她解释说。

真正的足球妈妈在许多方面都跟人们的刻板印象截然相反。有的人会在保险杠上贴“我开的是保姆车，但我在派对上也能成为摇滚明星！”的贴纸。一个名叫劳蕾尔·史密斯（Laurel Smith）的路易斯安那州母亲有三个孩子。这位资深保姆车司机创办了一家名为“妈妈的保姆车”（MomsMinivan.com）的网站。她提出了各种各样开发使用新式保姆车功能的想法，并且年复一年层出不穷。史密斯称赞 DVD 播放器的下拉式视频屏幕，方便孩子们在后排看电影。她喜欢能够轻松折叠到地板里头从而腾出额外的储物空间的第三排座椅；她也喜欢能够在后排支起便携式游戏室或餐厅使用的小桌子。她开始使用这个网站推荐一些面向孩子的汽车游戏（如“如何抓虱子”）和家庭旅行产品。最受欢迎的是名为牦牛包（Yak Pack）的呕吐清理套件，包括晕车袋、空气清新剂和抗菌纸巾。妈妈的小保姆车网站后来发展成了一家公司，得到了广告和产品的赞助支持。

2001 年，一位女子为她那辆里程数达到 18 万公里、坐垫当中还有一根陈年老薯条的道奇凯领出版了一本书，名为《我的修道院是一辆小保姆车》（*My Monastery Is a Minivan*）。“那些依然幻想自己脚蹬摩托靴，耳听吉米·亨德里克斯（Jimi Hendrix）的妈妈……嘲笑我们这些开邋遢妈咪车的人，”作者丹尼丝·罗伊（Denise Roy）写道，“这类妈妈都只会驾驶有茶色玻璃的大型 SUV，让外面的人看不到里面的孩子，假装自己还是单身的性感女郎。她们的心思我还不知道吗？”这应该是人尽皆知的事情了吧。

在 80 岁之前，斯珀利奇依然热衷于驾驶保姆车。他喜欢提醒别人，保姆车在实用性和便捷性方面仍旧是无可匹敌的。虽然这话没错，但这也同样是个问题。即使是在保姆车大爆发的那几年，也就是在20世纪八九十年代，许多美国人都还是喜欢自我炫耀，而不是在孩子们的足球比赛中露面。那些想要展现自己的老练和成功的青年需要另一辆车来满足他们的需求。他们找到了适合的选择。

克莱斯勒小货车

时间 1984年

特点 宽敞而经济，前轮驱动平台，四缸发动机

定位 职场人士

背景 美国人口数量最庞大的婴儿潮一代拥有了自己的孩子，他们需要更大容量的家庭用车

影响

1. 引导美国人对汽车偏好从时尚到朴素的转变
2. 对婴儿潮一代人的生活方式起决定性作用，他们从街道涂鸦者转变为幼儿园刷墙者。

第10章　宝马3系，雅皮士和芝麻菜的崛起

他们来了，身穿价值800美元的光鲜亮丽的运动夹克……“宝马牛仔”都来这里吃芝麻菜。

——《洛杉矶时报》

20世纪八九十年代“足球妈妈”并不是唯一以其汽车作为标签的美国群体，除此之外还有“雅皮士”。“雅皮士”这个词指的是“年轻的都市职业人士”，是在商业、金融、医药、法律等行业拥有高薪职位的新一代成年人。

20世纪80年代，许多雅皮士都在结婚后的前几年享受着挥霍无度的生活方式，因为他们都是丁克一族，其家庭拥有两份收入，没有孩子。随着时间的流

逝，其中一方会牺牲自己的事业（通常是女方）来管理家庭，于是一些消费自由的丁克族就变成了兰花族（ORCHIDS）：家庭中有了一个刚出生的孩子，以及一些令人头疼的负债。兰花族有时还会转变成情景喜剧族（SITCOM）：家中只有一份收入，却有两个孩子，就会感觉生活比较压抑。这就是当时社会上流行的这些大写字母词的具体意思。

雅皮士不仅因年龄和职业而与众不同，而且也是别具一格的购物狂，就好比鲨鱼必须不停地游动才能呼吸一样。他们不能只买普通的东西。他们是一群躁动不安、富有创造力的物质主义的代表，他们不断搜索，总是寻找最独特和最昂贵的产品。他们喜欢两美元的德芙雪糕，而非 50 美分的爱斯基摩派雪糕；他们喝的是铁锚蒸汽啤酒，而非百威啤酒；他们选择麦卡伦单一麦芽威士忌，而非珍宝威士忌；选择卡蒙贝尔奶酪，而非考考纳奶酪；选择飞人乔丹运动鞋而非普通运动鞋；选择星巴克而非邓肯甜甜圈；选择巴黎水和圣培露矿泉水而非自来水。诸如此类，数不胜数。仿佛只要凡事都选择高档产品，他们就跟愚昧、无知、肮脏之人划清了界限，并且引以为豪。

20 世纪 80 年代末，在密歇根州安阿伯，4 个年轻朋友趁着夜色出去喝啤酒。几轮过后，雅皮士的自豪感显露出来，其中的一个软件开发者不假思索地说道："听着，我每天早上起来，会穿上法国裁缝做的西装，开着宝马车去做与高科技相关的工作。现在，我问你们，我跟你们这些人有什么共同之处？"事实上，在这句话脱口而出之后，这两类人就没什么共同点了。

仅凭昂贵这一点并不足以使其成为雅皮士渴望的目标，还必须贵在点子上。雅皮士需要和父母拥有不同的东西。拿汽车为例，当雅皮士们还小的时候，他们父母的梦想是拥有一辆凯迪拉克。但是，拥有乙烯基车顶和拉丝轮毂的凯迪拉克是最让雅皮士抓狂的事情之一。"购买宝马的那类人宁愿被强迫吃维维塔奶酪[①]

---

① 维维塔奶酪经常用于烤蔬菜或通心粉，但由于它不是纯奶酪，而是高度加工的食品，出于健康考虑不建议多吃。——编者注

也不愿驾驶凯迪拉克。”1987 年《洛杉矶时报》在关于“20 世纪 80 年代新身份追求者”的报道中指出。

雅皮士的装备必须有普通大众并不了解，但得到行家里手认可的特别之处，不管是实际存在的还是想象的。1987 年，《商业周刊》报道了高价宠物食品销量的超强爆发力。许多雅皮士都用名为爱莫尔（Amoré）和珍致（Fancy Feast）的昂贵美食宠爱他们的猫咪（毫无疑问，都是喜马拉雅猫或者孟加拉豹猫），而不是臭烘烘的普瑞纳妙多乐（Purina Cat Chow）。“你对宝马迷可能就是这样的印象吧。”该杂志解释道。

虽然宝马的形象制作人对这种产品描述不满，但这就像是对着吉露果冻（Jell-O）（和维维塔奶酪一样，这也是入不得雅皮士金口的玩意儿）戳洞一样毫无用处。那么，如果有一些雅皮士喜欢萨博（Saab）、沃尔沃（Volvo）和梅赛德斯 - 奔驰怎么办呢？没有什么能像宝马一样为 20 世纪八九十年代的这些年轻富翁代言了。当时有句玩笑话说的是，每撞上一辆宝马就意味着“一个雅皮士死于车祸”。1985 年，一群旧金山年轻人推出了“雅皮士沙龙舞会”，他们在未经许可的情况下公开使用了宝马的标识 BMW，并宣称这三个字母代表的是“美丽、金钱、财富”。他们对男士的着装建议是黑色领带配耐克鞋。

雅皮士这种做作的行为被《纽约时报》专栏作家戴维 · 布鲁克斯（David Brooks）冠上了“布尔乔亚和波希米亚族”（bourgeois bohemians）的帽子。他将这种叫法简化为“布波族”（Bobos）。他们已经掌握了成为抵挡精英的矛盾艺术，通过某种方式将主流文化与嬉皮文化、教堂圣歌与垃圾摇滚这些看似不可调和的世界糅合起来，形成新的美国基调。一个中西部的雅皮士特别喜爱这个称呼，甚至给自己的狗也取名叫布波（这是一条腊肠狗，和宝马一样源自德国血统）。

“布波族并不需要华而不实的财富来彰显奢侈的身份，”布鲁克斯写道，“那样会让他们看起来像是在故意显摆。他们想要那些大众未曾发现的、能够让生活更加便捷或不凡的稀有玩意儿……没有人会喜欢在吃饭的时候谈论钻石项链。”

对于这样的人而言，宝马就是完美的汽车。它们没有铬合金，没有尾鳍，也没有其他艳俗的装饰物，它们有的是高性能的工程设计。这让宝马相当于汽车界的高性能服饰，好比支撑足弓、加固脚踝的登山靴或者吸湿排汗去异味的内衣。实用性的奢华是宝马3系（BMW 3 Series）的标志。之所以取这个名字，是因为这一系列的不同车型都是建立在相同底盘上的，只不过配备了不同的发动机和车身风格：双座小轿车、轿车、敞篷车，甚至还有运动型的小旅行车。

数十年来，宝马3系都是宝马汽车公司在美国的产品线中最小通常也最便宜的车型，因此对于新近出现的雅皮士而言是最经济实惠的。宝马带来的是“含蓄的专属”，公司的市场营销主管常常这样说，语气中没有一丝一毫的讽刺意味。从这个角度来看，这些汽车就像填满Bimmer（宝马的一个昵称）最符合人体工学座椅上的150美元的名牌牛仔裤。

尽管巴伐利亚发动机制造厂（Bayerische Motoren Werke）的老板们对这些潮流忐忑不安，但雅皮士的形象并没有给美国的宝马带来任何明显的损害。从1970年到1986年，宝马在美国的销量增长了10倍，从区区9 800辆提高到将近9.7万辆。在此之后，销量继续增长。

尽管宝马布波族车主比较做作，但这些汽车本身的确非常出色，至少从20世纪60年代末开始就是这样的。其奢华的实用性特征包括体积小但运转平稳、高速的发动机、异常精准的转向系统，紧贴地面的悬架带来一种顺畅驾车体验，只不过屁股感觉有点儿颠簸。宝马与底特律华而不实的别克、凯迪拉克和林肯（Lincoln）截然相反，那些汽车在转弯时就像踩滑板的海象一样摇摇晃晃。就连宝马粉丝眼中的竞争对手梅赛德斯-奔驰，也都感觉那些过分看重车头装饰而忽视车辆性能，不靠谱的外行制造了许多超重的车子。

宝马汽车公司的发展历程并不像其为汽车提供发动机那样平顺。宝马成立于第一次世界大战时期，当时是为德皇威廉二世（Kaiser Wilhelm）的战争机器生产飞机发动机的。20世纪20年代宝马改行开始制造摩托车，20世纪30年代才开始生产汽车。在 20 世纪 50 年代末期，宝马差点儿破产。

20 世纪 60 年代初期宝马汽车公司才步入平稳期，这都多亏了两位深居简出的德国同父异母兄弟的出手相助。其中一人近乎失明，根本就不能开车。另一个则是臭名昭著的约瑟夫 · 戈培尔（Joseph Goebbels）的继子。当时谁也没想到，过了仅仅 20 年，宝马就成为美国年轻精英最喜爱的个人交通工具，其中一些人还在保险杠上贴着彰显雅皮士风格的信条“死时拥有最多玩具的是赢家”，毫不忌讳地表达对宝马的喜爱。

独具慧眼的匡特兄弟

宝马汽车公司官方将其公司诞生日定于 1916 年 3 月 7 日，那是巴伐利亚飞机制造厂在慕尼黑成立的日子。1917 年，公司就采用了“圆形”商标，那是一个带有鲜明的蓝色和白色四等分板面圆圈。尽管这个图案其实是按照巴伐利亚的州旗设计的，但数十年来大家都认为这个商标描绘了这样一幅图景：一架带有白色螺旋桨的飞机在蓝色天空翱翔。不过，不论哪种解释，都比一个巴伐利亚人瞪大蓝色双眼从啤酒店里朝外张望这种说法要吸引人。

在一战期间，巴伐利亚飞机制造厂生意兴隆。该公司的发动机以其在高海拔地区出色的安全可靠性而闻名，当红男爵（Red Baron）① 无论何时与英军复翼飞机混战时都是如此。但是在战争结束后，飞机发动机的需求锐减。战胜国对德国的飞机产品实施了严格的限制。

这样的情况在 1922 年画上了句号，当时一家名叫宝马的新公司收购了巴伐利亚飞机制造厂用来生产摩托车。该公司自行设计的第一辆摩托车，即轻便而敏捷的 R32，于 1923 年推向市场。仅仅过了 6 年时间，1929 年一辆宝马摩托创下

① 指第一次世界大战德国飞行员曼弗雷德 · 里希特霍芬（Manfred Richthofen）。——编者注

了每小时 216 公里的摩托车速度世界纪录。追求高速度从很早就是宝马精神的一部分。

宝马汽车公司在 1928 年推出的第一辆汽车是贴牌的奥斯汀 7 型车（Austin Seven），是一家英国汽车制造商授权许可生产的，并以宝马 3/15 的名字在德国销售。20 世纪 30 年代初期，宝马开始制造自己的汽车，经过逐渐改进，以性能为导向的小型汽车诞生了。1940 年，一辆宝马 328 伯林尼塔（Berlinetta）在大名鼎鼎的意大利开放公路的"一千英里耐力赛"（Mille Miglia）中获胜，终结了阿尔法·罗密欧（Alfa Romeo）多年来的霸主地位。二战爆发时，比赛的组织者暂停了一千英里耐力赛的筹办，而宝马汽车生产也停止了。公司追本溯源，又做起了军用飞机发动机，包括第一批参与空战的喷气式发动机。幸运的是，它们还没来得及上战场，希特勒的德意志帝国就完蛋了。

宝马汽车公司在二战期间的历史并不光鲜。随着德国伤亡人数的增加和劳动力的稀缺，战俘、集中营的犯人、犹太人和其他人到宝马公司的工厂里干活。奴役劳工的问题一直纠缠了宝马汽车公司几十年，直到它联合包括大众汽车公司、戴姆勒－奔驰汽车公司在内的其他德国公司一起向受害者及其家属赔款时，这些问题才有所缓解。

二战后，宝马汽车公司失去了在爱森纳赫的工厂，因为它的位置在苏联占领区。当这家工厂恢复汽车生产时，把公司名称改成了爱森纳赫汽车厂（Eisenach Motor Works），因而制造出来的汽车都是 EMW。德国人还管它们叫 minderwertig，意为伪劣商品，因为事实就是如此。虽然宝马汽车公司的另一座工厂位于美国占领区的慕尼黑，但是被炮弹炸得满目疮痍。于是这家工厂就开始制造锅碗瓢盆、铲子和自行车。尽管这些东西都跟"美丽、金钱、财富"沾不上边，但是好歹能坚持下去。宝马在 1947 年恢复了摩托车的生产，并很快开始了二战后第一辆汽车的制造。

遗憾的是，这些汽车生不逢时。一开始的宝马 501 是一款笨拙的、动力不足的庞然大物，相当于当时底特律的陆上驳船的德国版。但二战刚结束，为数不多能够买得起车的德国人也只能买小型车。公司在混乱中摸索了好几年，直到1954 年才终于做出了一次战略上的改变。宝马汽车公司从一家意大利公司那里得到授权，制造一款名叫依赛塔（Isetta）的鼻子扁扁的“泡泡车”。这辆车只有一个开在前面的车门，司机和乘客都得挤在唯一的一个座位上。上这辆车的时候就像是从普通汽车的挡风玻璃中钻进去一样。7 千瓦的发动机功率还不到大众甲壳虫的一半，而且这辆车看起来就像是动画片里的虚构产物。

几年后，宝马汽车公司推出了一款自行设计的小型车。它的模样就像是被拉长了的依赛塔。尽管销量有所提高，但利润却不见起色，原因是管理成本把利润耗尽了，以至宝马在 1959 年破产时，公司的主要债权人希望让梅赛德斯汽车的制造商戴姆勒－奔驰收购宝马。戴姆勒不仅是德国顶尖的汽车公司，也是这个国家所有行业的公司中最负盛名的一家。然而，在完成这宗交易之前，几个宝马汽车公司的股东成功地阻止了这个计划。宝马获得了新的资金，其中包括来自那对同父异母兄弟股东赫伯特·匡特（Herbert Quandt）和哈拉尔德·匡特（Harald Quandt）的大量额外投资。他们家族的历史比宝马的测试车道都更为曲折。

赫伯特患有先天残疾，视力不佳。他于 1910 年出生，父亲是工业家冈瑟·匡特（Günther Quandt），母亲是安东妮（Antonie）。1918 年，在赫伯特 8 岁时，他的母亲因流感去世。1921 年，冈瑟娶了一个名叫玛格达的金发蓝眼美女，当时她才 17 岁，只有冈瑟年龄的一半。婚后不到一年，玛格达就生下了哈拉尔德。但是在 8 年后的 1929 年，冈瑟和玛格达又离婚了。

1931 年，玛格达再婚，这一次她嫁给了德国政治界崛起的新星约瑟夫·戈培尔。戈培尔的老板是该党领导人阿道夫·希特勒，在戈培尔与玛格达成婚时赫伯特也曾到场祝贺。于是，10 岁大的哈拉尔德·匡特就成了戈培尔的继子，先是加入希特勒青年团，然后加入德国空军，一切都像是命中注定。

在 20 世纪 30 年代，戈培尔和玛格达这对夫妇一共生下 6 个孩子，今天我们还能在互联网上找到这个特别的家庭在1942年拍摄的影片，拍摄者多半是戈培尔手下的宣传人员。但是，这家人的家庭生活并不像画面中那样完美。除了戈培尔到处拈花惹草之外，据说玛格达也数次红杏出墙，让她头疼的是，她的继父理查德·弗里德兰德（Richard Friedländer）是个犹太人。根据各方面的记述，弗里德兰德为这个家庭，包括他的继女，倾尽了全部。但他最终在集中营中失去了联系，丝毫没有得到"第三帝国第一夫人"的任何帮助。

1945年4月，当俄军迫近柏林时，戈培尔夫妇拖家带口地躲入了希特勒的地堡。哈拉尔德当时正被困在盟军的战俘营中。4月28日，玛格达给哈拉尔德写了一封告别信，估计当时她并不知道儿子的行踪。"我们只剩下一个目标：忠于元首，死亦不休。"她在信里写道。5月1日，约瑟夫和玛格达下药毒死了6个年轻的孩子，然后双双自杀身亡。

赫伯特和哈拉尔德的父亲冈瑟·匡特在战争中活了下来。通过向希特勒政权提供军火、电池和其他战争物资，冈瑟建立了一个工业集团。数年之后，坊间流传一些关于在匡特工厂工作的囚犯受到虐待，下班后被守卫用鞭子抽打，或者被凶恶的狼狗追逐的故事。虽然盟军于1946年逮捕了冈瑟·匡特，但是他在两年后就摆脱了所有指控并安然出狱，于1954年去世。冈瑟将自己的工业帝国留给了赫伯特和哈拉尔德管理，其中就包括宝马和戴姆勒－奔驰的大量股份。在这种情况下，这对同父异母兄弟自然应该会支持戴姆勒在1959年收购奄奄一息的宝马汽车公司。然而一想到可以有机会亲自控制一家汽车公司，他们就阻止了这场交易。经过后续种种在公司和法律上的操作后，宝马汽车公司继续保持着独立。匡特兄弟开始买入更多的宝马股份，到了1960年秋天，他们已经获得了大部分的股权。

赫伯特和哈拉尔德并不喜欢在公开场合抛头露面，鉴于这个家族的历史，这一点是很容易理解的，而且他们的后裔也继承了这一风格。但是两兄弟的决心和资金投入拯救了宝马汽车公司，使宝马避免了几乎成为定局的死亡。这家公司随后恰逢其时推出的汽车引领了美国富裕青年的生活方式。

非主流小型汽车公司

尽管近乎失明，但赫伯特·匡特却对宝马汽车公司独具慧眼。他想要让公司回到二战前的状况，即制造技术先进的、小型的、运动型的汽车。但他的视力实在太差，以至于只能用手摸索，感受新车的形状和线条，来猜想它的设计样式。为了理解引擎盖下面的机械原理，赫伯特还会向公司的工程师请教。

虽然赫伯特在宝马汽车公司的活跃程度要比哈拉尔德高，但是兄弟俩都信心十足地在财务上支持宝马 1500 新车型的开发，并让它在 1961 年秋天的法兰克福汽车展上闪亮登场。这款新车采用了朴实无华的“三厢”设计：近似方形的车头和四四方方的车尾，加上被夹在当中的同样四四方方的四门乘客座舱。在朴实的外表下面，是一台运行顺畅的 1.5 升四缸发动机，并配有顶部凸轮轴，其活塞运动的控制精度能击败底特律旧版推杆的设计方案。凸轮轴为这款轻巧的车型提供了令人惊讶的强劲动能。宝马 1500 拥有独立的后悬挂和碟式刹车，这在当时的美国汽车当中算得上是非常稀有的高端配置。这款车在工程上是按照德国高速公路的需求设计的，在那里唯一的限速就是司机自己的胆量。

宝马 1500 一炮而红。在两年时间内，它就让宝马惨不忍睹的财务状况焕发新生，并产生了一定的现金流，使宝马汽车公司能够开发一系列后续车型。宝马 1600-2 于 1966 年 3 月登场，之所以起这个名字，是因为其发动机的排量是 1.6 升（1 600 毫升），而非 1.5 升；车门数量是两扇，而非 4 扇。在宝马汽车命名上似乎看不到其工程创造的影子。

不过，尽管刚取得了成功，宝马在德国国内依然活在梅赛德斯－奔驰的巨大阴影之下，在海外更是几乎无人知晓。1967 年，公司在美国只卖出不到 3 700 辆，而梅赛德斯的销量有将近 2.7 万辆，但至少赫伯特·匡特的回归战略已经初见成效。1968 年伴随着双门 2 升发动机的新款车型宝马 2002 的推出，再一次证明了他的正确。

宝马 2002 是在美国肌肉车时代的高潮时期诞生的，当时的青少年都开着庞蒂亚克 GTO 和火鸟四处兜风，炫耀着华丽的造型、轰鸣的排气管和 224 千瓦以上的发动机。《汽车潮流》、《道路与行车》和《人车志》等汽车爱好者杂志鼓励大量使用大马力 V8s 发动机。因此，当《人车志》的编辑小戴维·戴维斯（David Davis Jr.）对肌肉车加以讽刺，并大肆赞扬一辆仅配备四缸发动机，只抵得上美国肌肉车一半马力的汽车时，大家都震惊了。

在他的题为《将你的赞美留给宝马 2002》（*Turn Your Hynnals to 2002*）的评测中，戴维斯写道："在郊区，每个小男孩都会要求他们的爸爸购买将转速表装在水平式仪表上、功率足以点亮整个西雅图城区的火鸟，但丝毫没有意识到，有了宝马，他们就能跟更多的小伙伴一起更舒服地在车里轻松便捷地刹车和转向，并得到高出 29 倍的燃油里程数。"尽管肌肉车依然在美国公路上称王称霸，但戴维斯的评测还是立刻带来了一些影响。宝马 2002 收获了为数不多但忠实的追随者，开始在美国扬眉吐气。

公司在宝马 2002 上的成功是运气使然，戴维斯的称赞并不是唯一的原因。他们原本想要出口宝马 1600，这基本上就是在德国销售的相同车型，但是其发动机无法满足美国的空气污染标准。宝马工程师就给宝马 1600 换了一台稍微大一点的 2 升发动机，从而创造出了宝马 2002。虽然这是个备用计划，但成功了。

没人在乎其 85 千瓦的发动机只能勉强提供美国肌肉车三分之一的功率。这款车质量轻、结构紧凑，使用起来灵活、敏捷、迅速。其四速手动变速器挂在二挡的时候就能让车子时速达到每小时 96 公里，而大部分美国车跑到时速 48 公里时就已经气喘吁吁着要换挡了。宝马 2002 的高转速发动机虽然在原地出发的时候并不是特别快，但能毫不费力地加速到每小时 160 公里，并给人一种能永远加速下去的感觉。其售价仅为 2 850 美元，比起 GTO 便宜了整整几百美元。没错，曾经有这么一段时间，买得起宝马的美国人不一定买得起庞蒂亚克。

随着宝马 2002 人气的逐渐上涨，宝马汽车公司的未来被再一次改写。1967

年，哈拉尔德·匡特在意大利的一次坠机事故中丧生，结束了短暂而悲剧的一生。他的去世让赫伯特成为匡特家族和宝马汽车公司的唯一元老。1970 年，赫伯特推举埃伯哈德 · 冯 · 库恩海姆（Eberhard von Kuenheim）成为公司的新任首席执行官。这样的选择让人们大跌眼镜。

冯 · 库恩海姆 1928 年出生于一个德国东普鲁士（German East Prussia）贵族家庭，现在这片东普鲁士地区属于波兰。他的童年生活是一段悲剧。父亲在他小时候就去世了，母亲也在二战结束后离开人间。但是和许多其他生活在东普鲁士的德国小孩不同，少年冯 · 库恩海姆在 1945 年年初就被送到了德国。在德国，他学习了机械工程学，并在一家机床公司工作了十多年。1965 年，赫伯特 · 匡特雇用他为匡特公司技术问题上的战略顾问。3 年后，他又要求冯 · 库恩海姆管理一家匡特家族旗下的奄奄一息的机床制造厂。冯 · 库恩海姆只用了两年时间就让这家公司起死回生。

这场危机救援给赫伯特留下了深刻的印象。1970 年 1 月赫伯特任命这个毫无汽车从业经验的年轻人担任宝马汽车公司的新领导。虽然与 10 年前的悲惨境遇已今非昔比，宝马在步入 20 世纪 70 年代时已经有了良好的财务状况，但冯·库恩海姆依然面临着严峻的挑战。尽管进步喜人，但宝马依然是一家专注于制造的面向小众群体的非主流的小型汽车公司。它被笼罩在规模更大、产品线更宽的梅赛德斯 - 奔驰的阴影之下。在当时看来，这两家公司能成为并驾齐驱的竞争对手简直是痴人说梦。

新任首席执行官发现，宝马拥有强大的技术竞争力，但由于严重的战略失误而白白浪费了这些优势。在许多缺点之中，有一项就是缺乏全球范围的销售组织。“我们是非常狭隘的，”冯 · 库恩海姆在多年后回忆道，“我们不是一家欧洲公司，甚至都算不上是一家德国公司。”尽管如此，冯 · 库恩海姆还是设定了一个野心勃勃的目标：让宝马成为豪华跑车的全球引领者，他认为这个细分市场的竞争不太激烈，成长机会比较大。他还建立了一套提高档次的战略。宝马汽车公司是一家生产能力有限的小公司，他盘算着，所以公司制造的每一辆车都应该收取高昂的价格。不过，要让梦想成真，这个曾经的难民就需要让宝马现代化起来。而宝马汽车公司也需要制造出更现代、更复杂的汽车。

终极座驾：一种香肠，三种尺寸

1973 年，宝马汽车公司庆祝位于其故乡慕尼黑中心地区的地标式新公司总部的建成。新总部园区由四座圆形高塔组成，它们聚在一起，造型引人注目，令人联想到该公司极富技术含量的四缸发动机。新总部还象征着宝马将取得的新一轮成功，只不过当时他们还在成功的准备阶段。

尽管开发新车型是一件非常令人兴奋的事情，但是冯·库恩海姆还必须照顾到许多单调乏味的基础性工作，否则就无法实现公司的愿景。首当其冲的一步就是建立起公司在德国之外的销售网络，而不是依赖独立的经销商，因为经销商会分走宝马汽车公司很大一部分利润，从而减少产品开发所能得到的经费。

收回他们的经销权需要耗费大量的时间、金钱和律师团队。这是一项必须针对每一个国家逐个进行的艰苦任务。1975 年，在搞定了美国和加拿大的经销商后，公司建立了宝马汽车公司北美分部。尽管距离大众汽车公司建立自己的美国分部已经过去了 20 年，但事实证明宝马的行动非常是时候。1976 年，宝马在这两个国家推出了新的 3 系轿车，接替了大受好评但已略显老态的宝马 2002。这一举措同样非常及时。婴儿潮一代当时正步入 30 岁，手上有大把闲钱需要消费。

宝马 3 系产品线的第一批汽车是双门小轿车和四门轿车，它们都采用了四缸发动机，容量在 1.6 升到 2 升之间。敞篷车、旅行车和六缸发动机也将加入这条产品线，只不过那是之后的事情了。虽然新车比起锋芒毕露的宝马 2002 尺寸更大和更舒适，但它保留了前代车型运动的风格。一则广告说宝马 3 系“跑起来像施耐尔（Schnell）”，这是个双关语，因为“施耐尔”也是德语里“快速”的意思。公司还采用了一条后来持续了数十年的广告标语：终极座驾。

随着20世纪70年代两次石油危机引发的油价飙升，其他汽车制造商都开始转向前轮驱动方案，来减少汽车的重量并尽可能地提高燃油经济性，甚至连大众汽车都不例外。但是宝马却依然坚持着后轮驱动。它的设计师坚持认为它能具有满足汽车灵活性能的前后重量平衡。“前轮驱动的车就不像宝马了。”一位公司主管在数年后颇有调侃意味地解释道。宝马并不是唯一一家坚持后轮驱动纯粹主义的公司。梅赛德斯－奔驰也是如此。宝马日益增长的影响力正在让这两家公司之间的对抗愈发明显。两者都制造高档、精致的豪华轿车，但美国新近出现的布波族则知道得更多。在他们看来，梅赛德斯的三星车头装饰显得肤浅炫耀，而宝马前格栅的独特双肾造型则更具低调奢华。

宝马汽车给人的感觉也不同。驾驶宝马就像是穿上一件量身定做的意大利名牌西装，而不是布鲁克斯兄弟（Brooks Brothers）笔挺方正的衣服。梅赛德斯对大型汽车情有独钟，因此其小尺寸的汽车看起来就像是正宗产品的廉价版本。但是宝马的根基是小型汽车，其大尺寸车型，即5系和7系，都是从小型汽车演变而来的，小型汽车仍然一直是该公司的核心。该公司工程师的口头禅是“一种香肠，三种尺寸”。虽然这句话没有成为广告口号，但令人庆幸的是，它说到了点子上。

与此同时，那些年轻精英们正陶醉在宝马车型命名规则所包含的种种数字和字母的组合之中。要知道，随便找个午餐时候在神奇面包上面加腊肠的傻瓜都知道“英帕拉”（Impala）。但只有能品尝出意大利烩饭的美妙口感的布波族才能通晓“318i”或者“325xiT”的区别，并知道这些数字和字母组合的意思。每个车名的第一个数字表示车型，3系比5系要小，5系比7系要小。接下来的两个数字表示发动机的尺寸，按照燃烧汽缸里容积（空间）的立方厘米数计算。之后是表示类型的字母：i表示燃油喷射，而非传统的化油器，c表示活顶车（敞篷车），T表示观览（旅行车的漂亮说法），x表示四轮驱动，诸如此类。因此318i就代表这款3系汽车具有1.8升的燃油喷射发动机。而325xiT表示这辆3系汽车是四轮驱动的旅行车，具备2.5升的燃油喷射发动机。这些关键零件都来自被行家所认可的公司：变速器来自格特拉克（Getrag），转向系统来自德国采埃孚集团（ZF

Friedrichshafen，被圈内人称为“Zed F”），而燃油喷射来自博世（Bosch）。1982 年的一本 320i 的销售小册子就写着“博世 K-Jetonic 燃油喷射……半球涡流式燃烧室……带晶体管的无触点点火系统……以及四缸曲轴平衡”。

大部分购买宝马的布波族行家都不知道这些东西到底是做什么用的。但是“格特拉克”和“博世”能给那些见识过金鸡（Rossignol）滑雪板减震系统的人留下很好的印象。正如布鲁克斯所观察到的那样，布波族都喜欢刨根问底，或者说其实是被动获取，“尽管有文化的人从来不会根据首饰的奢华程度来判断一个人，但会根据汽车的尊贵来评判……你必须证明自己是个足够认真的人，对耐用性和工艺性别具慧眼，你必须表明自己把钱花对了地方”。

就像宝马工程师对自然吸气的多阀发动机了如指掌一样，其市场营销部门对这种消费者的心理活动也知根知底。于是市场营销人员就把价格抬高了。在 1968 年，你只要花 2 850 美元就能购买一辆全新的宝马 2002。但到了 1982 年，光是买一个用在宝马 320i 上的选配运动套装（特殊的悬架、升级的音效系统等）就必须用掉几乎相同数量的钱（2 620 美元）。如果你想要购买一整辆车，那么底价是 13 290 美元。售价的提高并没有让需求下滑，反而使其提升。1970 年，宝马在美国只卖出了不到 1 万辆车，但在 1982 年，在美国的销量却飙升到了 5.2 万辆以上。

恰好就在这一年，赫伯特 · 匡特在病榻上去世了，此时距离他的 72 岁生日已经不远。他继承了一个有着悲惨历史的家族工业帝国，并在二战之后令其重获新生。1959 年，他拯救了一家默默无闻、奄奄一息的小汽车公司，在埃伯哈德 · 冯 · 库恩海姆的监督管理下变成了地球上最负盛名的汽车品牌之一。但我们相信，即便是赫伯特也万万没想到宝马的美国销量在 1985 年增长 24%，达到 8.8 万辆汽车，实现了对梅赛德斯 - 奔驰的首次超越。

反雅皮士运动并没有阻挡宝马汽车公司的快速发展。1985 年，一位西雅图的女士在本地报纸上说，她“厌倦了雅皮士的宝马和沃尔沃、他们的巴黎水、他们的白葡萄酒、他们自以为是的成熟、他们的阿贝克隆比 & 费奇（Abercrombie & Fitch）与里昂比恩（L.L. Bean）的服饰，以及其他所有的东西”。但是雅皮士的势头丝毫没有减弱，宝马也同样如此。

几年后，福特二世拜访了赫伯特的第三任妻子，即现在的遗孀约翰娜·匡特（Johanna Quandt）。这个在40年前甚至将免费奉上的大众汽车公司都拒之门外的男人提出要收购匡特家族在宝马汽车公司的控股。但是在成为赫伯特的妻子之前曾做过其秘书的约翰娜·匡特在多年来给近乎失明的丈夫阅读商业新闻时积累下了相当丰富的商业知识。她和匡特家族的其他人并不打算将家里的宝贝卖掉。约翰娜用只有他们这个层次的工业贵族能理解的方式断然回绝了他：“亨利，我要这么多钱做什么呢？”

宝马就是宝马

1983年，随着雅皮士现象进入全盛时期，一部名为《大寒》的电影上映了。影片讲述的是一群30多岁的人在周末聚在一起，缅怀一位自杀了的大学同学。这部电影的配乐使用了许多雅皮士记忆深刻的20世纪60年代中后期的歌曲，其中有三狗之夜乐队（Three Dog Night）的《普世欢腾》（*Joy to the World*）、普洛可哈伦乐团（Procol Harum）的《苍白的浅影》（*A Whiter Shade of Pal*e）和滚石乐队的《你不能总是得到你想要的》（*You Can't Always Get What You Want*）。对许多雅皮士而言，最后一首可能很难感同身受，因为这些人已经习惯了我行我素。但这首歌很贴合电影的主题，也就是刚成年的青年从大学时的疯狂向有所感悟（虽然并不一定是合理的）的转变。有数百万现实世界中的婴儿潮一代都正在经历着这种转变。其中一些人在20世纪60年代读大学时驾驶的还是大众汽车，但在毕业后的20世纪80年代开起了宝马。他们的个人历程与汽车的发展历程是相互交织的：从波希米亚人到巴伐利亚人，从嬉皮士到雅皮士，从甲壳虫到宝马。拉里·舒尔茨（Larry Schultz）就是其中之一。

舒尔茨成长于佛罗里达州，他后来到俄亥俄州的一所规模较小的大学念书，并在那里组建了一支摇滚乐队，根据他在40多年后的回忆，当时就是在做“所有20世纪60年代的事情”。这支乐队曾经与满匙爱乐队（The Lovin' Spoonful）共同巡演，一起搭乘一辆大众微型客车。由于大家经常在车里搞派对，所以车里面总有一股味道。经历了在北卡罗来纳州布拉格堡的兵役之后，舒尔茨成为负责并购和收购案子的律师。“我做了所有20世纪60年代可能发生的事情，比如抽签征兵的事情，学校的事情，律师行业的事情，还有商业领域的事情。”舒尔茨解释道。他有段时间一直在处理跟埃伯哈德的儿子费边·冯·库恩海姆（Fabian von Kuenheim）有关的案子，并逗留在慕尼黑。“陪着冯·库恩海姆从我们大众汽车公司的老窝到宝马汽车公司总部真是一段‘有趣’的旅程啊。”他回忆道。其间他爱上了宝马318i动力十足的发动机和简洁而精准的操控感，还给自己买了一辆。在30年的时间里驾驶过各种汽车之后，刚过60岁回到佛罗里达州半退休的舒尔茨再一次开起了宝马。

嬉皮士到雅皮士的潮流变迁并不只在美国的北部边陲。1965年的多伦多，约瑟夫·卡茨（Joseph Katz）很早就开始了自己的嬉皮士阶段，在升入7年级的第一天就因为佩戴爱之珠①、穿扎染的衬衫和尖头的“甲壳虫靴”而被踢出了学校。校长把他送回了家，发现他的房间里也装饰着铝箔的墙纸、黑色的灯具、吉米·亨德里克斯的海报和天花板上的《花花公子》插页。年轻的卡茨跟初中的伙伴们组建了一支乐队，在地下室里举行即兴的摇滚爵士演奏会。“我就是你眼中典型的小嬉皮士。”他后来这样回忆。

在他16岁生日时，卡茨买了人生中的第一辆车，这辆二手大众甲壳虫花了他400美元。不过由于他才刚刚开始学习开手动车，所以花了4个小时才把车从地下停车库里开出来。他一边在车库陡峭的斜坡上爬坡，一边尝试掌握手动变速器的操作方法，然而始终徒劳无功。几年后，他用这辆甲壳虫换了一辆微型客

① 爱之珠（love beads）通常是嬉皮士挂在颈部的彩色珠子，象征他们崇尚爱与和平而反对战争。——译者注

车。“当时开客车是一件非常酷的事情。”他回忆道。确实没错，当他第一次把车开到学校的停车场时，连老师都跑出来围观。

1987 年，当 34 岁的卡茨结婚时，他已经结束了嬉皮士阶段，进入了雅皮士时期。他买了一辆宝马 325i。“它轻巧而敏捷，”他解释说，“外观小巧、方正且简洁，而且发动机很给力。”后来，虽然卡茨又试着开了几年的梅赛德斯，但由于这辆车跟灵活的宝马不同，“它开起来像是一辆坦克”，所以就放弃了。此后，虽然为人父母的经济实力让他一直没机会接触豪车，但卡茨记忆中最爱的几辆汽车依然是他的甲壳虫、微型客车，以及宝马。

宝马 3 系汽车就像其主人一样，也在不断进化。每隔六七年，宝马汽车公司都会开发出新一代的汽车，不断赋予它们更大的尺寸和更强的马力。在 1990 年发布的第三代在外观上实现了一次重大突破。宝马汽车公司放弃了对四四方方的线条的一贯坚持，采用了圆滑的角度和曲线的造型。布波族雅皮士们趋之若鹜。在 1999 年，该公司停止在美国销售四缸发动机，只提供六缸的选择。当时，汽油的价钱比瓶装水还便宜（这是雅皮士的另一个特点），而且美国人对高马力有着热切的追求。2011 年，当汽油价格达到每升 0.92 美元时，北美宝马汽车公司才重新推出了四缸发动机。用该公司的话来说，它具有“双涡轮增压、高压直喷和 350 牛米的扭矩”。此时，宝马 3 系巩固了自己在高档运动型汽车的世界级标杆身份。虽然来自日本的奢侈品牌新秀，即讴歌（Acura）、雷克萨斯（Lexus）和英菲尼迪（Infiniti）都推出了旨在击败宝马 3 系的车型，但汽车界撰稿人不屑一提地称呼它们为“妄想三家”。宝马 3 系的地位就是如此之高，以至于宝马汽车公司的高管们一激动说这款车的一大特点是“够三”，这个词的具体意思就见仁见智了。

1992 年，在即将结束其漫长而非凡职业生涯的冯 · 库恩海姆完成了最后一次壮举。他宣布宝马汽车公司将会在南卡罗来纳州的斯帕坦堡建造第一家非德国的装配厂。这是其稳定而不懈的公司扩张之路的一个顶点。但是在当时看来，宝马的品牌就是靠德国工程技术的口碑创造出来的。这位首席执行官必须再次让顾客相信，美国制造的宝马跟来自慕尼黑的一样有德国味道。“宝马就是宝马，”冯·库恩海姆在动工仪式上宣布，“即便它是在南卡罗来纳州制造的。”这个曾经将宝马视为一家地方公司的人将其塑造成了一家国际公司。

芝麻菜，植物界的宝马

在20世纪八九十年代，“宝马”这个词开始频繁出现在餐厅评论家和美食批评家的文章当中，这其中的原因就不得而知了。通常它会与“山羊奶酪”和“紫叶菊苣”，尤其是“芝麻菜”紧密联系在一起。这种气味强烈的意大利菜已经成为布波族雅皮士的沙拉中的主菜，与之相配的还有天然番茄、水培豆瓣菜和任何带有“有机”二字的蔬菜。芝加哥的一位美食撰稿人是这样描述他所看到的“彰显地位的沙拉”现象，“脚上踩着锐步（Reebok），盘里盛着菊苣和芝麻菜，外边停着一辆宝马——这一切都是配套的”。在半个世界之外的澳大利亚，《悉尼先驱晨报》（*The Sydney Morning Herald*）将芝麻菜描述为“植物界的宝马”，语气中带着赞赏的热情，就连南半球都发来贺电了。

在新世纪的头十年到来之际，发生了一些不幸的事故，虽然这样的事情时有发生，但留下了一丝不安的隐忧。2009年，一位上了年纪的雅皮士在驾驶宝马穿过科罗拉多州博尔德的大学城时死于车祸。这辆车失控侧滑，一头冲上了一家餐厅的店面玻璃，而这家店的名字刚好叫“××芝麻菜”。但是，这场不幸的事故并没有阻断雅皮士汽车与这种多叶蔬菜之间的联系。

同年，就在宝马330i进化成一辆具备224千瓦发动机，售价高达4万美元的汽车时，来自特拉华州的一位园艺专家到高加索山脉偏远地区开展了一场慈善活动。他带去了6种不同类型的芝麻菜种子，让当地居民能够为欧洲的小资餐厅种植高档沙拉来摆脱贫困。这个乐善好施的雅皮士对当地报社解释说，在他发现芝麻菜潜在的商业价值之前，“我是一个被迫穿三件套，驾驶宝马的乡巴佬”。这是只有雅皮士才能欣赏的职业路径。

到了这个时候，我们已经很明显地看到身处社会上游的60岁左右的美国人再也不会大批量地回头去驾驶凯迪拉克或者吃卷心莴苣了。如果那个作古已久的爱尔兰诗人叶芝（Yeats）能活着看到这一变迁，那么或许就会惊叹其背后的意义，并改写他最喜爱的一首诗歌：

画面中有两个雅皮士，身后还有第三个，
驾驶的宝马闪耀着天青石般的光亮，
沿着山路不断向上，
奔向天然生长着芝麻菜的田野，
用史密斯与霍肯的工具
温柔照料。

汽车和美食交汇在
贫瘠和精致的十字路口。
欣喜间，回眸远望，
哈曼卡顿（Harman/Kardon）的高级音响里
播放出《大寒》忧伤的原声乐曲。

曾几何时，宝马还是无名小辈
芝麻菜也只是难闻的意大利野草。
它们相伴崛起必然是因缘所致，
因为美食家明白，“芝麻菜”同义“烟花”定会绽放。
雅皮士微闭双眼，
扫向卤素车头灯照亮的田野，
岁月流逝，转眼已是银发飘扬。

宝马 3 系

时间 1976 年

特点 实用性兼具奢华的小型车，后轮驱动，四缸发动机

定位 年轻的都市职业人，雅皮士

背景 克服了通货膨胀，婴儿潮一代手上有大把闲钱可用；豪华车的市场竞争不太激烈，成长机会较大

影响 1. 美国文化从嬉皮士到雅皮士的潮流变迁

2. 美国低调奢华文化的起点

第 11 章　班塔姆吉普，让城市人感受越野的激情

如果你将一个人按人口统计学方式归类，即年轻人、受教程度，或者富人，那么你就能根据他们的手表来判断他们购买保姆车还是吉普。如果他们戴的是天美时，那么就是务实的、谦逊的保姆车车主。如果他们戴的是劳力士，那么就是吉普车主，他们更注重外观，而不是实用性。

——克莱斯勒前高管小 R.S. 米勒（R. S. Miller Jr.）

1986 年，当克莱斯勒沐浴在保姆车的成功和公司复兴的喜悦之中时，其董

事会成员之间爆发了一场激烈的争论，但这一切都未能被媒体和公众知晓。公司现在已经赚得盆满钵满。李·亚科卡想拿出一部分现金收购规模较小的在底特律一直混得不怎么样的 AMC。

AMC 的首席执行官乔治·罗姆尼和他们的漫步者在 20 世纪 50 年代末期的辉煌时代早就成了历史，AMC 也深陷亏损的泥潭。如果给这家公司拍一部纪录片的话，片名多半会是《赤字之河川流不息》（*A River of Red Ink Runs Throgh It*）。1981 年，在一次反复出现的企业危机中，AMC 将其股票控股权卖给了法国汽车制造商雷诺（Renault）。雷诺完成这笔交易的主要动机是为了满足自己在美国汽车行业的野心。这件事与美国最著名的汽车品牌吉普毫无关系。

吉普有着辉煌的过去。这款车在二战中为盟军立下了汗马功劳，也象征着普通美国大兵在前线的生活。但是，和许多单独的战争英雄的故事一样，这段历史在平民当中已经逐渐淡化了。吉普商标在公司的数次更替中被保留了下来，尽管许多人都努力过，但最后的结果都一样。吉普的悬架僵硬、行驶颠簸，被人们称为“爆肾车”，从解剖学上讲，这个外号一点儿也不为过。在上高速的时候容易翻车的问题也为之带来了数百宗诉讼案。在二战后的 40 多年里，吉普都很落魄，1984 年的一件令其大失颜面的尴尬事件说明了这一点。AMC 本该为那一年在大西洋城举行的美国小姐游行提供雷诺联盟（Alliance）轿车作为官方用车，但由于一个生产上的问题让该公司将部分车辆替换成了吉普。“如果那是她当时必须坐的那辆车的话，那么她只能坐那辆车。”一位来自阿拉斯加的退休的游行组织者说道。

1985 年，电影导演罗恩·霍华德（Ron Howard）找到 AMC，想要借俄亥俄州托莱多的吉普工厂拍摄电影《超级魔鬼干部》。AMC 的官员认为该片讲述外资工厂文化冲突的喜剧主题过于露骨，令人感到难堪，于是断然拒绝了他的请求。“对于这样一个汽车工厂出了问题要让日本公司出来当救世主的故事，我们完全不感兴趣。”一位 AMC 主管轻蔑地说道。与此同时，托莱多的工厂爆发了一场破坏生产设备的事件。对一宗劳动合同纠纷愤愤不平的工人把扳手扔进了机器里，并且破坏了一些汽车。后来才在联邦法官的禁令下恢复了工厂的秩序。

喜剧性的难堪、工人的故意破坏、看不到头的财务亏损，从中我们不难理解为什么一些克莱斯勒的高管，包括斯珀利奇和几乎整个工程团队在内，都不想跟 AMC 沾上一丁点儿关系。他们觉得这家公司是个常败将军，会让克莱斯勒奇迹般的复兴之路脱离正轨，或者卷走公司本可以用来改进保姆车并开发其他车型的金钱。但是亚科卡从吞并 AMC 当中看到了别的东西。保姆车的成功表明许多美国人渴望在生活中有大量的多功能汽车。从某个重要的角度来看，吉普相比保姆车有更多的功能。其四轮驱动让它可以在野营、远足或者其他户外冒险活动中翻山越岭。

虽然并没有谁知道有多少美国人是真正的户外爱好者，但他们知道“臀靴”指的是飞蝇钓的装备，而不是什么时尚的鞋子。一场奇妙的流行趋势正在形成。许多上层社会的雅皮士，也就是那些宝马车主，开始穿起了里昂比恩衬衫、巴塔哥尼亚（Patagonia）夹克和添柏岚（Timberland）靴子，就连把中央公园当成荒地的曼哈顿市中心都是这样。

虽然从法国人手中夺回 AMC 是一段艰难的旅程，其中布满了连最强壮的吉普都望而却步的种种坑洼，但亚科卡决心无论如何都要试试。尽管事实证明他的眼光很有预见性，但这还不是吉普这个品牌的最后一站。

拖泥带血的军方财产

“尽管吉普可能是二战中军方采购系统中最引人注目的单一装备，”一份战时的政府报告总结道，“但其从构思到诞生也并不是一蹴而就的。”事实确实如此，但如今，这款车在诞生时遇到的困难几乎已被人遗忘。

最应该被提起的一个地方就是宾夕法尼亚州的巴特勒，这是位于匹兹堡北部 55 公里处的钢铁小镇。在汉森大道上有一块路牌，写着这里是吉普的诞生地。当时美国陆军需要一种既能吃苦耐劳又能跋山涉水的运输工具替代骡子。可以说，骡子在一战中简直就是主力，在前线来回运输火炮、补给，还有士兵的家信等所有东西。

但是，德军在 1940 年春天发动的闪电战让美军大吃一惊，更别说倒霉的法军和英军了。当时有一则笑话说的是希特勒找通用汽车公司订购了 1 万辆坦克，还说不用运输到德国，因为国防军在经过底特律的时候会来接收的。撇开这个细思极恐的笑话，军事战略家们开始确信在美国即将加入的这场新的战争中，轻型的、适应全地形的、快速移动的侦察车是非常必要的。而且它还必须承载一把机关枪、司机和至少一名乘客。军方的采购官员询问了 135 家不同的公司，包括汽车制造商、机器制造商等，让他们对这一合同竞标。但只有两家公司参与了进来。

这些规格要求太可笑了。军方需要一款四轮驱动的汽车，这在当时本来就是很罕见的，而且还配备四缸发动机，这又是一件罕见之物，至少在美国是这样。更糟糕的是，这辆车的重量被限制在 578 千克以内，却要能承载 272 千克的荷载量，这里头还不算驾驶员和乘客的重量。这就意味着总共的载荷几乎就跟车辆本身一样重了。而且中标者也只有短短 49 天的时间完成原型车，接受严格的测试。

如此天方夜谭的规格要求只能吸引那些极度自信或彻底绝望的公司。巴特勒的美国班塔姆汽车公司（American Bantam Car Company）就属于后者。1929 年，当时正逢华尔街股灾，它成立时的名字为美国奥斯汀汽车公司，开始负责制造英国奥斯汀汽车的美国版。1934 年，公司倒闭，该公司的一位销售员买下了剩余的资产，公司名称改为美国班塔姆。

在大萧条时期，人们对汽车的需求量极低，1940 年班塔姆已经奄奄一息。军方的合同带来了一一丝复兴的希望，只不过有这样一个问题：班塔姆已经解雇了大部分工人，当时只剩下一些骨干人员。该公司联系了一个名叫卡尔·普罗布斯特（Karl Probst）的底特律独立工程师，对方对这个任务表现得有些犹豫，因为如果班塔姆没拿到这份合同，他就得不到一点儿报酬。

但他最终还是签了合约，并从底特律来到了巴特勒，天天加班加点，在 5 天时间内终于完成了新车的蓝图。他的设计超重了 300 多千克。但是普罗布斯特认为（事实证明是对的）军方早晚会提高重量限额的。没有哪一辆不到 590 千克的汽车能够满足军方的载荷要求。唯一的竞标对手托莱多的威利斯－奥弗兰（Willys-Overland）的设计没法满足重量限制，也没有在 49 天的时限内生产出原型车。1940 年 8 月初，军方通知班塔姆，它中标了。

事实上，班塔姆自己也差点儿没能赶上 49 天的时限。他们很难找到能够承受四轮驱动压力的车轴。直到 1940 年 9 月 22 日，也就是最后期限的前一天，普罗布斯特才完成了原型车的测试。第二天，他和一位同事就钻进车里，亲自开着这辆车来到位于巴尔的摩的军方霍拉伯德营地（Camp Holabird）。等他们抵达的时候，就只剩下半个小时的时间。

军方的官员将这个新的车辆称为通用汽车公司车辆或 GP，念得快的话，听起来就像是“吉普”。恰巧吉普尤金（Eugene the Jeep）在当时也是一个卡通角色的名字，他有着一对招风耳、一只圆鼻子和一张大肚皮，你可以在《大力水手》漫画中看到他。无论出自哪里，“吉普”这个名字就这样定了下来。

在美国参战之后，吉普（当时只作为一个通用汽车公司词，首字母小写）成为美国大兵如同午餐肉一般的标配。“它像狗一样忠诚，骡子一样强壮，山羊一样敏捷。”战地通讯员厄尼·派尔（Ernie Pyle）写道。漫画家比尔·莫尔丁（Bill Mauldin）的战时作品中有两个面无表情、全身污泥的美国大兵威利（Willie）和乔（Joe），他们常常跟一辆吉普为伴。在他最令人难忘的作品中，一个怒发冲冠的军士举着手枪对着一辆抛锚的吉普车，一手遮着眼睛，扭过头去，准备为他的爱车解除痛苦。

凭借 45 千瓦的发动机、坚固的变速器和四轮驱动，吉普不仅能运输枪支弹药和士兵，有的时候还能充当攻击车辆，这些功能远远超出了其原本作为侦察车的预期设想。引擎盖还可以作为战场上的临时诊所和圣坛。战争期间生产的吉普总共约有 65 万辆，但其中只有 2 675 辆是班塔姆制造的。

军方认为他们对吉普的需求已经远远超过了这家宾夕法尼亚小公司所能生产的数量。于是它就将大部分的生产合同交给了威利斯 - 奥弗兰和福特汽车公司。前者将其生产的吉普的发动机命名为“Go-Devil”（意为“去吧恶魔”），后者则将自己生产的吉普原型车称为“侏儒”（Pygmy）。班塔姆的高管对于自己没能获得更多生产订单而大失所望，但也苦于自身资源有限。在得到原型车的付款后，吉普的设计就成了军方的财产，而军方更关心的是获得足够多的汽车来对抗德国和日本，而非拯救一家宾夕法尼亚州的小公司。

班塔姆还另外得到了一些军方订单，专门设计与吉普匹配使用的特殊拖车和其他零件。与此同时，威利斯 - 奥弗兰则尝试在广告中展现军事行动中的吉普，以此来树立自己的品牌形象。“对于如今强大的吉普来说，攻城略地就是它‘最重要的特色’。”在一则 1943 年的公司广告中这样提出，这辆车跟随美国军队在萨莱诺（Salerno）抢滩登陆。这则广告明确而急切地将“吉普”的首字母大写，表示这是一个品牌。

1945 年，随着战争的平息，威利斯 - 奥弗兰尝试通过以“从战士到农场帮手”主题的广告来重新定位吉普，让它进入平民的生活。该公司还为这款车型推出了民用吉普 CJ-2A 的和平时代版本。和军用吉普不同，它适当提供了舒适性的设计，加了尾门，甚至提供了多种颜色选择，而不仅仅是统一的军绿色。

不过，未来的前景并不明朗。吉普“应该拥有比它可能享有的更长的寿命”，《财富》在 1946 年又写道：“作为一种时尚，它现在甚至开始在轿车市场中销售，但按照轿车市场的标准来看，它既不舒适也不便宜。一般来说，它是一种机械，必须按照机械的标准来销售。”

接下来的两年又出现了更多新款式，目标都是成为日常乘用车，而不是农场工具，其中包括威利斯吉普四轮驱动旅行车和威利斯吉普卡车。虽然它们都外观简单，功能齐全，但在1948年出现了名为吉普斯特（Jeepster）的更时尚的新款。吉普斯特是款“敞篷旅行车”，也就是没有固定车顶，甚至没有侧面车窗的双门房车，这就成为类似双人敞篷车和厢式吉普CJ的混合体。它甚至放弃了四轮驱动，转而采用了后轮驱动的方式。虽然广告将这款车置身于沙滩或乡村的庄园，但这并不足以吸引富有的美国人抛弃他们的凯迪拉克。威利斯在1950年放弃了吉普斯特，当时爆发的战争再一次造成了军用吉普需求量的井喷。

1948年，威利斯－奥弗兰成功注册了吉普商标。这一举动造成了与班塔姆旷日持久的争吵，甚至还召开了几次国会听证会，经过一系列复杂的司法程序后，通用汽车公司的吉普就成了大写的吉普。1949年，班塔姆关门大吉，成为历史，淡出了人们的视野，而它对美国的重大贡献也迅速被人遗忘。

之后的吉普迅速成为电视明星。1951年起开播的《罗伊·罗杰斯秀》（*Roy Rogers Show*）展现了与节目同名的牛仔和及其忠实的伙伴：妻子戴尔·埃文斯（Dale Evans）、爱马特里杰（Trigger）和一辆名为内莉贝尔（Nellybelle）的吉普。有一集，无人乘坐的内莉贝尔失去控制，从山坡上滑下来。罗伊骑上特里杰，下山追赶内莉贝尔，然后从马背上跳进失控的吉普，在最后关头保住了这辆车。“罗伊，你不应该为了内莉贝尔冒这样的险！”戴尔告诫他说。这位牛仔羞怯地回答道：“这……她是我的家人，戴尔。”

在接下来的50年里，吉普的经历就和剧中的内莉贝尔一样，在生死存亡中遇到许多类似的危机。

走入文明世界

工业家亨利·凯泽（Henry Kaiser）在二战期间依靠造船而发了财，他拥有包括钢铁、铝、水泥、砾石等在内的庞大的工业帝国。1951 年，他麾下的小型汽车公司凯泽 – 弗雷泽（Kaiser-Frazer）开始从威利斯 – 奥弗兰那里购买吉普的发动机，用于安装在自家的新款小型汽车上面。这款车还毫不犹豫地使用亨利 J 来命名。

这是一款廉价的、摇摇晃晃的经济型汽车，其狭窄的后座给音乐家弗兰克·扎帕（Frank Zappa）的童年留下了深刻的印象，因为他在数十年后写了一首歌说它就像“来自地狱的熨衣板”。鉴于这车的质量，我们不难想象凯泽 – 弗雷泽肯定是一家亏本企业，其规模根本不足以与通用汽车公司、福特汽车公司和克莱斯勒这三大巨头竞争。凯泽所要做的是要么买下一家更大的汽车公司，要么彻底退出这个行业。1953 年，他选择了前者。这一次他不再只是购买吉普的发动机，而是直接买下了整家公司。凯泽 – 弗雷泽与威利斯 – 奥弗兰合并，并将其更名为威利斯汽车公司（Willys Motors），总部设在托莱多的吉普工厂附近。

这场交易在业内产生了一些余震，在美国其他小型汽车公司之间掀起了一阵并购潮。在三巨头之外的所谓“独立”公司当中有苦苦支撑着的纳什 – 凯文纳特公司（Nash-Kelvinator）和赫德森汽车公司（Hudson）。1954 年，他们合并成立了 AMC，这家公司接下来在吉普的未来扮演了一个重要的角色。

在吉普诞生之后的第一个 13 年里，其更换主人就像更换破烂老爷车一样频繁。班塔姆、威利斯 – 奥弗兰、凯泽 – 弗雷泽，以及威利斯汽车。轮番变换主人为吉普定下了砥砺前行的基调。纵观这其间所有的演练活动，最重要的是在加利福尼亚州举办的吉普人盛典（Jeepers Jamboree），参与者从内华达山脉丘陵地带的乔治敦一路翻山越岭，前往塔霍湖西岸的小村鲁比肯泉。这场 72 公里的旅程需要经过许多非常崎岖的地形，以至于一些路段的平均时速度只有每小时 4 ～ 7 公里。

参加盛典的人将驾乘吉普作为一种乐趣，而非用于战斗或农作。但是美国人当时还没有达到集体拥抱大自然的阶段，甚至连惺惺作态的兴趣都没有。所以吉普的卖点更多的还是满足人们的工作需要，而非娱乐。一些车甚至在仪表盘上还贴了说明书，解释如何利用这辆车的发动机来驱动农具。吉普人盛典虽然后来成为一个年度活动，但休闲市场的发展速度仍旧比较缓慢。

1954 年，威利斯汽车还推出了 CJ-5，这是民用吉普产品线中的最新车型。虽然它保留了吉普标志性的圆形车头灯，但相比之前的车型，它体型更大，做工也更细致，座椅更宽更柔软，挡泥板呈曲线状，发动机罩呈圆形。威利斯生产 CJ-5 的时间达到 30 年，超过了福特 T 型车，其生产跨越从艾森豪威尔总统到里根总统的时代。然而，长寿并不代表着繁荣。

尽管凯泽野心勃勃，但威利斯汽车并不具备与三巨头对抗的能力，至少无法在广泛的产品线上竞争。到了 1956 年，随着尾鳍在美国汽车界如雨后春笋般兴起，公司决定停止制造普通的汽车，然而，凯泽则将注意力完全放在吉普上面。即便如此也没能取得多少成果。虽然 1959 年推出的吉普翼虎（Maverick）旅行车定位于日常家庭运输市场，但是由于吉普依然给人农场好帮手的印象，其销量一直萎靡不振。吉普在 1960 年推出了名为萨里（Surrey）的车型。这是一辆精心装扮的民用吉普，配以明快的色彩，还有一个彩色条纹帆布的顶棚，看起来就像是个轮子上的水果篮。结果不但农民不愿意买，其他人也都不愿意买。1963 年，该公司再次更换了自己的名字：从威利斯汽车变为凯泽吉普（Kaiser Jeep），不过公司所有权依然如故。

1963 年，凯泽吉普推出了瓦格纳（Wagoneer），从许多方面来说，这属于第一款现代吉普。瓦格纳提供了四门和自动变速器的选择，而不再只是标准的手动挡，这在四轮驱动汽车中是第一例。其他的选择包括用于替换标准的橡胶地板膜的车内地毯及更柔软的座椅。瓦格纳取得了不大不小的成功，10 年后的 1973 年，一款名为吉普切诺基（Cherokee）的更基础的双门版本也随之上市了。

瓦格纳和切诺基提供的舒适性让吉普彻底摆脱了二战时的泥泞和血腥的印象。吉普开始走入文明世界。一款名叫塔克西多帕克（Tuxedo Park）的高端版

CJ-5 配备了铬合金保险杠、后视镜和发动机锁扣。车主可以选择同色或异色的活动敞篷车顶。可是，这种华丽的粗犷依然不是时代的主流。

20 世纪六七十年代，野营、徒步旅行和其他探险活动都是为了让童子军（Boy Scouts）变得“身体强壮、头脑清醒、品德高尚”。但这些都与 20 世纪 60 年代美国盛行的美好生活的代表，即巴亚尔塔港（Puerto Vallerta）的迪克（Dick）和莉兹（Liz）、拉斯维加斯的弗兰克·西纳特拉的鼠帮乐队（Rat Pack）毫无关系，尤其是其中的品德高尚这一点。野性的时尚对于这个还没有发明直升机滑雪、彩色抓绒羊毛和五星级飞天狩猎小屋的国家而言还是一件不可理喻的事情。

所以凯泽吉普只能继续坚持下去，一如它旗下的汽车一样。1967 年，面对来自国际收割机公司的侦察兵（Scout）、福特烈马，以及其他挑战吉普车的竞争越发激烈，该公司推出了新的吉普斯特系列，将目标放在“娱乐和休闲市场”上。和原来的吉普斯特不同，新车型采用了四轮驱动。几年后，一支名为暴龙（T.Rex）的英国摇滚乐队唱道：“美女，为了你的爱，我就是吉普斯特。”这句话真实地表达了对吉普斯特的喜爱之情。

瓦格纳和吉普斯特，加上那些在海外制造吉普的公司所支付的版权费用，为凯泽吉普创造了不错的利润。1970 年，凯泽去世，他的儿子埃德加（Edgar）掌管凯泽集团。由于埃德加觉得凯泽吉普是一家前途渺茫的二流汽车公司，于是在 1970 年以 7 000 万美元的价格将其卖给了 AMC。吉普再次换了新的东家。“吉普可以，并且将会成为 AMC 重要的利润来源。”AMC 在 1970 年的年度报告看起来胸有成竹。

考虑到该公司的其他产品所能提供的利润极其有限，这话并不能说明什么。AMC 在 1970 年发布了一则令人难忘的广告，提出了一个问题：“如果你必须跟通用汽车公司、福特汽车公司和克莱斯勒竞争，那么你该怎么做呢？”结果这家公司的答案竟然是大黄蜂（Hornet）和格雷姆林，这两款车型简直可以组建起汽车界的最丑团队了。

在20世纪70年代里，AMC给股东的年度报告里很少再提及吉普，除了在后面的几页一带而过。公司不断地尝试一些小变化，例如用蓝色牛仔布座椅套来装饰吉普，但这也许只有在那个尼赫鲁（Nehru）夹克和双面针织涤纶便装流行的时代才有用。然而，这些努力都没给销量带来多少的提升。在1978年的美洲之旅（Expedicion de las Americas）的公开活动中，吉普也没有产生很大的影响。这是一场由铁杆越野车爱好者组织的民间越野活动，参与者驾驶5辆吉普从火地岛前往阿拉斯加的普拉德霍湾。在这项超过33 000公里、长达5个月的旅程中，参与者穿越了从丛林到冰川的各种地形，足以让后来的《食肉动物星球》（*Planet Carnivore*）和《冰路行车》（*Ice Road Truckers*）两部纪录片为之致敬。堪称奇迹的是，这些吉普车和驾驶员们都毫发无损地回来了。

然而，AMC自身却深陷于财务泥淖之中。在整个20世纪70年代，公司始终未能逃脱一位汽车分析师70年代初所作的评估："可能只有靠奇迹才能让AMC延续下去。"事实证明，他们并不需要奇迹，他们需要的是法国人。

城市里的越野

在二战后的半个世纪里，法国政府一直控制着该国最大的汽车公司雷诺汽车公司（Régie Nationale des Usines Renault，政府现在也依然持有15%的股份）。雷诺的主要任务并不仅是制造汽车，而是制造岗位。政府高官的儿子和侄子占据了管理阶层，整个工厂里都是些靠父母关系进来的工人。

在20世纪50年代，雷诺曾经是美国最大的一个外国品牌，后来被大众汽车的闪电战给击败了。但是，雷诺的高管们却还在用全球繁荣的景象蒙蔽自己。在20世纪六七十年代，雷诺试图通过与AMC的经销商达成的分销协议在美国和加拿大销售自己的汽车。

20世纪70年代末期，AMC再一次陷入了无止境的财务危机，公司处于风雨飘摇中，荣耀（la gloire）即将成为过去（la gone）。因此雷诺就会失去在美国的销售渠道，那么法国国内的工作岗位就会位受到威胁。雷诺采取行动，收购了AMC 47% 的股份，给 AMC 注入了新的资金，并安排了自己的主管进入 AMC 的领导层。吉普又有了一个新的东家，AMC 也有了一个新的名称“法美汽车”（Franco-American Motors）。拿速食罐装意大利面的牌子做比喻也算是抬举它了。但是，在控制了 AMC 之后，雷诺就开始在美国市场的扩张中采取一些新的战略了。除了单纯地将法国汽车出口到美国之外，雷诺还利用 AMC 的工厂制造由法国工程师开发的汽车。这些汽车自然会采用雷诺的零件，避免雷诺在法国的工厂产生不满。于是，1982 年的雷诺联盟就诞生了，这是一款毫无个性和性能的紧凑型汽车，没过多久就被冠上了“雷诺电器”（Renault Appliance）的称号。不管是 AMC 还是它的汽车都没什么好的昵称。

它们在公关方面也并不顺利，其中最主要的原因是有关车头灯的一个决定。在 1986 年 1 月 28 日，最后一辆吉普 CJ-7 驶下了托莱多的组装线，结束了 CJ 车型从原版的二战吉普开始的长达 30 年的长跑。CJ 的替代者是吉普牧马人（Wrangler）YJ，它采用了方形的车头灯，而不是在战争期间指引胜利之路的传统的圆形灯。铁杆的吉普爱好者发出了“该死的！”（Sacré bleu！）之类的叹息。有些人在保险杠贴纸和 T 恤衫上写道，“真正的吉普有圆形的前灯”。[①] 更令爱好者们无法接受的是，牧马人 YJ 是第一款在加拿大、而不是美国制造的吉普。有传闻说，“YJ”两个字母代表的是“雅皮士吉普”，幸好这不是真的，否则宝马就要紧张了。这两个字母只不过是车型代号而已，并没有什么特别的意思。

其实 CJ 也生不逢时。由于轴距窄、离地间歇大，CJ 很容易在上高速的时候侧翻，尤其是在转弯的时候。针对吉普的安全可靠性方面的诉讼案件的总计金额可达数十亿美元。人们仿佛看到拉尔夫·纳德和考威尔又回来了。牧马人 YJ 相比 CJ 要更低更宽一些，所以在高速上也就会更稳定和更舒适。越来越多的吉普开始将高速公路作为主要的活动空间。AMC 的研究人员发现，到了 1986 年，

① 这里是在贬低雷诺联盟的平淡无奇。——译者注

95% 的吉普车主都是在城市驾驶，而不是翻山越岭，这个数字在 8 年前还只有 17%。至于“经常越野”，只有 7% 的吉普车主表示他们会这么做，和 1978 年的 37% 相比降低了不少。这就好比人们开始穿着登山靴去买菜，但事实上许多人就是这么做的。二战中又破又脏的重型机器正在成为一个时尚的代名词。

1986 年，达拉斯的一个开发商在离婚时放弃了他的捷豹，购买了一辆新的吉普。他觉得自己在情场和车场上都走在了前列。差不多同一时间，芝加哥附近的一家 AMC 经销商推出了一款加长型的 4.9 米的豪华吉普，配备了电视机、对讲机和小酒吧。一位休斯敦的经销商展示了自己长达 5.8 米的吉普房车。毕竟任何东西到了得克萨斯州都会变大。

此时，许多在销的吉普都是两轮驱动，而非四轮驱动，这使得它们最多只能跨越减速带而已。两轮驱动的吉普看起来挺像一回事似的，但实际上跟所谓的“番茄”色或“冰沙”色的假 UGG 靴子没什么两样。不过，类似的东西开始遍地开花。激进派时尚在美国早已行将就木，而野性派时尚已经觉醒。

兴起的野性时尚

在 20 世纪 80 年代中期，里昂比恩的帆布“野战外套”开始在纽约大卖特卖，就连生产商都大感意外。比恩为猎人设计的户外外套将口袋做得很大，方便猎人将猎杀的鸟放进去。纽约并没有多少野地。大部分鸟也就是鸽子，它们都是供游人投喂用的，并不是供人打猎用的。

比恩的市场研究人员研究了这一谜题。他们发现尽管大部分纽约人都反对打猎，但喜欢打扮成猎人的样子。打扮得像是刚从树林里钻出来一样在第五大道上晃荡已经成为一种时尚，只要你身上穿的服装不痒也不臭就行了。比恩启动了被主管们称为“主流”的行动，也就是说，要让公司的户外外套迎合那些在萨克斯百货商店货架前的人，而不是在缅因州丛林里“打猎”的人。用来存放小猎物的大号口袋也因为没什么必要而被取消了。

比恩很快就决定将大批产品线都主流化，将适合在丛林深处进行夜间狩猎和捕鱼的扎带车头灯变得更加小巧，适合人们在天黑之后在市郊的街道上慢跑。公司还减小了睡袋的重量，让它更适合室内的睡衣晚会，而不是在外头天寒地冻的野营。原本为了徒步旅行而设计的最符合人体工程学原理的泪珠形背包也有了方方正正的轮廓，以便于容纳课本。就连公司最早的产品，即橡胶加皮革的比恩靴子也有了一系列全新颜色：珊瑚色、“绿茶”色和嫩黄色。早已过世的公司创始人莱昂·比恩（Leon Bean）可能会穿上他那条沉重的工装裤气得从坟墓里跳出来吧。

主流化并不是比恩的专利。奥维斯将自己从一家专业的飞蝇钓装备制造商转变成一家拥有广泛产品线的“时尚生活公司”。经过这次转变之后，奥维斯的产品目录就多了野牛皮棒球帽、“蒙大拿麻靛青晨间牛仔裤”和特别设计的带有凹陷式桌面的“防震家具”，可以避免家里可爱的小动物们把罗纳河谷（Côtes du Rhône）的玻璃撞碎。

1987 年，约翰·彼得曼（John Peterman）创立了一家目录销售公司，向老西部的牛仔们销售超长的皮革防尘外套。“保护你：你的屁股、你的马鞍、你的腿，直到你的脚踝。”在早期的产品目录上有着这样的宣传语。彼得曼在《纽约客》和《华尔街日报》上刊登了许多广告。广告中解释说，这种外套可以抵御“怀俄明州的狂风和华尔街的暴风雪”，因为在这两种情况下，保住小命都是很重要的。但事实上，彼得曼在曼哈顿市区的混凝土峡谷中卖出的防尘外套要比在怀俄明州多。

另一家户外服饰公司 Territory Ahead 则吹嘘自家的夹克“一款骑行自如、易于穿着的鞍形外套，在你还没有来得及说完‘萨斯喀彻温’（Saskatchewan，加拿大地名，读起来比较拗口）这个单词就已穿戴完毕，让那些北方人大吃一惊”。不管你说得快还是不快，说出这个单词本来就不是那么简单的事，再加上如果你在耗费了一整天时间处理信用卡违约到期的烦琐事情之后又在纽约中央地铁站喝了两杯马蒂尼的话。但这句广告语抓住了重点。这些产品的顾客并不是那些非得参加户外冒险活动的人群和乡绅。这些顾客只不过想要让自己看起来有这样的感觉就行了。产品高管发现户外装备可以在办公室人群中畅销，而且这个人群的数量远远大于真正的户外爱好者。与其说约翰·彼得曼卖的是衣服，不如说他卖的是梦想，或者按照他的原话来说，“让生活看起来像是我们希望中的那样”。这就是“主流化”的精髓。

“人们想要打扮成不同的模样，”比恩的高管相互讨论说，“他们想要成为部落中的一员。”这就好比穿着比恩靴和户外外套在一个雨天跑到超市去购物。或者身着美国时装品牌香蕉共和国（Banana Republic）的摄影师款背心和来自奥维斯的赞比西斜纹工装短裤，在破晓时分前往星巴克点一份超大杯的星冰乐一样。

美国兴起的野性时尚给一位名叫伊冯·乔伊纳德（Yvon Chouinard）的加利福尼亚州年轻人带来了机会。乔伊纳德对于登山有一种天生的热情。20 世纪 50 年代，他创办了一家小公司，生产登山扣和岩钉，但登山扣和岩钉的市场局限性很大。20 世纪 70 年代，乔伊纳德在将公司更名为巴塔哥尼亚之后，他发现更多的人会购买户外服饰，而不是登山工具。我们必须生产“多功能的专用服装”，这种服装能让你即便在又冷又湿的天气中都保持温暖和干爽。而且这还必须是时尚的。“我们将巴塔哥尼亚的全线产品浸到了五彩缤纷的染缸里，”乔伊纳德后来写道，“深蓝色、青色、法国红、黄色、海蓝及亚麻色。巴塔哥尼亚的服装保持着粗犷本色，超越平凡，显得有些亵渎神明，但它却很奏效。”在 20 世纪八九十年代，巴塔哥尼亚服装的年销量提高到原来的 5 倍，从 2 000 万美元达到了 1 亿美元。彩色的巴塔哥尼亚派克大衣不但能让人在德纳里峰的峭壁上保住性命，也能给在室内体育馆进行攀岩的人带来舒适。这类运动者开始在美国各地如雨后春笋般涌现，他们在 10 米多高的假山壁和预先设置好的着力点上享受登山扣、岩钉和鞋底钉带来的乐趣。

户外休闲及模拟户外休闲运动的爆发对 AMC 和雷诺汽车来说也应该是一件幸事。美国人在 1984 年购买了将近 15.4 万辆吉普，和 1983 年相比几乎翻了一倍。

但是到了20世纪80年代中期，法国人已经厌倦了这场美国大冒险。

他们唯一的目标就是在美国销售雷诺汽车，而这就好比尝试在巴黎销售自助汉堡一样。雷诺在美国的销量于1985年骤降了35%。负责生产雷诺联盟的AMC工厂，位于威斯康星州基诺沙，它是在世纪之交由一家亟待现代化的床垫厂改建的。1986年，雷诺已经给AMC投资了6.45亿美元，超出了原先预期的两倍。

雷诺的绝望给亚科卡带来了机会。亚科卡的户外休闲想法不是来自棕榈泉的泳池旁，就是在他从房车到湾流5号的公司这几十步远的路上产生的。这位克莱斯勒首席执行官拥有一种感知美国脉动的本领，正如他当年在野马和保姆车上所表现的那样。他觉得，吉普完美贴合了美国人活跃或者假装活跃的生活方式。此外，他也迫不及待地想要将这一美国品牌从法国人手中营救回来。其他克莱斯勒的顶级高管都认为收购AMC是疯狂之举。但亚科卡拥有一票决定权。

这笔交易的协商耗费了一年时间。雷诺想要让克莱斯勒承担由于吉普CJ侧翻问题所产生的相关诉讼赔偿，其总额高达20亿美元。而且法国人想将克莱斯勒作为他们在美国销售自家汽车的一个渠道，就跟他们对AMC所做的一样。最后，克莱斯勒同意法国使用位于加拿大的AMC工厂来制造由雷诺开发的汽车，并分摊一部分侧翻问题产生的费用。1987年3月，克莱斯勒宣布将会购买雷诺在AMC拥有的股份以及该公司在其余公司的股份。吉普迎来了47年生命中的第6任东家。美国将很快迎来一场新的文化狂潮。

SUV的辉煌年代

当克莱斯勒于1987年买下AMC时，吉普产品线中最畅销的车型是四门的切诺基。但它也存在许多的不足，其内部空间狭窄且俗气。动力最强劲的发动机也只不过是一台乏力的100千瓦的V6发动机，虽然应付石子路还算可以，但在高速公路上，它的动力还不如一头骡子。克莱斯勒很快就给它换上了更强大的发动机，将功率提高到了 132 千瓦，并创造了名为切诺基限量版的高档版本，配备真皮座椅、金色漆的条纹车身和金色的铝制轮罩。

虽然这样的小修小补让切诺基限量版看起来就像是一个精心打扮过的锡罐，但增强的马力和浮华的修饰的确大受欢迎。克莱斯勒的经销商甚至无法把这些车留在仓库里。一些公司高管在家里还接到亲朋好友的电话，询问是否能有幸购买一辆。克莱斯勒正在将吉普主流化，而美国人正在疯狂抢购切诺基限量版。

克莱斯勒产品线的其他兄弟姐妹们就远没这么好运了，这也正是亚科卡的同事们所担忧的事。收购 AMC 所耗费的资金抽走了产品开发的钱，使克莱斯勒的许多车型都得不到及时的更新换代。克莱斯勒同意销售雷诺汽车的举措也是个代价高昂的败笔。但是切诺基的销量在 1988 年提升了 33%，1989 年又提升了 5%。“SUV”这个词也被收录进了韦氏词典，成为“运动型多功能车”的缩写。

吉普的成功让克莱斯勒的竞争对手大为震惊，它们纷纷采取对策。1990 年，福特用名为探险者（Explorer）的新款四门 SUV 取代了垂老、笨拙的烈马二代，还配备了电动门锁、电动车窗、皮革座椅（当然还带有加热功能）和天窗，外加比狭窄的吉普切诺基更大的内部空间。探险者的销量一举超越了切诺基。

底特律的 SUV 大战爆发了。1992 年，克莱斯勒用吉普大切诺基对探险者发起了反攻。它拥有时髦的外形、可供选配的 V8 发动机，以及类似轿车的“一体式”结构，将探险者的 V6 发动机和比较沉重的车体和卡车骨架比了下去。大切诺基在底特律汽车展上的亮相着实惊艳，公司副主席鲍勃·卢茨（Bob Lutz）开着一辆大切诺基直接爬上了几级台阶，冲破了一层平板玻璃，停在了展台上。参观者不知道的是，这场噱头掺杂了一点造假的成分。他们其实是在适当的时机引爆小型炸药，把玻璃炸开的。

随之而来的是汽车与服装设计的融合，其中有着浓郁的野性时尚元素。福特推出了探险者埃迪·鲍尔（Eddie Bauer）版，车内所使用的皮革足以用来制作两三件防尘外套。吉普在1995年推出了奥维斯版大切诺基予以反击：外观采用了苔绿色，内侧面则是“绿色和香槟色”，车内地毯上还有奥维斯跳跃鳟鱼的图案。一位撰稿人认为，这是一辆适合用来“爬上上流社会之山”的装备。1997年，克莱斯勒给牧马人重新装上了圆形的前灯，总算是安抚了吉普纯粹主义者受伤的心灵。

到了20世纪90年代中期，SUV已经衍生出了许多分支。它们小到汽车杂志所谓的“小可爱”，大到像福特征服者（Expedition）和雪佛兰萨博班（Suburban）这样的“野蛮人”。虽然日本汽车公司在这方面的应对速度稍慢一些，但它们还是意识到SUV并不只是昙花一现的潮流。铃木推出了名为超级维特拉（Grand Vitara）的SUV，这名字听起来像是出自《飞侠哥顿》（*Flash Gordon*）的老插曲。

在几年的时间内，丰田开发出由5款SUV组成的产品线，从“小可爱”RAV4（意为休闲活动车，采用四轮驱动）到重量将近3吨的庞然大物兰德酷路泽（Land Cruiser）。许多中年女性厌倦了保姆车和如影随形的足球妈妈的形象，纷纷购买了这些车。一个新泽西州的家庭主妇在过去的十几年里驾驶过4款不同的保姆车，这一次她购买了一辆丰田超霸（4Runner）。这款车的车头保险杠采用了管型钢材，是专门为穿越非洲国家丛生的灌木而设计，而不是为乖乖地停在帕拉默斯（Paramus）的停车场里。另一个萨拉索塔（Sarasota）的女性为了“怀旧”而花4万美元买了一辆路虎揽胜（Range Rover），她告诉《华尔街日报》说自己从来没有开这辆车去越野的打算。“呃，那得有多脏啊！”她解释道。比尔·莫尔丁漫画中的美国大兵威尔和乔听了这话准会翻白眼吧。

高档SUV开始成为与跑车并驾齐驱的时尚标杆。在墨西哥，克莱斯勒制作了一段影片中，一辆陷入汹涌洪水中的保时捷经过一辆拖着一个滑水者的吉普大切诺基，那个人竖起中指向这辆倒霉的敞篷车“致敬”。在美国，在克莱斯勒的美国销售会议上，经常能看到这段视频。2002年，保时捷推出了自己的SUV卡宴（Cayenne），其 302 千瓦的 GTS 版百公里加速能达到令人咋舌的 5.7 秒。超跑 SUV 就像是河马跟猎豹的混合体。但是每辆 SUV 的利润高达 1 万美元至 1.5 万美元，是普通轿车利润的 10 倍。在这场不断追逐更高利润的征途中，大型 SUV 不断催生出更大型的 SUV，人们的脑海中再也没有“小”这个字。

更夸张的还在后面。1990 年，演员阿诺德·施瓦辛格（Arnold Schwarzenegger）正在俄勒冈州拍摄《幼儿园特警》（*Kindergarten Cop*），这个角色为他接下来担任加利福尼亚州州长做好了完美的准备。他驾驶着一辆军用悍马（Humvee）出入片场，展现了令人难以置信的肌肉。几年后当悍马旗下的民用版本发布时，他买了好几辆。

悍马和吉普拥有许多共同点，包括公司的血统。制造悍马的美国汽车综合公司（AM General）在 1983 年之前也是 AMC 的子公司，后来惨遭抛售。吉普和悍马的首字母缩写都是源自军用载具，吉普是“GP 车”，而悍马的缩写是 HMMWV，指的是高机动性多用途轮式载具。在二战结束后，人们生活中的一切都变得更加复杂了，就连缩写也不例外。

2003 年，美国汽车综合公司与通用汽车公司合作推出一款经过改装的悍马 H2。和里昂比恩的户外外套一样，悍马也被主流化了，如果你能够接受一辆重量超过 3 吨、宽度足以霸占郊区超市两个停车位的“主流”汽车的话。它的百公里油耗高达 20 升左右。环境保护团体对悍马 H2 恨之入骨，克莱斯勒也同样如此，只不过双方怨恨的原因并不相同。在悍马 H2 推出后没多久，克莱斯勒就起诉通用汽车公司，称 H2 抄袭了吉普车前格栅使用了几十年的 7 根竖条的设计方案。联邦法庭最终裁定汽车前脸并不享有专利，即使是 SUV 也不例外。

历史上最庞大的 SUV 并不是悍马 H2，而是于 2000 年发布的福特远足。远足的长度接近 5.8 米，重量接近 4 吨，其 230 千瓦的 6.8 升 V10 发动机百公里油耗高达 23.6 升，而且这一重量的前提是它没有承载任何货物或乘客且驾驶员得是个小矮子。

21 世纪之初是 SUV 的辉煌年代，SUV 可以称得上是新千禧年的尾鳍。尾鳍和 SUV 都是从小众领域开始流行开来，就像打了激素的金属板材一样。廉价的汽油使这两者成为可能。而这两者也成为盲目浪费的有力象征，令新时代的人们感到无法理喻，所以当时对 SUV 的反对情绪也颇为普遍。随着 SUV 时代走向顶点，克莱斯勒陷入了一场灾难性的企业闹剧。1998 年，在亚科卡退休将近 6 年之后，德国戴姆勒－奔驰以 380 亿美元的价格将该公司收购。这笔价格高昂的交易，也要归功于吉普所创造的 SUV 利润的井喷。但是这场交易给公司文化带来了巨大的冲击，成为坦克大决战之后规模最大的德美冲突。

在合并后的戴姆勒克莱斯勒公司工作的德国人和美国人，从鸡毛蒜皮的小事（名片的尺寸）到重大问题（在不破坏梅赛德斯－奔驰品牌地位的前提下，可以在克莱斯勒汽车当中使用多少梅赛德斯的零件），整天都争执不休。德国人连续罢免和更换了许多美国主管。一位美国记者给这家公司起了个外号叫作“克莱斯勒战区”。随之而来的是数十亿美元的亏损和数千人的裁员。2005 年卡特里娜飓风袭击了新奥尔良，导致汽油价格飙升。随着吉普需求的锐减，情况变得更糟糕。福特停产了远足，“油老虎”SUV 的需求至少在一段时间内发生了骤降。

2007 年，戴姆勒放弃了在美国的业务，以当初收购价的零头把克莱斯勒卖给了总部位于纽约的一家资本管理公司瑟伯罗斯（Cerberus）。瑟伯罗斯把克莱斯勒的财务状况搅得更加不堪，使其又持续亏损了数十亿美元，还在华尔街给自己换来了“Clueless”（意为无能，发音近似克莱斯勒）的外号。2009 年 4 月 30 日，当美国深陷 65 年来最严重的一次大萧条时，克莱斯勒在美国政府的保护下递交了破产申请。在财政部的牵头下，将该公司的控制权转移给意大利汽车制造商菲亚特（Fiat），这是当时世界上唯一一家还愿意蹚克莱斯勒这个浑水的公司。又有数千名克莱斯勒员工失去了工作，吉普则迎来了它的第 9 位东家。

希腊女神克利俄（Clio）一定会很喜欢这个笑话：戴姆勒和菲亚特的原产国恰好就是在二战时期被强劲的小吉普给征服了的国家，威尔和乔听到这里一定又要翻白眼了。至少吉普活了下来，而不像悍马。通用汽车公司在克莱斯勒宣告破产一个月后也宣告破产，他们想要把悍马卖出去，但没有找到任何买家。悍马紧跟尾鳍一起被遗忘在了历史的角落里。

不过，有的事情并没有发生变化。吉普人盛典作为一个横穿内华达山脉的年度旅行活动持续举办了50多年，庆祝“越野”意味着汉普顿（Hamptons）之前还有一条不是碎石路的日子。纽约现代艺术博物馆里陈列着一辆1952年的吉普CJ，旁边的标签上写的是美国“文化符号”。

吉普 CJ 系列

时间 1945年

特点 外观简单，功能齐全，源自军用载具

定位 从战场到农场的帮手，民用日常车

背景 战争结束后，吉普在战争中的优异表现使其又投入民用车市场

影响 1. 唤起美国野性派时尚

2. 衍生出的SUV被收录进韦氏词典，成为“运动型多功能车”的缩写

3. 在内饰上首次尝试汽车与服装设计的融合

第 12 章　福特 F 系列皮卡，文化符号与政治象征

> 皮卡最重要的高速操控性能就是为了让你义无反顾地以惊人的速度驰骋在马路上。这一切都是为了啤酒。
>
> ——P. J. 奥罗克《共和党爬虫》

和 SUV 一样，皮卡也能越野，两者的区别在于能不能拖运干草。此外，它们还分别有一些其他的特点。路虎的车主都是些用丝绸套的高模量碳素飞蝇竿钓鳟鱼的人，而皮卡车主则是些握着海淘的坎贝拉牌（Cabela）“巨棍”钓竿钓鲈鱼的人。我们也可以拿驾驶路虎揽胜的新迦南人（New Canaan）和驾驶福特 F-150 的特克萨卡纳人（Texarkana）为例。即便他们的名字都有两个单词，你也

能猜到谁叫让·保罗，谁叫吉姆·鲍勃。

虽然这种刻板印象并没有什么科学根据，但有不少可以印证的旁门左道。你可以试试在开车经过达里恩或者索萨利托时看看那些开皮卡的人是不是都是水管工，到时候就明白了。你也可以去阿马里洛的乡村俱乐部里看看，那里的会员都是开皮卡的。得克萨斯州是美国的皮卡之都，那里的福特经销商将全尺寸的皮卡 F-150 称为“得克萨斯野马”。福特也销售名为漫游者的紧凑型小皮卡，不过真正的得克萨斯人宁可跑到《都市牛郎》(*Urban Cowboy*) 里的那种吉列酒吧里点一杯拿破仑干邑，也不会开什么侏儒一样的皮卡。

美国皮卡的分布地图就像是一个巨大的倒“J”字，从沃拉沃拉县到韦科市，经奥卡拉县一直到萨凡纳市。这样的地理分布刚好包含了美国的红州牛仔、乡村音乐和保守主义的堡垒地区。这种地域上的重合也是皮卡成为如此饶有趣味的文化符号的原因之一。不过，在成为文化符号之前，皮卡还只是低贱而肮脏的劳动工具。农夫和承包商用它们来装运梯子、木材、工具、干草和除草剂，偶尔装运百威啤酒和孤星啤酒 (Lone Star)，这样的事自不必提。

经过了数十年，皮卡已经分成了两个独特且常常敌对的阵营：福特党和雪佛兰党。他们通过保险杠贴纸相互抨击，贴纸上是一个半脱着裤子的淘气男孩弯着腰对着“福特”或者“雪佛兰”撒尿，具体抨击谁就要看卡车车主开的什么车。

但是，在 20 世纪 70 年代早期，皮卡的地位开始发生了变化。南加州的年轻人开始用日本进口的紧凑型小皮卡拖着冲浪板去沙滩上玩，这种皮卡安全可靠又便宜。有一段时间，紧凑型皮卡甚至还威胁到了粗壮的全尺寸车型在皮卡市场中的霸主地位。

皮卡也开始在乡村音乐之都纳什维尔闪亮登场了，有时甚至还真的登上了舞台。多年来，乡村音乐都只是阿巴拉契亚山脉的风情之物，吸引那些相信土地神话的《安迪·格里菲斯秀》(*Andy Griffith Show*) 的观众。而那些口味较重的人则会联想起 1972 年的电影《激流四勇士》(*Deliverance*)。不过后来，乡村音乐也走向了主流，就像约翰·彼得曼的防尘外套和巴塔哥尼亚防风夹克一样。在 20 世纪六七十年代，乡村音乐明星格伦·坎贝尔（Glen Campbell）和约翰尼·卡什（Johnny Cash）开始在黄金档的电视节目里露脸。他们和其他乡村歌手，如洛蕾塔·琳恩（Loretta Lynn）和罗伊·奥比森（Roy Orbison）一样，都在流行音乐排行榜上称王称霸。10 年后，芭芭拉·曼德雷尔（Barbara Mandrell）录下了《当乡村已不再酷的时候，我就是乡村》(*I Was Country When Country Wasn't Cool*）这首歌。

那时的乡村音乐已经大红大紫，换句话说，至少走出了那种将古典小提琴（violin）称为民间小提琴（fiddle）的地方，被更多的人所接受。乡村音乐通过一些固定的主题宣扬传统价值观念：被骗的心灵、虚伪的人、受苦的母亲以及拖着沉重货物的卡车。

随着这种文化现象的扩张，福特和雪佛兰找到一些乡村音乐明星，签下了巨额的宣传合约，帮他们各自的卡车打广告，让保险杠贴纸上半光着屁股撒尿的男孩大战提升了一个档次。人们开始将皮卡作为日常交通工具，当成普通汽车一样使用，而不只是拖运肥猪或者胶合板。有些车主甚至在他们的卡车上贴上了联邦旗帜和枪架的贴画，尤其是那些不怎么抽烟的车主更是如此。

主流化的皮卡同样也提升了档次，加装了后座、四门和用来放超大杯拿铁而非百威啤酒的杯托，至少有些人是这么做的。接着又出现了改装皮卡、哈雷－戴维森（Harley-Davidson）版皮卡，以及售价高昂的、被汽车公司称为“专业级”的卡车。有人会用价值 7 万美元内置导航屏幕的皮卡拖运价值 5 万美元、配备有电子鱼类探测器的渔船。

这种乡下土豪已经超越了生活在阿西乐或者马林县人们所能理解的范畴。在美国人两次将一个驾驶皮卡的得克萨斯人选为总统之后，那里的居民就已经看不懂这个世界了。和保姆车一样，皮卡也承载了许多政治上的负载，算得上是真正意义上的“重大”了。

皮卡竞赛

最早的皮卡和现在的相比缺少许多舒适性。比如，它们在出厂时是没有完全组装好的。想要拖运东西的人就必须分开购买汽车底盘和卡车货厢，然后将这两部分用螺栓连起来。这就像是组装乐高玩具一样，只不过比较大而已。直到1925年，福特才推出了全组装的卡车，并称之为“带皮卡车身的T型朗博特”。几年后，新款福特A型车也推出了全新的组装好的皮卡版本，并由30千瓦的四缸福特发动机驱动。1929年，雪佛兰用一辆六缸皮卡超越了福特，并在广告中夸耀自己的优势为：“六缸的性能，四缸的价钱。”

大号发动机和锋芒毕露的广告口号为福特和雪佛兰卡车之间持续到20世纪的旗鼓相当的大战定下了基调。这是一场独特的美式竞赛。即便在日本汽车制造商占据了美国汽车市场的半壁江山且日本的紧凑型皮卡也在美国流行起来之后，壮硕的全尺寸皮卡的市场依然大部分被福特和雪佛兰占据，其间偶尔会有少量的道奇。毕竟竞技风格的贴纸跟日本车一点儿也不搭。

1930年，福特A型皮卡的销量锐减了40%，而其他车型的销量也并不尽如人意。这是大萧条的前奏，许多穷苦流浪的失业者将所有家当摇摇欲坠地堆在皮卡车上，一路向西前往加利福尼亚州。这令人心酸的场景促使约翰·斯坦贝克创作了《愤怒的葡萄》，讲述了虚构的乔德一家和他们满是补丁的皮卡的旅行故事。当时魅力迷人这样的词跟皮卡毫不沾边。

但是，当斯坦贝克于1939年发表这部小说的时候，皮卡却正在被赋予新的特色。雪佛兰为旗下卡车更换了更宽更低的座椅，方便三名乘客坐在同一排，而且乘客还能挺直腰杆，不用担心颠簸的时候头撞到车顶。这些座椅也更加柔软，不会让人觉得好像在长凳上弹跳。当舒适性开始出现在皮卡之后，这样的势头就愈演愈烈了。

雪佛兰于1947年推出了二战后的第一款皮卡，它在尺寸上发生了巨大的变化，比起二战前的款式，车长增加了约18厘米。这还只是个开始，在接下来的60年里，雪佛兰的皮卡又加长了60多厘米，这一切仿佛是伴随着美国的发展自然产生的。

1948年，福特推出了名为F系列的全新的皮卡产品线，由三款不同车型组成。F-1是最小的一款，面向轻载作业。F-3是巨无霸，适合重型荷载作业。F-2介于两者之间。1953年，公司将皮卡的命名方式更改为F-100、F-200和F-300，后来这些车型就进化成了F-150、F-250和F-350。

1954年，F系列皮卡迎来了“驾驶室”组合套装，其中包括扶手、顶灯和遮阳板等现代舒适性配件。不过，皮卡界在这一年里的重磅新闻是，当雪佛兰的卡车发动机还没有V8的时候，福特已经升级到了V8发动机。即使这样福特的新款发动机也只能提供97千瓦的功率，还不到50年后四缸发动机的一半动力。但福特在皮卡的排行榜上已经遥遥领先了。

然而，福特的领先地位并没有持续多久。一年后，雪佛兰也给皮卡发动机产品线增加了新的“小方块”V8。这跟雪佛兰的老大爱德华·科尔用来提高1955款雪佛兰汽车动力的发动机一模一样。在功率达到121千瓦之后，雪佛兰载有V8发动机的皮卡在动力上完全压倒了福特。福特与雪佛兰的皮卡大战进入了一个新的阶段，让我们看到了未来公司大战的趋势。1957年，通用汽车公司首次在皮卡上采用了四轮驱动。虽然因埃德塞尔的溃败而畏首畏尾的福特花了两年时间才追赶上来，不过它在这一年里凭借名为牧场主（Ranchero）的时尚新车巧妙地胜过了雪佛兰。牧场主将轿车的前脸和皮卡的车身组合了起来。这个概念与古埃及人将人的脑袋和狮子的身体组合起来、起个斯芬克斯的名字并没有什么两样。被打了个措手不及的通用汽车公司在1959年才推出了自己的轿车－卡车组合，即雪佛兰埃尔卡米诺（El Camino）。

1960 年的劳动节后，约翰·斯坦贝克将另一款模样怪异的汽车驶上了美国的高速公路。这位作家离开了位于纽约谢尔特岛（Shelter Island）的住所，开着这辆能把乔德一家吓得合不上嘴巴的皮卡绕着美国转了一圈。这是一辆配置了 V6 发动机和自动变速器的通用汽车公司 GMC。这辆深绿色的皮卡房车配备了超大号的发电机，能够给侧面内嵌的野营灶台供电，从而保证这位上了岁数的作家烹饪、进餐和睡觉。50 年后，虽然有学者对他在这辆卡车里真正做过的事情提出了质疑，认为他其实只是在路边的汽车旅馆里“野营”而已，但斯坦贝克所经历的这场卡车之旅却是毋庸置疑的。尽管他的邻居们取笑他像堂吉诃德一样，但斯坦贝克反而给自己的卡车起名叫罗西南多（Rocinante），即堂吉诃德先生爱马的名字。如果罗伊·罗杰斯可以给自己的吉普取名叫内莉贝尔的话，这位文学界的传奇人物给自己的皮卡房车取一个 17 世纪西班牙小说中战马的名字又有何不妥呢?

这辆皮卡“很漂亮，动力强劲，十分轻盈”，斯坦贝克写道，“它操控起来就像轿车一样容易”。他驾驶着罗西南多穿过美国北部地区，来到西雅图，随后继续前往他的童年故乡，即加利福尼亚州萨利纳斯市的海岸。沿途，他避开了刚开始在美国国土上蔓延开来的超级高速公路。“当我们在美国范围内铺设这些高速公路时，”这位作家写道，“在从纽约到加利福尼亚州的旅途上就欣赏不到任何东西了。”不过，时间证明了一切，后来沿途出现的麦当劳、沃尔玛和雪佛龙加油站都是他未能料到的。

返程时，斯坦贝克选择穿越得克萨斯州南部的一条线路，对此他有这样的评论：“得克萨斯州以其地广人稀的自然风光吸引了不同类型的游人，而这些形形色色的游人在一起通常最后都会产生混搭，比如出现这样的场景：在乡村‘小鬼头’风格交响乐的陪伴下，穿着靴子和蓝色牛仔裤的农场主在内曼·马库斯（Neiman Marcus）这种高端百货公司里购买玉石。”60 年后，至少他所看到的现象依然存在。

斯坦贝克的旅程最终写成一本于 1962 年出版的畅销书，名为《和查理一起旅行》，查理是陪伴他走完这段旅程的爱犬的名字。就像凯鲁瓦克出发寻找自我，P.J. 奥罗克出发寻找啤酒一样，斯坦贝克出发寻找的是美国。这场伟大的美国公路之旅从头到尾或多或少就是在寻找某种有意义的东西。

逃避鸡肉关税的招数

1963 年，在斯坦贝克发表《和查理一起旅行》的一年后，由于美国和欧洲之间发生的一场贸易纠纷，皮卡奇怪地被卷入了这场巨大混乱之中。除了改变了皮卡市场的格局之外，这场混乱还在官僚政府的无能史当中写下了一段最富喜剧色彩的篇章。一切都要从几个欧洲国家突然对来自美国的进口鸡肉收取关税开始说起，这是一种极不友好的单方面举措，实际上就是赤裸裸的地方保护主义行为。1963 年 12 月，在成为总统仅几周，林登 · 约翰逊（Lyndon Johnson）就采取了报复性的应对措施，这一政策后来被人们称为“鸡肉关税”。

虽然叫这个名字，但约翰逊的这项新关税其实并不适用于进口鸡肉。当时根本就没有什么进口的鸡肉。欧洲人将他们的肉鸡全都用于国内消费，根本就没想过要碰美国的鸡窝。所以约翰逊的新关税只适用于许多奇怪的类别：白兰地、工业淀粉、糊精（用于制作信封胶水）和皮卡。皮卡跟鸡肉风马牛不相及，但它却与政治息息相关，毕竟底特律的汽车公司和全美汽车工人联合会对 1964 年约翰逊竞选总统提供了支持。鸡肉关税要抽走进口卡车的 25% 作为税费。这一税款使来自国外的紧凑型卡车的售价与全尺寸卡车几乎相当了，而紧凑型皮卡的尺寸只有后者的 2/3。在鸡肉关税和 20 世纪 60 年代低廉的汽油价格的共同作用下，人们几乎没有什么购买小型卡车的理由。在 20 世纪六七十年代，紧凑型皮卡就跟纽约曼哈顿的玉米田一样稀有。

但是，1973 年在阿拉伯国家“石油禁运”事件发生之后，汽油的价格翻了一番，美国人开始寻找燃油经济性更高的汽车。敏锐的汽车公司开始进口小型皮卡。正如一般公司的习惯性做法，他们会寻找专家来帮忙避税。其中一个妙招就是将皮卡的驾驶室和货厢分开，作为两件独立的货品进口，这样从法律上就将一辆卡车变成了两项零件。在两项“零件”都通过海关之后，他们就会将其拖运到附近的仓库里组装起来，摇身一变！一辆免税的皮卡就诞生啦。采取这种策略的公司并不只有丰田和日产。就连身为鸡肉关税主要支持者的福特、通用汽车公司和克莱斯勒都这么做。三巨头与一些日本汽车公司达成了交易，生产可以以“零件”形式进口的皮卡，然后重新组装，贴上福特、道奇和雪佛兰的标识进行销售。

雪佛兰 LUV（轻型多功能汽车）就是这样一款卡车，由五十铃（Isuzu）在日本为福特制造，于 1972 年在美国发布。福特对应的是由马自达在广岛生产的信使（Courier）。道奇公羊（Ram）50 同样也是在日本生产的，合作方为三菱汽车（Mitsubishi Motors）。底特律才不会为了一点点虚荣而跟钱过不去。

当贸易监管机构堵塞了这一漏洞之后，这些汽车公司又想出了新的对策。例如，斯巴鲁进口了一款名为 Brat（意为调皮鬼）的汽车。“由于在车厢里焊有两个座位，”《沃德汽车年鉴》（*Ward's Automotive Yearbook*）在 1979 年报道中描述道，“它就在名义上成为一辆多功能乘用车，那么在文件上也就不再是一辆卡车了。”一旦这辆“轿车”通过美国海关，他们就可以将两个座椅拆掉。这真是个不折不扣的调皮鬼。

多亏了这些旁门左道和 20 世纪 70 年代高涨的汽油价格，紧凑型皮卡的销量一路飙升。1970 年，全尺寸的卡车和紧凑型卡车的销量比是压倒性的 20∶1，但到了 1980 年，这一比例就缩小到了 2∶1。美国人在这一年里购买了 63 万辆紧凑型皮卡，和 10 年前比起来增长了 10 倍。令人惊讶的是，小型卡车开始变得流行且时尚起来。这还不止在得克萨斯州或者田纳西州，毕竟这里的时尚就是蓝色牛仔裤配牛皮带，就连加利福尼亚州的马利布沙滩和奥兰治县都流行起了小型卡车。当时年轻人只需不到 7 000 美元就能买到一辆紧凑型皮卡，这还多亏了那些逃避鸡肉关税的招数呢。

然而，在20世纪80年代初期，政府的管理机构收紧了贸易规定的要求。由于紧凑型皮卡人气太高，所以福特汽车公司和通用汽车公司决定在美国本土进行生产。福特推出了美国产的福特漫游者来取代信使，而雪佛兰也用一款名叫S-10的新型卡车补充了LUV的产品线。它们在表面上占尽了鸡肉关税的便宜，至少在1983年之前是这样的，因为在那之后，日产就开始在田纳西州一家非工会工厂里生产紧凑型皮卡了。其他日本汽车公司也跟随日产和在俄亥俄州制造雅阁的本田汽车公司的脚步，建造了自己的美国工厂。一项旨在竞争中保护三巨头和全美汽车工人联合会的利益，并根据他们的需求而制定的措施，在实施的过程中弄巧成拙。因此在1986年和1987年，紧凑型皮卡的销量超过了全尺寸皮卡，这令通用汽车公司、福特汽车公司和克莱斯勒乱了阵脚。大型皮卡是他们利润最丰厚的车型，经销商朝紧凑型皮卡的转移给他们带来了威胁，破坏了公司的利润结构。

但是在20世纪80年代末期，汽油价格下跌，潮流又毫无征兆地转回了大型皮卡上。当时紧凑型皮卡正在变得越来越大、越来越贵，价格也已经攀升到了与大型卡车几乎持平的地步。而保姆车和SUV的人气增长也殊途同归地让美国人习惯于驾驶大型汽车。1995年，全尺寸皮卡的销量再次达到了紧凑型皮卡的两倍，而通用汽车公司和福特也正想方设法将它们的大型卡车变成时尚的代表。

乡村音乐主流化

20世纪60年代末电视行业正处于中年时期，距离《橘子郡娇妻》（*Real Housewives of Orange County*）和《泽西海岸》（*Jersey Shore*）开播还有遥远的40年，黄金时间的节目都是由综艺节目、而非“真人秀”节目组成。这些由艺人、喜剧演员或歌手主持的节目都大同小异。但是在1968年夏天，一个名叫格伦·坎贝尔的清新乡村歌手以嘉宾身份在《斯马瑟斯兄弟喜剧时光》（*the Smothers Brothers Comedy Hour*）节目中出场。由于人气爆棚，短短几个月后，他就在哥伦比亚广播公司得到了一个自己的节目，即《格伦·坎贝尔欢乐时光》

（*Glen Campbell Goodtime Hour*）。这是首个在黄金时段围绕乡村音乐打造的广播综艺节目。坎贝尔非常适合将南方乡村音乐带入美国人的主流客厅。作为一个在南部开创自己事业的阿肯色州人，他在20世纪50年代末期来到洛杉矶，与沙滩男孩一同巡演，在这一过程中横跨乡村音乐和流行音乐的世界。1967年，他获得了两个类别的格莱美奖：《最温柔的我》（*Gentle on My Mind*）赢得了乡村音乐奖，《当我抵达凤凰城》（*By the Time I Get to Phoenix*）赢得了流行音乐奖。虽然他的电视节目只持续了三年半的时间，但引领了当时的潮流。

1969年，歌手约翰尼·卡什也在美国广播公司得到了一个黄金档节目。在两年时间里，这两档节目一直互相竞争难分伯仲。《约翰尼·卡什秀》（*The Johnny Cash Show*）在1971年停播，另一个乡村音乐新星约翰·丹佛（John Denver）在同一年里录制了成名曲《乡村路带我回家》（*Take Me Home, Country Roads*）。这首歌讲述了他渴望重返西弗吉尼亚的故事。3年后，丹佛录制了《感谢上帝，我是一个乡村男孩》（*Thank God I'm a Country Boy*），这首歌描述了简朴的乡村生活乐趣，至于那是真实的还是想象的已经不重要了。与此同时，洛蕾塔·琳恩的代表作《矿工的女儿》（*Coal Miner's Daughter*）不仅催生了一本畅销的自传，而且还在1980年带来了同名的奥斯卡获奖影片。

艰苦的成长环境似乎对乡村音乐的成功至关重要。格伦·坎贝尔是佃农之子，约翰尼·卡什小时候收割过棉花。洛蕾塔·琳恩在13岁的时候就出嫁了。约翰·丹佛的情况稍微好一点儿，他是美国空军军官的儿子。不过他的真名叫约翰·得奇道夫（John Deutschendorf）[①]，估计也够他受的了。

1976年，一位种花生的农民当选为美国总统，这件事进一步加速了乡村音乐的主流化。吉米·卡特出生于佐治亚州普莱恩斯郊区的一个小村庄，他对皮卡充满热爱。1977年，卡特上任的第一年，密西西比大学建立了南方文化研究中心。就在15年前，南方文化还意味着吉姆·克劳法（Jim Crow Laws）和像莱斯

① Deutsch是德语“德国的”意思。——译者注

特·马多克斯（Lester Maddox）这样的种族隔离主义州长，他是卡特在佐治亚州议会大厦的前辈之一。1962 年，当詹姆斯·梅雷迪思（James Meredith）成为密西西比大学第一个入学的黑人时，那里曾是骚乱的现场，但随着吉姆·克劳法的废除，佐治亚人入主白宫，以及乡村音乐的流行，南方文化开始赢得人们的尊重。

关注卡特的记者们很快就发现了总统爱喝啤酒的坏男孩弟弟比利，比利教他们谦谦君子和乡巴佬之间的差别。“谦谦君子……是驾驶皮卡到处跑，就跟我一样，喝完啤酒还会扔进垃圾桶里的人，”他解释着，而记者则从对总统的崇拜光环中走了出来，“乡巴佬则是开着皮卡，喝完啤酒直接往车外一扔的人。”

在卡特那个年代，从皮卡里往外扔啤酒瓶已经变得越来越容易，因为皮卡开始增加更多的门窗。在 20 世纪 70 年代早期，道奇以及随后的福特推出的超级驾驶室（Super Cab）皮卡在车尾加装有两个铰链的小门，虽然乘客可以通过它们坐在后排窄小的座椅上，但大部分人都将它们用来堆放物品。

超级驾驶室的升级版叫作平头驾驶室（Crew Cab），也被称为四方驾驶室（Quad Cab），它提供了 4 扇完整尺寸的车门和能供成年人使用的后座。早期的平头驾驶室卡车虽然在 20 世纪 50 年代末期就问世了，但在 20 世纪 70 年代中期之前都一直没有收获多少人气。在给皮卡增加了后座、车门和更大的内部空间后，皮卡的用途和吸引力又增加了许多。1987 年，福特 F 系列皮卡成为美国最畅销的汽车，取代了通用汽车公司的奥尔兹莫比尔超级短剑（Cutlass Supreme）。这是皮卡首次取代轿车登顶汽车销量排行榜。当时还没有人敢预测 F 系列能在排行榜上逗留的时间。

与此同时，皮卡在两部热门电影中也扮演了配角。在 1979 年的《电光骑士》（*The Electric Horseman*）中，罗伯特·雷德福（Robert Redford）饰演桑尼·斯蒂尔（Sonny Steele），这个失意的竞技牛仔带领他的爱马脱离了沉闷的生活。雷德福在驾驶一辆拖着拖车的皮卡帮助爱马回归大自然重获野性之后，拯救了这匹原本郁郁寡欢的马。一年后，在《都市牛仔》(*Urban Cowboy*) 中，约翰·特拉沃尔塔（John Travolta）在一间酒吧里为了证明自己的阳刚之气而骑上了机械牛。在与机械牛激烈抗争的过程中，特拉沃尔塔还大打出手，其后的驾驶皮卡，进一步表现出了男人气概。

皮卡还出现在许多乡村音乐中：《破旧的卡车》(*Ragged Old Truck*)、《皮卡之歌》(*Pickup Truck Song*)、《破旧大卡车》(*Big Ol' Truck*)、《开皮卡的男人》(*Pickup Man*)、《那辆旧卡车》(*That Old Truck*) 和《这辆旧卡车》(*This Old Truck*)。(最后一首歌出自澳大利亚的一位录音歌手，澳大利亚的内陆地区跟美国得克萨斯州的狭长地带没什么两样。) 尽管这些歌曲的名字都相似得令人抓狂，但至少它们的主题是不一样的。《破旧的卡车》说的是一个得克萨斯人与"那头小母牛"婚后的压抑生活，不过小母牛这个词听起来似乎挺可爱的，不像是在形容某个悍妇。《破旧大卡车》则是关于爱上"一个开四轮驱动车的女孩"的故事。

乔·迪菲（Joe Diffie）在《开皮卡的男人》的副歌部分唱道："开皮卡的男人就是有一些让女人喜欢的地方。"这很明显是一语双关。在 1995 年，迪菲录制了《勒罗伊的红颈驯鹿》(*Leroy the Redneck Reindeer*)，讲的是一个英勇的动物驾驶皮卡前往北极，接替表亲鲁道夫的班，拯救了圣诞节的故事。

到了 1990 年，底特律的市场营销经理决定借助乡村音乐来销售卡车。雪佛兰购买了鲍勃·西格（Bob Seger）的热门摇滚歌曲的版权，而西格刚好又是底特律本地人。歌曲唱道，"和石头一样……我无比强壮……"，歌词将一辆运动的汽车与静止的物体做对比，而不是什么动物或者飞机，这并不是什么直观的广告策略。但是拿长颈瓶喝孤星的人并不这样想，或者他们根本就什么都没想。西格刺耳的哀号大受好评，雪佛兰在十几年里都用这首歌来推销。

虽然这首歌并没有让雪佛兰索罗德（Silverado）的销量超过 F 系列，但也让索罗德一直紧追着福特不放。福特在 1992 年发动了反击，签署了一项协议，成为达拉斯牛仔队的官方卡车合作伙伴。这一行动起到了绝佳的效果，以至于雪佛兰在1999年将这一赞助权从福特手中抢走了好几年。

各式各样的专用皮卡

1993年，在全尺寸皮卡市场被远远甩在后面的道奇发生了一次突破。它推出了一款翻新的全尺寸皮卡，并配备了“升降底盘”，看起来就像肌肉发达的肩膀一样，对马克（Mack）卡车形成了很大的威胁。道奇的设计师咨询过出生于法国的心理学家兼人类学家克洛泰尔·拉帕耶（Clotaire Rapaille），专家认为壮硕的卡车能展现出男性被压抑的野性本能。也许这是一种心理学疾病，但道奇的皮卡销量确实直冲云霄。

与此同时，福特开始开发一系列全新的专用皮卡，可以做许多拖运干草以外的事情。1993年，公司发布了名为F-150 SVT闪电（Lightning）的皮卡，这是一辆配备了跑车发动机的皮卡。其1999年款搭载了268千瓦的V8发动机，还配备了增压器和中冷器，这两个功率增强设备通常都是专门供跑车使用的。SVT闪电虽然看起来像是拖干草的笨家伙，但百公里加速的时间只有短短的5.6秒。“这是一辆可以跟宝马M3并驾齐驱的皮卡，”《汽车趋势》写道。福特的高管非常喜欢这款车。

1994年，福特推出了另一款用来拖运“肥猪”的特殊皮卡，即F系列的哈雷－戴维森版。这里的“肥猪”指的并不是肉猪，而是那些“巫师”喜爱的两个轮子、全身黑漆的摩托。不过，所谓的巫师只不过是假名罢了。许多哈雷－戴维森版车主都是会计或者泌尿科医生，他们会在周末驾驶摩托车出去兜风，释放自己内心的狂野。他们可以用哈雷卡车拖着哈雷摩托去参加哈雷的秘密集会，恨不得在脸上都写上哈雷两个字。和T型车一样，哈雷－戴维森版只有一种配色。虽然官方称之为“深紫水晶”，但跟黑色放在一起根本就分辨不出来。这款卡车在前挡泥板上还印有哈雷－戴维森的商标，在真皮的主驾座椅上也有商标的压花。2005年福特增加的选配是从翼子板开始的赤色火焰形贴花。它们是“业内第一批带着火焰贴花出厂的卡车”，该公司夸耀道。

雪佛兰用雪崩（Avalanche）予以反击，其重量接近 3 吨，既有卡车的特点，也有 SUV 的特点。折叠式板材让后座区域可以扩展到卡车货厢里，形成完全封闭的空间。这款卡车就像成人版的变形金刚玩具一样。雪佛兰雪崩在上市整整两年的 2003 年售出了超过 9.3 万辆。

不过，尽管雪崩大获成功，福特依然在 21 世纪早期在卡车界占据了明显的优势。它成为野兽战车（Monster Jam）活动的官方赞助商，活动中一群安装了超大轮胎的皮卡相互竞技，比赛看谁能表演出最惊人的特技。福特还在 2002 年从雪佛兰手中重新夺回了达拉斯牛仔队的赞助合同。而针对雪佛兰在乡村音乐界与鲍勃·西格的尖端合作，福特也不示弱，签下了自己的两名乡村歌手，首先是艾伦·杰克逊（Alan Jackson），随后是托比·基思（Toby Keith）。福特帮忙策划了基思的演唱会，“将该品牌植入到了演唱会中，增强了娱乐体验”，公司的一位发言人解释说。这同样也让托比·基思的银行账户得到了“增强”。

2001 年，福特还推出了另一款特殊版本的 F 系列，即国王牧场（King Ranch），这个名字来源于得克萨斯州最大的牧场。印着国王牧场的长角牛商标的双线缝合马鞍皮革座椅所耗费的皮革要比大多数牛身上的都多。这款卡车的中控台大到足以打扑克，而且内饰采用了大量的拉丝不锈钢，让人想起零度以下的冰箱。这是一款终极的得克萨斯卡车，其售价也同样是得克萨斯级别的：6 万美元，如果选择了冷暖座椅和方便乘客进入卡车货厢的尾门“台阶”这样的配件，那么价格还会更高。

福特面向城市里的滑头推出了 F 系列白金版（Platinum），按照公司的说法，这是专门为“城市奢侈一族”设计的。这款卡车具备闪闪发光的铬合金拖车挂接球，而不是普通的钢球，并且其卡车货厢也采用了颜色相配的精美装饰，令城市盗贼望而却步。

福特还签约成为职业骑牛大赛（Professional Bull Rider，PBR）的官方卡车赞助商。这项赛事在皮卡界非常受人关注，比壁球或者长曲棍球之类的比赛热门多了。这些宣传手段都是在“卡车配件展览室”策划出来的。那是位于底特律附近的福特办公室里的一个秘密小窝，里头陈列着卡车爱好者心目中的许多圣物。其中包括套索、牛仔靴、牛仔帽、职业钓鱼鱼饵、捞鱼网、独木舟划桨、诱饵鸭、破旧的工作手套和印着“老大哥”（Big Big Daddy）字样的T恤。旁边还有6打PBR：帕布斯特蓝带啤酒（Pabst Blue Ribbon）。和许多其他神圣的地方一样，进入卡车配件展览室也有一些礼仪规范：端着咖啡或者穿着粉色衬衫的人不得入内。不管是草莓还是猕猴桃，一律不得入内。而且禁止行李箱入内，除非里头装的是高尔夫球杆。正如福特所定义的，卡车配件展览室是“体验营销”中的一个种方式。在那里公司卡车部门的员工可以在无须出差的情况下，利用午餐时间体验得克萨斯州和亚拉巴马州的异域情调。

实验性市场营销激发了福特卡车部门的灵感，赞助了一部名叫《行行出状元》（*Dirty Jobs*）的电视真人秀。这个节目会让上班族用福特卡车体验完成一些在汽车使用过程中必须面对的令人讨厌的油乎乎的任务，这让许多卡车车主觉得很有意思。观看《行行出状元》的F系列车主要比看《经典剧场》（*Masterpiece Theatre*）的车主多得多。这是很自然的事情，一位福特的女性发言人解释说，因为他们“以息息相关的方式将我们的汽车融入了节目之中”。应该注意的是，像“与环境相关”的短语在卡车配件展览室是严令禁止的。违反规定的人会被罚款1美元，这比参加疯狂大脚怪（Monster Jam）里的禁令好多了。

得克萨斯州是大型卡车室

得克萨斯州实质上就是一个大型的卡车配件展览室。在美国，每销售8辆车其中就有一辆皮卡，而在得克萨斯州，这个数字是4。许多得克萨斯人在农场的劳动、石油钻井和建筑工地上都需要皮卡的帮助。还有的人则只是因为这是当地的习惯而想要拥有一辆而已。有时候，需要一辆皮卡和想要一辆皮卡之间的区别是很模糊的。

奥斯汀的得克萨斯大学的管理学教授布赖恩·琼斯（Bryan Jones）在往返学校的 5 分钟路程上就驾驶着一辆福特 F-150。他是否需要一辆皮卡呢？他是个大块头，他解释说，要把 1.95 米高的身躯塞进一辆普通的轿车里会让他觉得腰酸背痛。他在约翰逊城附近的乡下还有一片地，偶尔会开车去那里看看。四轮驱动的卡车就是他的交通工具。“作为一名教授，我并不是要用这辆皮卡来显示身份。”琼斯坚决表示。

不过，有许多得克萨斯人确实如此。在这个州长大的大多数人在童年时都对皮卡趋之若鹜。在 20 世纪 60 年代早期，约翰·威利福德（John Williford）还在夏纳（Shiner）啤酒的故乡夏纳小镇读高中。他和朋友们最喜欢的夜间活动就是带上半打夏纳啤酒，找一片没人的牧场，打开远光灯，爬上卡车货厢比赛打野兔。射击本身很简单，但真正射中小动物却是非常艰难的，不管有没有啤酒。长耳大野兔可以像燕子一样敏捷地前后跳跃，但皮卡不能，所以就会有人被甩下车。

数十年后，威利福德成为一名律师，在休斯敦市区的一幢办公楼里上班，旁边有个车库，写着欢迎皮卡。车库的房顶很高，空间也大到足以停放卡车。威利福德估计车库里有一半的车都是 F-150、索罗德或者道奇公羊。不过威利福德自己却是开梅赛德斯 - 奔驰上班的，至于他那辆扩展了驾驶室的雪佛兰索罗德则专门用来钓鱼、打猎、拖运及做其他周末活动。

和许多得克萨斯人一样，威利福德对于什么样的人开什么样的卡车有一套独特的见解。那些在皮卡上装点了踏脚板、贴花，还在后窗上张贴猎场景色的人都是“好老弟”，这是他的叫法，这种人只会开卡车去酒吧而已。“尤其是如果他们还穿着 300 美元的鳄鱼皮靴子的话，”威利福德说道，“很可能在买下这双鞋子之后他们就把钱用完了。”有“财产”的人，也就是在得克萨斯州的那些地主，都知道脚踏板除了能吸引牛粪之外就毫无用处了，威利福德解释道。他还补充说，枪架完全就是吸引小偷光顾的诱饵。威利福德把枪藏在索罗德后座的一处隐秘的工具箱里。

同样，和许多得克萨斯人一样，威利福德知道许多有关皮卡的故事。其中一个故事讲的是在2004年袭击圣安东尼奥北部的希尔县的洪水。“有两个好老弟在水位低的时候把F-150停在了海斯县305号公路横跨布兰科河的桥上，”他讲述道，“他们在卡车货厢里架起了草坪躺椅，打开了几瓶啤酒，就坐着等水位上涨。等水真的涨起来时，哎哟妈呀，快得超乎想象。卡车被冲到了下游，很快就变成了一艘海陆两栖突击艇，顺着布兰科河急冲而下。当卡车在激流中打转时，这两个好老弟靠抓卡车货厢的扶手才幸免于难，要不是他们喝了大量的孤星啤酒让神经系统麻痹了，不然就不可能毫发无损。

然而，“卡车就没这么幸运了。它被冲进了河边新建的一家餐饮中心的大门，这家店是我朋友布鲁克斯开的，里头有阳台、长凳、定制的烧烤架和一面得克萨斯州州旗。当草坪上多了一辆四脚朝天的卡车之后，这个地方就更显得惨不忍睹。”

这是一个真实的得克萨斯卡车故事，而且还跟着一个与故事本身同样滑稽的续集。汽车保险公司拒绝为布鲁克斯的财产损失理赔，认为这是保险合同当中的不可抗力因素。这一事件是“神的行为”，保险公司称，而不是这两个“好老弟”的行为。

威利福德最喜欢的另一个皮卡故事和他的老婆有关。虽然她很少会开老公的雪佛兰卡车出去，但有一天，在威利福德的要求下，她开着这辆车去附近的卡车配件商店购买新的拖车钩钢球，准备安装在后保险杠上。她回到家，带回了一件商店向顾客赠送的T恤，上面写着“得克萨斯州最硬的球”。

美国人的乡村村梦

在皮卡诞生后的半个世纪里，即从20世纪20年代末期到20世纪70年代末期，它都只是毫无魅力的劳动工具。但随着乡村音乐开始流行，牛仔变酷，万宝路牛仔们不再成天坐在马鞍上，转而开始坐在 F-150 国王牧场双排座驾驶室的马鞍皮的座椅上了。其白金版令人想起过去那个时代的精神，当时人们还将借来的钱称为“债”而不是贷款呢。当时微软的百万富翁们还拆除了杰克逊·霍尔（Jackson Hole）价值 500 万美元的总部，在那里建立了一个 1 000 万美元的总部。

2004 年和 2005 年是皮卡的巅峰期。在这两年里，美国人购买的皮卡数量超过了 320 万辆，其中全尺寸卡车占 80%，有超过 90 万辆都是各种版本的福特 F 系列。如此诱人的利润让那些从底特律挖走大量顾客的日本汽车制造商开始尝试瓜分皮卡市场。2003 年，日产在密西西比州耗资 14 亿美元的新工厂竣工，制造了第一款全尺寸皮卡泰坦。

泰坦的目标客户是“现代卡车爱好者”，日产如是说，也就意味着其目标并不是农场主或者承包商，而是在工作日开卡车上下班，在周末拖运游艇或者越野摩托的市郊牛仔。然而，泰坦并没有像雪佛兰和福特的卡车那样提供不同的发动机选择或重型版本提供额外的拖运功能。除此之外，皮卡买家的品牌忠诚度很高，从那些贴撒尿小孩车贴的人身上就可见一斑。在那一年，日产对销售 10 万辆泰坦的目标只能望洋兴叹。

2007 年，丰田汽车公司推出了旗下首款全尺寸皮卡坦途（Tundra）。和日产一样，丰田在位于圣安东尼奥最新开张的美国工厂里进行该车型的生产，此地正是得克萨斯州卡车之乡的中心。但是坦途卡车使用了没多久就出现车架生锈的情况，这简直就是对 20 世纪 70 年代困扰底特律的质量问题的重现。丰田不得不召回这款卡车，于是它们也和泰坦一样大败而归。

2008 年，道奇也遭遇了一场皮卡的灾难，当时它高调推出了一款改进版的公羊。2008 年 1 月，该公司将 130 头长角牛运送到底特律，赶在该市一年一度的车展之前举行了一场大游行，让这款新卡车和奔牛共舞。这场活动就像是把得克萨斯州搬到了汽车城里一样，只不过一些过度紧张的司机开始发生相互碰撞，电视机前的观众们跟随着旋转的摄像机和现场围观的当地小孩一起目睹了这场混乱的景象。虽然新款道奇公羊获得了大量的公众关注，但是大多数都是将它讥讽为蛮牛和“断背皮卡”（Brokeback Pickup）。

在21世纪的前十年里，皮卡开始不仅在文化上，而且在政治上发挥着重要的作用。在2000年的总统大选中，美国广播公司（NBC）通讯记者蒂姆·拉瑟特（Tim Russert）根据每个州的政治偏向将它们分别用蓝色和红色表示。很快“红州”和“蓝州”这两个词就成了公认的政治倾向的简单表达。皮卡则成了那些开卡车去上班、喝酒、遵守规定（可能要除去禁止酒后驾车的法律）的老实人的标志。虽然并没有多少老实人会开SVT猛禽（Raptor）或者白金版，但这有谁会在乎呢？

在2010年年初，皮卡的象征意义为平息美国数十年来最严重的一次选举事故起到了重要的作用。在来自美国最蓝州马萨诸塞州满腔蓝血的特德·肯尼迪参议员被杀害后，为填补其空缺而举行的特别选举由一位名叫斯科特·布朗（Scott Brown）的名不见经传的人拿下。他竞选时开的是一辆深绿色的2005款GMC峡谷（Canyon）皮卡。虽然这只是一辆放在得克萨斯州会被人嘲笑的紧凑型卡车（尽管通用汽车公司称其为“中等尺寸”），但在马萨诸塞州人们并没有这样的判断。“布朗先生以马萨诸塞州所有人的代表这一形象出场，”《纽约时报》写道，“在美国范围内通过众多演讲和一则电视广告展示了他的皮卡……”

在当选的那一夜，布朗接到了来自巴拉克·奥巴马总统的来电祝贺。“当我在跟总统通话时，”布朗面对兴奋的支持者们说道，“开口第一句就是：‘你想让我把卡车开到华盛顿来让你看看吗？’”听众掌声雷动。在10个月后的2010年国会中期选举中，代表众议院的一位田纳西州候选人宣称自己是个“喜欢开卡车、打猎，疾恶如仇、热爱家庭的乡村男孩”。

到了这个时候，美国的皮卡潮流正在褪去，至少在得克萨斯州和田纳西州之外的地区是这样的。在卡特里娜飓风袭击新奥尔良和油价飙升的2005年年末，皮卡的销量开始变得疲软。2006年，一位代表汽车贸易组织的说客正开车经过

495 号州际公路，也就是环绕华盛顿特区的首都环城高速回家。他瞄到右边车道上有一辆福特 F-250 皮卡，开车的是个身穿蓝色运动上衣、打着蝴蝶结的瘦小男子。这个司机看起来有点像书呆子，好像不是什么万宝路牛仔。这名说客心想，皮卡潮流的末日已经近在眼前了。

的确如此，2008 年汽油价格突破了每升 1.05 美元。那年秋天，美国陷入了从乔德一家西行之后最严重的一场金融危机。2009 年春天，通用汽车公司和克莱斯勒宣告破产，随后他们在美国和加拿大政府提供的数十亿紧急援助资金的帮助下才熬了过来。福特汽车公司也好不容易才幸免于难。

2010 年，皮卡在美国汽车市场中的份额已经跌倒了 13%，而在 5 年前的 2005 年，这个数字是 19%。在这样一个 0.1 个百分点就意味着数 10 亿美金的产业里，这是一次沧海桑田的巨变。在工作上需要皮卡的人们，即农场主、牧场主和承包商，依然会购买它们。但是那些为了拖运越野摩托，或者只是拿来炫耀而购买卡车的人就转回去买轿车了。当然了，没钱的人就干脆什么都不买了。

福特与雪佛兰依然在皮卡市场中保持着平分天下的局面，这一点从 20 世纪 50 年代起就未曾改变。通用汽车公司和福特目前正在生产的重型卡车可以拖运将近 11 吨的货物，如果这是一艘渔船的话，那尺寸已经大到把鱼都吓跑了。2011 年，福特 F 系列依然是美国销量最佳的车辆，将这个纪录连续保持了 33 年。当福特的卡车在 20 世纪 70 年代末期首度登顶时，谁都想象不到这一成就。虽然皮卡并不会像尾鳍那样彻底衰败和消失，但是美国的汽车潮流正在步入一个新的时代。

皮卡 F 系列

时间 1948 年

特点 融合了舒适性与实用性，V8 发动机

定位 由三款不同车型组成，满足不同载重量

背景 人们对汽车运输能力需求的不断提升

影响
1. 首次取代轿车登顶汽车销量排行榜，成为美国最畅销的汽车
2. 人们开始将皮卡作为日常交通工具，它成为“郊区牛仔”的时尚代表，与乡村音乐一起进入美国主流文化
3. 对平息美国数十年来最严重的一切选举事故起到了重要的作用

第 13 章　丰田普锐斯，创新混合动力时代的到来

这已经成为汽车界的一个里程碑：一款未来的汽车，一款为这个原油稀缺、温室气体过剩的世界而设计的汽车。

——《财富》

你有一辆普锐斯……你可能为了环保堆肥、把所有回收物分类，并且在去全食超市的时候带上可重复使用的购物袋。你是最棒的！那么，我们还需要奥巴马贴纸吗?

——《波特兰水星报》(*Portland Mercury*)

几乎从电视机刚出现的那时起，就有电视节目将汽车作为主角。罗伊·罗杰斯在50年代有他的吉普内莉贝尔。巴兹和托德在20世纪60年代的电视剧《66号公路》中驾驶着科尔维特出生入死。而在20世纪80年代早期的电视剧《杜克兄弟》(*Dukes of Hazzard*)中，鲍·杜克和卢克·杜克乘坐他们的橙色的道奇战马“李将军”在乡村公路上叱咤风云，一次又一次地击败大反派霍格老板。

这三款车都是各自节目中英雄主角的忠实伴侣，就像是拥有更大马力的爱马一样。汽车在电视上很少被塑造成丑角，至少在HBO电视网于世纪之交开播情景喜剧《消消气》之前都从未有过。《消消气》讲的是一个名叫拉里的电视编剧兼制片人和他具有环保意的妻子谢丽尔及偶尔出场的丰田普锐斯的故事，普锐斯是第一款油电混合汽车。其中令人印象深刻的一集中，拉里朝另一个普锐斯车主招手，希望跟这个环保精英寒暄一下，但对方却冷眼相对，于是拉里就追了上去。像是报应一样，他因太笨拙而意外地撞到了一条狗，追逐才算结束。

在50年的跨度中，电视上的英雄已经发生了变化。同样，汽车也是。1997年丰田汽车公司在日本推出了普锐斯。这款车型在低速时使用电池驱动，而在达到每小时48公里时，其小型汽油发动机就会启动。电池可以通过汽油发动机来充电，也可以从汽车的制动行为中获取能量，因此这块电池不会耗尽，从而让这辆车永远无须充电。

虽然普锐斯在日本取得了成功，但并没有走红。传统的小型汽车也能提供很好的燃油经济性，而且价钱也便宜得多。尽管普锐斯的刹车可以吸收能量，但有的时候有点“过分”，会让汽车在正常停车时突然抖动。丰田花了3年时间才解决了种种的问题，普锐斯直到2000年才登陆美国。然而，当时的美国人依然迷恋着SUV这样的耗油大户，导致普锐斯在第一年只卖出了6 000辆。

2003年，丰田普锐斯在奥斯卡上扮演了一个星光熠熠的角色。那些想要表现环保意识的男女演员们被安排驾驶普锐斯出席现场活动。虽然这些明星的私人飞机和2 700多平方米的豪宅更值得炫耀，但毕竟他们都是靠扮演与自己不同的角色来谋生的。

普锐斯在2004年迎来了一次突破，当时丰田汽车公司发布了其第二代车型。新车的轮胎更好、空间更大、动力更强，且百公里油耗更低，此外还采用了时尚且夺人眼球的太空时代设计风格。不过，在取得成功之前，普锐斯却被美国文化战争的斗士劫持了。环保主义者将这辆车奉为永恒的偶像。但当支持环保的前副总统之子，年轻的阿尔·戈尔三世（Al Gore Ⅲ）因驾驶普锐斯在洛杉矶的高速公路上以每小时160公里超速行驶而被逮捕时，就轮到纳斯卡（NASCAR）赛车的支持者发出肆意的嘲笑了。比起GTO或者宝马，开普锐斯能飙到160公里也算是“胆大包天”了。

尽管为美国的文化战争而苦，但普锐斯从工程学角度来看可谓是一项非凡的壮举。数百名丰田工程师疯狂地工作，有时甚至不分昼夜，用4年时间打造了这辆车。有人甚至在这一过程中英年早逝。到最后，丰田取得了原本被认为在几十年甚至几个世纪内都没有可能实现的技术突破。大多数美国人，甚至是普锐斯车主都不知道的是，可替代燃油汽车的梦想之旅有一段漫长而迂曲的历史。

可替代燃油汽车发展的漫长历史

说起早期制造蒸汽动力汽车的最初计划，历史学家可以追溯到17世纪的一个名人——南怀仁（Ferdinand Verbiest）。他是一个佛兰德的耶稣会士，是中国清朝康熙皇帝的大臣。目前尚不清楚这款车是否曾经制造出来。

之后的发展非常缓慢。在19世纪30年代，一个苏格兰发明家制造了一辆简陋的电动汽车，但并不具备实用性，开不了多远。在20世纪之初，一个年轻的德国人开发了一款简陋的混合动力汽车，采用汽油发动机来带动发电机，再由后者驱动车轮运动。此人便是费迪南德·保时捷，也就是后来的甲壳虫发明者，事实证明甲壳虫要比他自制的混合动力车成功得多。

1905 年前后，芝加哥的伍兹汽车公司（Woods Interurban）在混合动力方面另辟蹊径。在设计上，它采用了可拆卸的电动机，当你需要进行城际间的长途旅行时，就可以将其拆下，替换成双缸的汽油发动机。然而，更换发动机要比同时安装两者更为麻烦，所以这款车失败了。

在汽车产业的早期，正如互联网的黎明时代一样，充满了大量的尝试，其中大多数都以失败告终。虽然 20 世纪的第一个十年为美国带来了电动汽车的全盛时期，但这些车的电池无法存储足够多的能量来支撑它们完成长距离行驶，而这个问题在这个世纪中也未能得到解决。与此同时，亨利·福特和其他人都在不断改进汽油内燃发动机，而事实证明这一技术依然是主流。最后一批可替代燃油汽车之一的斯坦利蒸汽车（Stanley Steamer）也在 1924 年夭折了。

20 世纪 50 年代给我们带来了电动高尔夫球车的发明，它就像科内斯托加（Conestoga）式大篷马车风靡西部一样征服了佛罗里达州。1966 年通用汽车公司的科学家开发了几款试验性的电动汽车，其中一款的电池由氢燃料驱动，可以在高速公路上行驶有限的距离。但当时是美国的纯真年代（America's Age of Innocence），没有什么欧佩克（OPEC），也没有什么地球日。汽油的价格是每升 6 美分左右，跑不了多远的昂贵电动汽车根本没有立足之地。

接下来到了 20 世纪 60 年代末期，位于克利夫兰的汽车零件公司天合汽车（TRW）的三名科学家开始研究油电混合系统。“即使是在那个古老的年代，我们有些人也会对过度使用汽油和石油所产生的长期影响感到焦虑。”其中一名科学家后来解释道。为了制造原型车，TRW 团队将一台甲壳虫的发动机、一台西屋的发电机、一台来自通用汽车公司电气的直流电机，以及一台克莱斯勒的自动变速器拼凑了起来（这样看这也算是辆混合汽车了）。在完成了实验室验证后，他们就将其安装到了一辆年久失修的 1962 款庞蒂亚克风暴上，申请了一项专利。

他们给这项发明起了个名字叫 EMT，即“油电混合动力系统”。它通过在汽油发动机和电动机之间来回切换获得动力，将燃油经济性提高 30%，从而减少尾气排放，这本质上就是普锐斯在 30 年后所做的事情。但是不管是美国还是海外的大型汽车公司都认为 EMT 过于复杂且造价也高，并不予以采纳。于是这项计划也被取消了。

几年后，一个名叫维克托·沃克（Victor Wouk）① 的发明家用自己的油电混合系统改造了一辆 1972 款别克云雀（Skylark）。虽然他请求政府出资赞助这一概念车的开发工作，但半信半疑的联邦官员并没有同意。1975 年，随着美国新的空气清洁法案出台，美国邮政局从 AMC 购买了 350 辆电动吉普，在邮递队伍中进行试运营，但说白了这只是一个公关噱头罢了。

1990 年，尽管有过大量的试验，但情况跟 1890 年相比，基本没什么变化。后来，通用汽车公司推出了一款名为冲击（Impact）的实验性电动汽车，并宣布会将这款车开发到生产阶段，环保组织对此欣喜若狂。加利福尼亚州的官员也很高兴，因为他们颁布了法令，要求在 21 世纪初期，在该州销售的汽车中，必须有 10% 是零排放的。

1994 年，通用汽车公司在洛杉矶开展了为期两周的原型车试驾活动。预计参与的志愿者人数不到 100 人。但结果，这项活动吸引了超过 1 万人。人们的环保意识正在逐渐增强，而且一些美国人也想要找到内燃发动机的替代品。这辆名为通用汽车公司 EV1 的车子在 1996 年 12 月 5 日于南加州和亚利桑那州发布。不过它存在一些关键性的问题，比如最多行驶 160 公里就会失去动力。另一个问题是充电，因为只有在特殊的充电站里才能进行充电。接着还有尺寸，EV1 只能容纳两人，无法满足举家出行的需求。

其他问题也有很多。EV1 只能租赁，不能销售，因为通用汽车公司希望保留电池的所有权。而每月 500 美元左右的租赁费也是以能租到两辆能容纳 4 人的雪佛兰紧凑型汽车。而且，EV1 的铅酸电池（普通的手电筒电池的工业级增强

① 维克托·沃克是小说家赫尔曼·沃克（Herman Wouk）的兄弟。

版）也因为“温度问题”（引擎起火的委婉说法）发生过一次召回。于是，通用汽车公司在第一年里只租出去 288 辆 EV1 也就不足为奇了，但是这并不能阻挡通用汽车公司继续尝试的脚步。

1999 年，通用汽车公司发布了 EV1 的第二代，配备了更为先进的镍氢电池，充满电的行驶距离也得到了延长。但是相比汽油发动机的汽车，选择 EV1 依然感觉不划算，无论是在尺寸、行驶距离和功能方面。就连环保组织塞拉俱乐部（Sierra Club）里都没有几个人愿意花这么多钱换一辆没什么用的车，至于他们在公众民意调查中说的又是另一件事了。2003 年，通用汽车公司在做了几年无用功的情况下决定放弃 EV1，但发现还得给自己做的这件善事擦屁股。

通用汽车公司的律师发出警告，如果这些用过的电池未经妥善处理，公司就可能要承担法律责任。因此，公司决定收回并报废掉所有已经上路的 EV1。在电视剧《海岸救生队》（*Baywatch*）里走红的女星亚历山德拉·保罗（Alexandra Paul）是个热心的 EV1 粉丝。她在回收中心帮忙，因发起了一场抗议活动而遭到拘捕，在监狱里待了 5 天。当然了，她也占据了不少头条新闻。

后来，一部名为《谁消灭了电动汽车？》（*Who Killed the Electric Car?*）的纪录片给出了一个纯好莱坞式的答案：这是通用汽车公司（背地里希望这类车失败）、石油公司（同上）、乔治·布什总统（石油公司的傀儡）和加利福尼亚州的环保局官员（因为以上三方而畏首畏尾）之间的一场合谋。不过这部纪录片的风头很快就被肯尼迪刺杀案的第二名枪手的发现给盖过去了。

事实的真相很平淡。EV1 之所以在技术和商业上都是失败的：因为没有人希望买一辆可能失去动力的汽车（15 年后，汽车公司的高管将这种担心冠以“里程焦虑”的名字）。在 2007 年，即埃德塞尔的 50 周年，《时代周刊》将 EV1 选为历史上最差的 50 辆汽车之一。在尝试通过做慈善寻求成功的道路上，通用汽车公司遭遇了自考威尔之后最严重的公关灾难。

真正的 EV1 丑闻是，通用汽车公司浪费了 10 亿美元开发和生产了一辆不实用的汽车。与此同时，美国政府也把数 10 亿美元投入到一项名为“新一代汽车合作关系”（Partnership for a New Generation of Vehicle）计划的无用功里。这一计划在 1993 年发起时，就是一个由 8 个联邦机构、数所大学和底特律的三大汽车公司建立的不切实际的研究财团。其目标是开发一辆创新的新型汽车，要比 EV1 更实用，并减少美国对进口原油的依赖。这一合作项目排除了外国的汽车公司，其中包括丰田汽车公司。

“无心插柳柳成荫”的故事又一次发生了。在被华盛顿和底特律双双回避的丰田决定自己发起替代型汽车的研究。而且谁也没想到他们的领导会是一个即将退休的柔声细语的矮个子男人，至少看起来是这样的。

发明家内山田武

和大多数丰田汽车公司经理一样，内山田武终生都在为公司效力。在 1946 年日本战败的黑暗时刻，内山田武诞生于丰田市的郊外，在他达到法定工作年龄时刚好赶上了国家在二战后的经济复苏。小时候的内山很喜欢鼓捣机械。他把半导体收音机拆开来再装回去，还用木质和金属零件制作过汽车模型。因为家里不像美国人那样买得起预先制作好的整套模型零件，所以他只能自己手工制作这些零件。在自己制作的模型中，他最喜欢的一个就是 1959 年款的凯迪拉克，因为在他眼里，这就象征了地球上最强大的国家所拥有的财富。这个在未来成功发明了世界上第一款混合动力车的人也曾痴迷于尾鳍。

内山于 1959 年在附近的名古屋大学取得了应用物理学学位，随后便加入了当时其父亲任职的丰田汽车公司。丰田市就像是 20 世纪 50 年代的密歇根州弗林特，当地的男孩们大都从本地的大学，也就是通用汽车公司学院毕业后进入父亲所在的公司。

内山的目标是领导一支汽车开发团队，并负责开发一款新的丰田汽车。他的老板却有其他想法。他们将内山安排在一条更为专业，也更为平凡的职业道路，向减少 NVH 的专家的方向发展。NVH 是汽车工程学术语，指的是汽车的“噪声、振动和声振粗糙度”。他长年累月地研究隔音材料、工业螺钉和螺栓，以及类似的东西。

1979 年，32 岁的内山正是以这样一个身份第一次前往美国，向汽车工程师协会递交一份技术论文。在游历了纽约和底特律后，美国的多车道高速公路令他大为震惊。尽管这位年轻的工程师当时还未有预感，但 1979 年确实成了一个拐点。底特律汽车行业曾经的霸主开始进入一段长期的萧条期，而包括丰田汽车公司在内的日本竞争对手则一路高歌猛进。

在接下来的 15 年里，内山在丰田汽车公司发展很顺，并且逐渐爬到了公司的管理层，他放弃了领导一支汽车开发团队的梦想。在即将步入 50 岁关口时，他还从未进过团队领导人的候补名单。1993 年的秋天，当老板安排他去管理 2 号汽车开发中心时，他都不敢相信自己的耳朵。虽然名字听起来迂腐老套，但这个部门却拥有一个目标远大的使命。这支团队的任务是为即将到来的 21 世纪开发一款丰田的代表性车型，一款足以容纳一家人、但在油耗和排放量方面都要有巨大的飞跃。

20 世纪 90 年代初期是美国 SUV 大爆发的起点，而这种车型后来在世界汽车行业有很大的市场。丰田汽车公司已经错过了这波浪潮，现在只能想方设法迎头赶上。不过，尽管 SUV 取得了很高的人气，但丰田家族中的元老、年迈的董事长丰田英二担心未来的石油将会变得昂贵而稀缺。在退休前夕，丰田依然希望自己的公司能在技术上取得突破性进展。虽然选择内山来领导这个团队有些出人意料，但他确实是个合适的人选。他的老板相信，虽然他缺乏领导汽车开发团队的经验，因此也就不容易受到传统思维的束缚。于是，代表“全球 21 世纪”的 G21 项目（Project G21）诞生了。

一开始，内山的团队里只有 10 名工程师。这个团队在 1994 年 2 月 1 日召开了第一次会议，但并没有很快开始行动。“我们首先需要确定好驾驶员屁股的位置。”在一场早期的会议中，有个团队成员提议说。这个时候如果回答说，把它放在驾驶员正后方就行了，感觉非常巧妙，但这些人毕竟都是工程师。经过了慎重的考虑，他们最后决定将座位高度放在距离汽车地板 57.5 厘米的位置。这样的东西可谈不上什么革新。内山一开始在思考如何完成使命时采取了比较保守的态度。他构思了一辆汽车，使用改进后的传统技术：一台高效率的汽油发动机、一台改进后的变速器，以及完全采用轻质材料。他计划将这些结合起来，生产一款名叫丰田卡罗拉（Corolla）的小型汽车，其百公里油耗可省一半。而且，如果使用现有的技术，那么相比尝试新技术，丰田就能更快将新款车型推向市场，而且成本也更低。

然而，为了让老板满意，G21 团队决定开发一辆采用混合动力技术的“概念车”，在 1995 年 10 月的东京车展上展出。这将是一台“静态原型车”。虽然发动机可以启动，但不会让车开起来。纯粹就是摆在那里给人看的。

1994 年年末，内山向丰田汽车公司的最高管理层提交了这一计划。老板们非常喜欢这款概念车，他们认为应该朝批量生产的方向开发。他们想要得到一款时尚的汽车，好配得上他们选择的这个名字：普锐斯，在拉丁语里这是“走在前面”或者“领路”的意思。他们坚持要求这辆车的百公里油耗比卡罗省 50%，达到翻倍，并且也要降低车辆的排放。“这太荒谬了。”内山脱口而出，毕竟这样的要求明显太艰巨了。不过，丰田汽车公司的高管们毫不让步。他们对内山说，他要是不同意的话就得去当 G21 团队的首席工程师。两者相比下来，内山还是屈服了。如果全力以赴且一帆风顺的话，这款新车应该能在 1999 年完成。

他这支正在扩建的团队绞尽脑汁构思了 80 种不同的混合动力设计方案。用汽车工程师的行话来说，它们可以被分成“串行”和“并行”混动两大类。串行混动是连续运作的（由此得名）。汽车始终由电动机驱动，只不过当电池电量不足时，汽油发动机就会为电机提供动力。而在并行混动中，汽车可以被汽油发动机或者电动机的其中一方直接驱动，也可以由这两个动力源同时驱动。

串行混动开发和制造起来都比较简单，但需要更强有力的电池，而这是一个巨大的挑战。开发了通用汽车公司 EV1 的工程师可以为此佐证。普锐斯团队选择了并行系统，因为他们觉得其中涉及复杂性的问题处理起来要比尝试开发更强劲的电池要简单。不过，很快他们就面临了一个更为艰难的挑战。

1995 年 8 月，丰田汽车公司迎来了一位新的董事长奥田硕（Hiroshi Okuda），这是近 30 年来第一位不属于丰田家族的首席执行官。他是一个很有进取心的人，他认为在 30 年的快速发展后，丰田已经变得单调乏味、毫无惊喜。奥田想要在 1997 年推出普锐斯，打一场华丽的翻身仗，因为在这一年，联合国气候变化大会将于距离丰田总部仅 120 公里的京都（Kyoto）召开。这就意味着普锐斯的发布要提前一年有多。内山再次震惊了。开发一款普通的新车都要花费 3 ～ 4 年的时间。将同样的时间表放在一种未经测试的技术上简直就是作死。虽然他表示无法保证 1997 年发布的时间节点，但奥田坚持要求无论如何都要将其定为目标。唯一给出的让步就是，内山可以招募公司内的任何人到该项目里帮忙，其中包括丰田最优秀的工程师。瞧瞧，这已经很给他面子了。

混合动力的领路者

从 1995 年年中开始，内山不断扩容的团队就披星戴月地工作，每天的工作时间经常延长到 16 个小时甚至更久。一位被派到该团队的工程师在回家后告诉妻子自己入选的好消息。随后他又说出了一个坏消息：他得搬到公司宿舍里去住，保证 24 小时随叫随到。对于奥田的最后期限，内山承认当时只有“不到 5%”的把握。虽然内山私下里觉得 5% 都已经是很乐观了，但不敢说出来。正如他后来所说的；“我不能告诉我的团队，我们的目标是不可能实现的，但最高领导层坚持做这样的要求。”为了让团队相信能赶在最后期限之前完成任务，内山决定必须先说服自己。在阅读了两则有关看似不可能完成的任务最后成功实现的事例之后，他有了一些信心。

其中一个是日本工程师在二战末期孤注一掷地开发震电式战斗机的故事。虽然他们在不到一年的时间内就完成了这架名为九州 J7W1 震电（Kyushu J7W1 Shinden）的飞机，但最终没有来得及改变战争的结局。第二个故事是美国的阿波罗太空计划。1961 年，当肯尼迪总统定下在 10 年内实现人类登月的目标时，完成该任务所需的技术都还不存在。这些事例使内山意识到，开发混动汽车跟这些并没有什么两样。

在了解这些事例的同时，内山决定采取美国国家航空航天局的项目管理方法，在给最终目标设定了完成期限时，项目领导人就应该制定一张时间表，定下中间的时间节点。将一个项目分割成好几个大块使其便于管理，至少在理论上是这样。但如果实际没有达到预期效果，那么就可能会错过中间的时间节点，内山很快就会发现这个问题。虽然他的小组在 1995 年年末按计划完成了普锐斯的早期原型车，但当团队把车带到试验场上时却发现它不能启动。

在接下来的几周时间里，这辆车依然纹丝不动，这让内山和他的工程师团队垂头丧气。1995 年 12 月底，内山估计他们的团队到来年 1 月，甚至是更晚的时候，可能都无法让车跑起来。但是在那年圣诞夜，经过了 59 个夜晚的痛苦折磨后，其中一名工程师坐进车内，奇迹般地让车缓缓地驶进了车道。这个成功犹如昙花一现，在开出 460 米后，这辆车停了下来，又不动了。但很显然，普锐斯原型车是可行的。

电池是这支团队最大的技术挑战。它必须强大、安全、耐用，同时满足这 3 点可不简单。第一块电池所能提供的功率只有车上的电动机需求的一半。为了解决安全可靠性的问题，团队拜访了日本电子产品巨头松下的电池专家。但丰田的工程师发现松下电池的失效率远远高于丰田所能接受的范围。毕竟车载电池的失效是可能造成伤亡事故的，而高清电视的电池失效无非就是让你少看一集《辛普森一家》而已。

在耐久性方面，内山认为这块电池必须能坚持到汽车的寿命终结为止。如果没过几年就需要购买一块新电池的话，就不会有人愿意购买普锐斯了。所以他的团队就想出了一些方法，将长达 10 年的寿命测试压缩在短短几年内完成。另外，早期的电池还无法应对极端的高低温环境，这一点带来了一些令人啼笑皆非的故事。在一个炎热的夏日，奥田计划进行一次原型普锐斯的试驾，于是工程师就事先把车停在树荫下，拿一台风扇对着电池吹，确保它能正常工作。也只有工程师能想出这样的招数。

在日本列岛最北端的北海道进行的寒冷天气测试中，早期的电池会在温度降至零下 10℃ 以下时失效，而明尼阿波利斯的冬天轻易就能降到这一温度。工程师自嘲说，开普锐斯去试验场的话除了要穿羽绒服之外还得准备收音机。对于在沉重压力下工作的人来说，活跃一下气氛可以起到很好的放松效果。但是，在笑话之外也有悲伤的故事。1997 年 1 月，工程师二宫雅人（Masahito Ninomiya）坐上了公司的直升机，从富士山附近的丰田技术工厂出发，他原本一直在这里对普锐斯进行极端寒冷天气测试。37 岁的二宫雅人当时正要返回总部报告测试结果，但他永远都不能再抵达终点了。直升机在中途坠毁，机上的 8 人全部遇难。

这时距离发布日期只剩不到一年，普锐斯的原型车正在丰田的测试场里一天 24 小时，一周 7 天无休止地跑着。一次，内山在深夜里造访试验场，结果被一个初级工程师请出去了。“你在这里会让我们分心，”这个年轻人对老板说道，“我们会在早上告诉你结果的。”

他们一步一步地克服了重重技术壁垒。G21 的工程师开发了一个由一台汽油发动机和两台电动机组成的系统，其中一台电动机用于驱动车轮，另一台用于控制变速器。变速器管理电源，在低速时使普锐斯靠电力驱动，而在速度超过每小时 48 公里时就混入来自汽油发动机的动力。这一概念与美国天合汽车的科学家在数十年前浅尝辄止的技术并没有太大的差别，只不过这一次，尖端的电子学使它具有了生产实用性。

此外还有一些工程学上的突破。这辆车的系统可以收集车辆制动时的“再生”能量，从而大幅提高了电池的动力。与此同时，汽油发动机也有所改进，当汽车停下时关闭，当驾驶员再次加速时自动重启。仪表盘上有一个指示标志，会告诉驾驶员车辆此时是用电力驱动还是汽油驱动。普锐斯有两个散热器：分别用于冷却汽油发动机和电动机。将它们全都放进前舱盖下面就好比把一堆书塞进已经装得满满的手提箱里。但经过许多次的尝试和错误后，工程师们还是找到了另外可行的方法。

随着发布日期的临近，内山发现丰田销售部门制订的每月销售计划只有 300 辆。比起他们投入的心血，这个目标定得似乎太低了，而且也配不上丰田对 21 世纪新技术的信心。在一番劝说之后，他说服了销售人员，将目标提高到了每月 1 000 辆车。虽然这还不到丰田在日本年销量的 10%，但至少已经达到 4 位数了。

丰田于 1997 年 10 月 14 日在东京举办了普锐斯的发布会。内山驾驶着这辆车在全日空酒店（ANA Hotel）的舞厅里闪亮登场，而奥田就坐在后座上。在场的数百名记者一方面惊叹于这辆车在室内行驶的噪声之低，一方面也对丰田百公里耗油 3.6 升的燃油经济性大为震惊。另一方面，这是科罗拉燃油经济性的两倍，刚好满足了奥田的要求。虽然这一对比的燃油效果很好，但这只是在可控的实验室测试中获得的。美国政府后来修订了测试方法，普锐斯在城市高速公路上的油耗相当于百公里 5.9 升左右，这比较接近驾驶员的日常行驶数据。不过不管采用什么方法，普锐斯的燃油经济性都还是远远高于马路上的其他任何汽车的。

丰田将普锐斯的价格定在 1.8 万美元，只比科罗拉高 15%。汽车分析师原本以为其价格应该会高出至少 30%。丰田承认他们一开始会在这款车型上损失一些钱，但这是对未来的一种投资。就像为了证明这句话一样，这款普锐斯在《当你对着星星许愿的时候》（*When You Wish Upon a Star*）的音乐声中驶出了全日空酒店的舞台。

这款车于 12 月在日本上市，当时京都气象大会开幕才过了没几天。虽然此后不久，丰田汽车公司就将这款车型的产量翻倍，但也只不过是每月 2 000 辆而已。普锐斯供不应求，以至于好几个月后，内山才在名古屋的街道上看到一辆真的普锐斯跟别的车跑在一起，这令他欣喜若狂。

1998年2月，G21团队举行了一场庆祝宴会，奥田还送来了致敬的米酒。几个月后，一位G21工程师开着普锐斯带丰田英二在丰田市附近的三河高原上兜风时，这位催生了普锐斯计划的元老感到非常欣慰。

普锐斯的早期营销

在美国发布一款没有直接竞争对手的全新汽车似乎是每一家汽车制造商的梦想。但是丰田汽车公司意识到，它必须向持有怀疑态度的美国大众将这种新奇的技术解释清楚。人们对通用汽车公司EV1广为人知的各种缺陷的焦虑对丰田可不是什么好事。

丰田早早就开始行动起来。它在投入日本市场的同时，在奥兰多的电子汽车展上就展出了普锐斯。在几个月后的1998年年初，公司派出两辆普锐斯参加美国16个城市的巡游活动，并邀请了记者、学者和环境学家参观这款新车。“你们去哪儿给它充电？”是被问得最多的一个问题。而答案自然是不需要到任何地方充电，可是人们并不相信光靠刹车和发动机就能保持电池电力充足。除此之外，人们还有不少其他的问题。其中一个是关于造型的，这辆车是在位于加利福尼亚州的丰田设计工作室里开发的，其类似子弹头的前脸和被拦腰截断一样的尾部让普锐斯看起来就像是从外太空来的鬼马小精灵。丰田的美国经理认为这种设计“太极端”。与此同时，其内部设计也比较古怪。仪表盘中置，而不是在传统的方向盘后方。挡位杆看起来就像是游戏机摇杆一样。它在总体上给人一种电子游戏机的印象，而不是一辆汽车。不仅如此，这辆车的加速很生硬，而停车时又令人觉得飘忽不定。一位参与了早期试驾的记者认为普锐斯是“拥有优秀的燃油经济性的乏味的环保汽车”。

但是丰田汽车公司仍在努力。公司将宣传的目标锁定为“早期采用者”，在那些渴望尝试高新技术的人群中进行营销宣传。在 1999 年，公司找了一些志愿者试驾普锐斯一个月，并让他们针对这款车提供详细的反馈意见。“普锐斯感觉就像是一辆改装的高尔夫球车……虽然确实令人欣喜，但并没有给我带来所需要的驾驶刺激。”西雅图的一位女士表示。的确如此，普锐斯的百公里加速需要 13 秒，比科罗拉要慢 30%。

不仅如此，普锐斯在美国的 19 995 美元定价要比基本款的科罗拉高出 30%。丰田汽车公司位于加利福尼亚州托兰斯的美国销售办事处的高管担心，尽管普锐斯在燃油经济性方面具有优势，但其价位差距实在太大了。日本总部建议他们在汽车的顶部安装一块小型太阳能电池板，给普锐斯增添一种高科技的魅力。但是美国公司这边反对说，这样会让车辆的售价上涨 100 美元。于是这个想法就搁浅了。不过，公司还是在原有价格的基础上为普锐斯免费赠送维修和拖车套餐。

1999 年 12 月，一场最大的危机爆发了，此时距离普锐斯在美国上市只剩下 7 个月时间。本田汽车公司推出了旗下名为音赛特（Insight）的一款油电混动汽车，从而在美国超越了规模更大的竞争对手。音赛特更多的是一个新奇的概念，而算不上实用型汽车，作为一辆和 EV1 一样的双座汽车，它采用的混动系统要比普锐斯的更简单一些。尽管如此，本田还是借此取得了吹牛的资格。在托兰斯，丰田高管将“Insight”称为“In Spite”（意为不怀好意）。

尽管遭遇了无数挫折，但普锐斯的发布计划依然按部就班地进行。丰田建立了一个特殊的互联网订购系统，要求人们在线订购汽车，然后到附近的经销商那里提车。虽然这与通常的那种直接将汽车运到经销商那里，让他们负责销售的体系南辕北辙，但似乎很适合这样一款一开始供不应求的高科技汽车。在决策的最后时刻，丰田销售高管担心顾客和经销商会嫌麻烦，差一点儿就取消了这个计划。

2000 年 6 月 30 日，丰田销售和市场经理齐聚在位于托兰斯的一处电脑终端前面，等待着第一份普锐斯订单的到来。他们已经为普锐斯工作了将近 3 年，为这款一开始在美国的目标销量只有每月 1 000 辆的汽车耗费了空前的精力。由于普锐斯的独特之处太多了，所以没人知道将会迎来什么样的命运。当围观的人共同屏住呼吸静观时，屏幕上忽然闪现出大量的订单。“我们从恐惧……变成喜悦……然后变成狂喜，”一位丰田经理后来回忆道，“订单都快把网站给挤爆了。”普锐斯在头 3 个月的产量在第一天就卖完了。唯一的遗憾就是大部分普锐斯车主都不得不等上好几个月的时间才能提到自己的车。为了感谢他们的耐心，丰田开始定期地向车主发放感谢的礼品：钥匙链、鼠标垫和其他小玩意儿。其中还有后窗贴花，这种玩意儿通常写的都是“哈佛”或者“布朗”，再不济也是“曼凯托分学”。而欣喜若狂的丰田市场经理在普锐斯的贴花上印上了“尝试一下我的电动能力”的文字。

类似的模式变得有些糟糕，比如“提高你的功率”或者“吻我的电流”。有些未经审核就被分发出去的贴花对于丰田汽车公司的高管们而言似乎不合时宜。他们发出了汽车历史上第一则贴花召回令。

撇开这个略显混乱的小插曲，丰田汽车公司根本找不到任何不好好庆祝一番的理由。它已经在世界最大的汽车市场上发布了第一款实用的、面向大众市场的混合动力车。而且还给当时忙着在 SUV 市场中赚取丰厚利润的底特律一记当头棒喝。在普锐斯进入市场的头一年，即 2001 年，丰田在美国实现了将近 1.6 万辆的销量。约 40 年前发明了混合动力车未得到推广的维克托·沃克也是早期的买家之一。普锐斯在 2002 年的销量达到了 2 万辆。虽然并不是很多，但这款车正在释放一个信号。好莱坞，这个始终在寻找最新热点的地方，正在关注着普锐斯这颗冉冉升起的新星。

好莱坞冉冉升起的“新星”

2002 年春天，演员汤姆·汉克斯（Tom Hanks）在好莱坞举行了一场以环保为主题的募捐活动，来宾名单令人艳羡。在一众名流中可以看到比尔·克林顿（Bill Clinton）、小博比·肯尼迪（Bobby Kennedy Jr.）和罗布·莱纳（Rob Reiner）的身影。在过去的几年里，每个人都是开着法拉利、捷豹、宝马或者加长版豪车出席的。但是这一次，许多嘉宾乘坐的都是丰田普锐斯。事实上，其数量多到嘉宾们都开玩笑说可能离开的时候会坐错别人的车呢。

几乎在一夜之间，普锐斯就成为娱乐界精英的地位象征。“好莱坞的混合动力汽车车主名单看起来就像是《人物》杂志的目录一样，”《华盛顿邮报》报道中称，“卡梅隆·迪亚兹（Cameron Diaz）、莱昂纳多·迪卡普里奥（Leonardo Dicaprio）、卡洛尔·金（Carde King）、比利·乔（Bill Joel）、大卫·杜楚尼（David Duchovny）和比尔·马艾（Bill Maher），这还只是一小部分。”迪卡普里奥和他的家人其实一共拥有 4 辆，这个数字还挺“泰坦尼克”的。普锐斯在 2003 年的奥斯卡上成为舞台中央的大明星。丰田提供了一支小型普锐斯车队，接送大小明星们前往柯达剧院，并在电视摄影机的聚焦下让他们走上红毯。普锐斯在红毯前面停留的次数足以被提名最佳配套车。

这对于丰田而言可以说是市场营销的天堂。“它让好莱坞有机会展示自己对环境保护的支持，”一位公司高管解释说，“他们的展示也相当于对我们的宣传和支持。”更棒的是，这些都是免费的代言，这对于当时每年在美国只卖出 2.5 万辆普锐斯的丰田而言可是非常重要的一点，因为其利润并不足以收回广告营销的成本。

在完成了奥斯卡的首秀之后，普锐斯又成为 HBO 电视网最热门的情景喜剧《消消气》中的常客。《消消气》是《宋飞正传》（*Seinfeld*）的主笔兼合作创作者拉里·戴维（Larry David）的作品，描述了一个让周围所有人都对他的缺点和心机看不顺眼的为人吝啬的好莱坞编剧。作为这部剧集的主角，拉里·戴维饰演了自己。戴维在现实生活中的妻子劳丽是一个热心的环保主义者。戴维一家拥有 3 辆普锐斯：一辆给劳丽，一辆给现实生活中的戴维，还有一辆则给戴维拍电视用。“他送给我的最棒的礼物之一就是让他笔下的角色驾驶一辆混合动力车。”戴维妻子曾经这样说。

戴维在《消消气》中开着普锐斯到处跑：去上班、去道奇体育场（Dodger Stadium），或者是为了治疗父亲的青光眼而慌慌张张地到药房买药。虽然这辆车基本上都在扮演幕后英雄的角色，但在2004年2月29日的一集里，它终于站在了聚光灯下。

戴维和他的经理杰夫正在开车寻找杰夫走失的德国牧羊犬奥斯卡（Oscar）。戴维发现了另外一个普锐斯车主，于是朝他挥了挥手，却失望地没有得到答复。接着就有了这样一段对话：

> 戴维：看见没？我朝那个开普锐斯的人挥手，他竟然没有搭理我！
>
> 杰夫：我才不会朝跟我开一样车的人挥手。
>
> 戴维：我们是普锐斯车主啊！我们是特殊的一群人……我倒要看看那家伙到底是什么毛病。

于是，一场追击战就上演了，但到最后戴维撞上了碰巧名字是奥斯卡的一条狗。这条狗在车祸中活了下来。虽然一开始有点萎靡不振，但它很快就追着可怜的戴维到处跑了。

尽管丰田汽车公司沉醉在免费提高普锐斯知名度的喜悦之中，但并不是每一个普锐斯车主都喜欢好莱坞的作风。"我不希望别人以为我是某个电影明星的脑残粉，"一位在2003年购买了普锐斯的人跟中年的弗吉尼亚数学家抱怨说，"它把一切都毁了。"

用普锐斯标榜自己具有环保意识的做法也给好莱坞的一些人带来了麻烦。一些电影明星更痴迷于通用汽车公司的悍马H2，而非普锐斯。这场普锐斯与悍马之间的正面冲突在2004年的奥斯卡上爆发了。在颁奖典礼之后的派对上，这两款车型在泊车队伍中互不相让，双方的车主颇有剑拔弩张之势。"这是悍马与混合动力车，好莱坞的享乐主义和自命不凡的好莱坞的决策正确之间的战争。"《纽约时报》评论道。其本质对立并不仅仅是自由主义与保守主义。它也是原有明星

（悍马）与新兴名流（普锐斯）之间的对立。这也是旧与新的对立，从好莱坞的角度来看，就是几十年与短短几年之间的对立。

好莱坞最著名的悍马爱好者是阿诺德·施瓦辛格，至少在 2003 年成为州长时，他已经拥有 7 辆悍马。后来他对其中一些车说“再见啦，宝贝”，拍卖了 4 辆，自己的私人车队从 7 辆悍马减少到了 3 辆，以身做责，为加利福尼亚人树立了一个环境保护的榜样，但塞拉俱乐部对此可不买账。

几年后，加利福尼亚的立法机构通过了一项法律，允许普锐斯车主在没有载客的情况下在加利福尼亚的高速公路的拼车道上行驶。这可不是什么小事。在高峰时间，加利福尼亚州的高速公路就跟停车场没什么差别，因此，拼车道的特权就跟奥斯卡颁奖礼门票一样令人垂涎。这项即将出台的法律不出意外地引起了一番争议。《萨克拉门托蜜蜂报》（*Sacramento Bee*）称之为“混合动力的伪善”，指出加利福尼亚州的拼车道“主要并不是为了节约燃油，而是为了减少拥堵而建造的”。但州长还是签署了这项法案。

2005 年夏天，随着拼车专用道法案的出台，以及好莱坞的大肆宣传，消费者中产生了一轮反普锐斯的潮流，而且其波及范围还远远不止加利福尼亚州一处。一些人开始将普锐斯及其车主称为“信徒”。尽管这种嘲笑并不是丰田在好莱坞的市场营销战略中期望得到的结果，但更多的意外收获还将接踵而至。反普锐斯潮流的顶点，或者说丰田的低谷，发生在一部名叫《南方公园》（*South Park*）的有线电视系列剧里。这是一部荒诞主义的动画情景喜剧，讲述了在一个虚构的科罗拉多州小镇里，有许多不懂事的小孩和瞎胡闹的大人，以及大量低俗的幽默。

在 2006 年 3 月 29 日的一集里，南方公园里的一个名叫杰拉德·布拉夫斯基（Gerald Broflovski）的成年人买了一辆普锐斯。没过多久，他就开始给镇里的 SUV 车主贴伪造的罚单，说他们“不关心环境”。这种做法并没有让他变得受人欢迎。杰拉德的一个邻居告诉他，他已经自负到喜欢闻自己的肠胃胀气。杰拉德非常生气，带着一家子搬到了旧金山。毫无疑问，他的新邻居开的都是普锐斯。

他们还都有放了屁得弯下腰闻一闻的习惯。

与此同时，普锐斯在南方公园这里也变得非常流行，整个小镇产生了一朵巨大的“自负”云，后来又跟另外两朵“自负”云合并在了一起。其中一朵来自旧金山，另一朵来自洛杉矶，在那一年的奥斯卡颁奖礼上，乔治·克卢尼（George Clooney）在那里做了一场自鸣得意的提名演讲。布拉夫斯基在旧金山完蛋之前逃了出来，按照电视气象员的说法，这座城市“愚蠢得忘乎所以”。

这一集不仅逗得那些喜欢听低俗笑话的人们捧腹大笑，也让那些受够了将普锐斯标榜成道德优越感的一知半解的燕麦片爱好者的人们感到非常解气。估计后者的人数更多，至少在12岁以上的人群当中应该是这样的。但是，当《南方公园》关于普锐斯的这一集播出的时候，普锐斯正在转向文化方面。丰田的未来汽车开始吸引那些想要省钱的人，而不是想要拯救地球的人。

引领环保意识

2003年年底，也就是通用汽车公司放弃EV1的这一年，丰田汽车公司开始在精心挑选的地区试水第二代普锐斯。其中包括全食超市和国际瑜伽大会，代托纳500比赛（Daytona 500）和世界狩猎博览会（Wovld Hunting Expo）并没有入选。

丰田汽车公司还在美国电动车协会加利福尼亚长滩举行的会议上展示了2004年款的新版普锐斯。尽管配备汽油混合发动机的普锐斯并不是真正意义上的电动车，但这无伤大雅。好莱坞的两个明星活动家小艾德·贝格利（Ed Begley Jr.）和罗布·莱纳为普锐斯大唱赞歌。当丰田向公众开放试驾时，大楼旁边排起了蜿蜒的长龙，人们要等上两三个小时才能坐上车。“也许我们这次抓到了主流。”一位丰田的市场高管对同事说。他说的的确没错。

新版普锐斯要比原版长15厘米左右，百公里加速也只需要10秒，提高了 25%。根据美国环境保护局修订后的测试方法，新车每升汽油可以跑 74 公里，而第一代普锐斯每升汽油只能跑 66 公里。里程数的改进一部分来自新的流线造型，它可以减少风阻。而且这款车与马路上的其他任何汽车都大不相同，让普锐斯车主能展示出他们的环保意识。丰田汽车公司将基础售价保持在了 19 995 美元。

2004 年，丰田汽车公司在美国售出了 5.4 万辆普锐斯，比起 2003 年的销售额提高了一倍还多。2005 年，卡特里娜飓风袭击了新奥尔良，也横扫了美国人的灵魂。汽油的价格终于超过了高档矿泉水。2005 年，普锐斯在美国的销量再次翻倍，达到了 10.8 万辆，首次突破了 6 位数关口。而到了 2007 年，普锐斯又创造了新的销售纪录，超过了 18.1 万辆。虽然在这一年里，阿尔·戈尔三世因为驾驶普锐斯超速到每小时 160 公里而遭到逮捕，但他并不是那一年唯一一位因为超速到三位数而被捕的普锐斯车主。

2007 年 3 月 28 日夜晚，一个加利福尼亚州高速公路的巡警拦下了一辆在高速上飙到每小时 160 公里以上的普锐斯。与这名违章司机一样来自加利福尼亚州圣何塞的《水星新闻报》（*Mercury News*）的路演先生（Mr. Roadshow）专栏作家加里·理查兹（Gary Richards）听说了这起事件。司机名叫史蒂夫·沃兹尼亚克，也就是我们熟知的苹果电脑的合伙创始人沃兹。

路演先生对这一事件开炮了。他给沃兹发了一封电子邮件，询问他是否把混合动力车飙到了时速 105 公里。"并非如此，"沃兹答复说，"只有 104 迈[①]。"他在法庭上表示自己搞错了速度表上的单位，混淆了英里和公里。法官微微一笑，照样罚了他 700 美元。

路演先生想知道普锐斯在时速 104 迈时的表现。"我很惊讶地发现普锐斯非常稳定，即使是在有强风的情况下，"沃兹告诉他，"习惯了悍马的我本以为事情

① 长度单位，即英里，但我国有人习惯当成速度单位"英里 / 小时"。——编者注

会完全相反。”好了，这才是真正的新闻。受人敬仰的技术大神、极客专家史蒂夫·沃兹尼亚克同时拥有并驾驶普锐斯和悍马。这就好比同时给红袜队和洋基队加油，甚至是同时拥有 Mac 电脑和 PC 机。如果这事情发生在半个世纪前，那么沃兹可能就是个同时拥有大众甲壳虫和带尾鳍的凯迪拉克的人了。那些厌倦了美国文化战争的人终于在这里找到了一点希望。也许狮子可以跟羔羊睡在一起，也许驾驶福特 F-150 国王牧场版的令人讨厌的乡巴佬可以跟驾驶丰田普锐斯的狂妄自大的好莱坞自由主义者举杯共饮，只不过他们可能会在喝时代（Stella）还是孤星的问题上争执一番。

2008 年，越来越多的普锐斯车主不再是拉里和劳丽·戴维这样的人。相反，他们更多的是类似于住在圣路易斯附近伊利诺伊州的爱德华兹韦尔小镇上的斯科特·杰克逊（Scott Jackson）和凯蒂（Katie）那样的人。2008 年，这个年轻销售的主要坐骑是一辆福特探险者运动皮卡（Explorer Sport Trac），这是一辆带短小的皮卡车厢的 SUV。换句话说，它更接近悍马，而不是普锐斯。年轻的杰克逊很喜欢运动皮卡。这辆车让他感觉自己仿佛成了公路的霸主，不过其实关键还是他买不起小轿车而已。当他每月花 450 美元买汽油时，就很难再买食品和其他日用品。

他的妻子凯蒂开始盘算，并得出结论，购买一辆新普锐斯将大大减少他们的汽油账单，以至于省下的油钱都可以抵消购车款。杰克逊一家决定放弃运动皮卡，订购一辆普锐斯。这辆车的需求量如此之大，以至于等了两个月的时间才被送到达经销商处，经销商只给了他们 24 个小时的时间来签署文件。否则，他警告说，他会把他们的普锐斯卖给别人。这与 2000 年大不相同，当时丰田汽车公司的经理们担心没有人想要普锐斯。

杰克逊一家花了 3 万美元买了一辆普锐斯，这个价钱算不上优惠。不过它配备了后视摄像头、无钥匙点火、附加音频插口、卫星无线电、38 厘米的合金车轮、巡航控制等功能。基本上就是一些男人的玩意儿和高科技的东西。尽管如此，杰克逊还是需要解决一些习惯上的问题。他很怀念过去能坐在高耸的运动皮卡上俯视其他司机的感觉。当朋友们问他有没有带钱包时，他还会哭穷。“说老实话，”他叹了口气道，“普锐斯并不是地球上最阳刚的汽车。”

但事实确实如此。杰克逊一家每个月在汽油上可以节约大概350美元，这已经可以弥补很大一部分当初购置普锐斯的费用了。对于好莱坞和索萨利托之外的大部分人而言，这才是这款车吸引力的精髓所在。他们虽然都很赞赏普锐斯对环保的贡献，但更喜爱它对家庭预算的贡献。他们能在开车时节约汽油并减少二氧化碳排放，开普锐斯的类似杰克逊一家的越来越多，拉里·戴维一家越来越少又有什么关系呢？至少美国的狗在马路上会更安全了。

2011年1月，内山田武来到底特律出席该市的年度车展。从1997年第一款普锐斯问世开始，内山也跟他的汽车一样经历了许多波折。64岁的他已经成为丰田汽车公司的执行副总裁，也是董事会的成员之一。

如今已经进入第三代，百公里油耗4.7升的普锐斯也参展了，同时参展的还有许多竞争对手，这也证明了普锐斯深入人心的程度。本田汽车公司推出了新版本的音赛特，配备了一个后座和4扇车门，此外还有一辆叫CR-Z的“运动混合动力车”，这是一辆小型的SUV。福特也展出了蒙迪欧（Fusion）轿车和锐际（Escape）SUV的混合动力版本。

《汽车趋势》的年度汽车颁给了雪佛兰沃蓝达（Volt），这是一款插电的混合动力车，这一特性让它能在电动状态下行驶更长的距离，因此百公里油耗则只有2.7升。一家名叫特斯拉的硅谷汽车公司展出了售价高于1万美元的全电动跑车。其主要竞争对手是菲斯克（Fisker），这辆高科技混合动力车的价格与之相差无几。与此同时，日产正在准备发布聆风（LEAF），这是第一款面向大众市场的全电动汽车。上述这些以及其他类似的汽车展示了一场由普锐斯掀起的汽车驱动的革命，而其本源可以追溯到几个世纪之前，这是从新奇事物到实用产品的一场蜕变。

在车展上，丰田汽车公司宣布会将普锐斯从单一车型扩展到整个系列。其中将会包含普锐斯旅行车和类似沃蓝达的普锐斯插电混合动力车。新款车型标志着普锐斯将进入一个难以预测的新征程。

在宣布这一消息的第二天，内山展望了50年之后的普锐斯，到那时候，谁都不知道汽车会变成什么样子。“这很难预测，”他在翻译的帮助下表示，“我的愿望是，当那时候的人们回忆过去的时候，能够说，多亏有普锐斯，全世界的汽车制造商才能认真考虑环境保护问题，而且也多亏了普锐斯，我们才有了改变。”

普锐斯

时间 1997 年

特点 油电混合动力汽车

定位 一款未来主义的汽车

背景 为即将到来的 21 世纪开发一款丰田汽车公司的代表性车型

影响 1. 成为世界上第一款取得成功并面向大众市场的混合动力车

2. 普锐斯强烈的环保意识，让全世界的汽车制造商开始认真考虑环境保护问题

以独特的方式展现时代精神

撰写本书最困难的地方并不是决定收录哪些汽车，而是决定排除哪些汽车。我的选择会让一些人感到失望，尤其是那些未被收录的标志性汽车的粉丝。

但是本书要说的本来就不是高速上常见的汽车或者著名的汽车，尽管其中确实包括了这些类别中的一些。实际上，本书讲述的是那些影响了美国人生活方式和思维方式的汽车。本书中的汽车要么改变了美国社会，要么以独特的方式展现了所在时代的精神。按照这样的标准，大部分汽车，甚至是那些被视为典范的一些汽车，都不符合要求。

其中就包括在 1934 年至 1937 年生产的克莱斯勒气流，它是在汽车上采用流线型设计的先驱。但是气流在商业上是一个败笔，也很难列举这款车对美国人的生活有什么广泛的影响。本书只收录了两款发布于二战之前的汽车，它们分别是 T 型车和拉塞勒。虽然二战前经典的汽车也不少，但美国文化和社会的变化主要是在战后才开始加快的。

爱德华·科尔的1957年款雪佛兰贝尔艾尔到现在也依然是一款经典车型，这源自其美丽而匀称的线条、装饰风格的色彩，以及精力充沛的“小方块”V8发动机。尽管这是一款经典的汽车，但它并没有像带尾鳍的凯迪拉克那样产生文化影响力。

至于福特雷鸟，罗伯特·麦克纳马拉为其增加一个后座的决定让这款车在商业上取得了更大的成功。1964年，还有人为雷鸟创作了一首歌，即沙滩男孩组合的《好玩，好玩，好玩》。但是雷鸟将美国跑车的竞技主地位交给了科尔维特，后者以独有的方式反映出美国在经历了25年的萧条和战争创伤后重新燃起了对生活的热情。

虽然雪佛兰科迈罗是新老赛车手的最爱，但是它的诞生却是对福特野马成功的一次迟到的甚至略带绝望的反击。在我看来，AMC的格雷姆林差一点儿就可以入选了，因为其糟糕而笨拙的表现恰恰表现出了20世纪70年代美国的状态，充满沮丧和失败。

除此之外，在取材过程中，有几个格雷姆林的故事让我非常喜爱。其中一个来自喜剧演员乔恩·斯图尔特。他告诉我他的第一辆车是1975年款的格雷姆林。为了提高湿滑路面上的牵引力，他在后座上放了一袋石灰岩，结果后来这些石头慢慢漏了出来。在他高中毕业那天，斯图尔特把他家的猫带上车，准备去找兽医。这只猫把石灰岩错当成了猫砂。这股味道大概只有那只可怜的猫能受得了。另一个故事发生在底特律附近的格林菲尔德村，那里举行了一场老爷车展。有一个来自俄亥俄州的人展出了自己的格雷姆林，而旁边的都是些保养完好的科尔维特、埃德塞尔和带有尾鳍的1959年款雪佛兰羚羊（Impala）。但是这辆低档次的格雷姆林却一直能吸引许多人的赞叹。

那么，我为什么不写格雷姆林呢？20世纪70年代最后留下来的遗产就是20世纪80年代美国复兴的起点，而最能说明这段故事的是本田汽车公司在俄亥俄州取得的成功。本田汽车公司直到1982年才开始在那里制造汽车。但是其计划却早在 20 世纪 70 年代中期就已经酝酿了，而作为汽车装配厂前身的马里斯维尔摩托车工厂是 1979 年开工的。

1986 款福特金牛座以其时尚的曲线造型彻底改变了美国汽车的设计。但是除此之外，我们就很难找到这辆车还有什么影响力了。丰田凯美瑞（Camry）数十年来都是一款畅销车型。但是商业上的成功并不等于文化上的影响力。我的一位朋友建议我收录他高中时候的汽车，那是一辆道奇飞镖（Dart），它在 20 世纪 70 年代非常普遍。很显然，他童年时的家庭条件不是很优渥。

我在这里之所以选择这 14 辆车，是因为它们分别给美国人的生活留下了重要的印记。在一些例子中，其影响力是非常直观的。福特 T 型车让美国成为一个移动的社会，帮助美国中产阶级发展。其他汽车，如大众甲壳虫和克莱斯勒保姆车等，也都具有很强的象征性影响。但是，文化符号是社会黏合剂的一部分，它将一个庞大而多样化的国家联结在一起。

在我的取材和撰写过程中，一些朋友曾经问我个人最喜欢书中的哪一辆车。这真是难以抉择，我最后也只能将范围缩小到两辆车上。

其中一辆是福特野马。我是婴儿潮的一代，在这辆车问世的那一刻起我就爱上了它，而且它在很多方面都是美国的文化象征。世界各地的大部分国家都有野马俱乐部。这款车的拥护者是李·亚科卡，他是移民之子，他的成功也是美国梦的一种。在第一辆野马出现的 40 年后，另一个移民之子，越南裔美国人唐浩泰（Hau Thai-Tang）开发了这款车型的最新版本。1971 年，唐浩泰第一次看到野马时只有 5 岁。后来他从卡内基梅隆大学毕业，加入福特汽车公司，成为一名工程师。他领导团队开发了 2005 年款野马，这是 10 多年来的第一款新野马。这一职位“超越了我最狂野的梦想，”唐浩泰后来说道，“这款车是自由的代表。”唐浩泰现在已是福特汽车公司的高级主管。

我最喜欢的另一款车是本书中缺陷最严重的汽车，即雪佛兰考威尔。它的故事不仅精彩得令人难忘，更悲伤得令人难忘。考威尔代表了开发一款燃油经济性极高的未来汽车的勤恳努力，它完美继承了大众甲壳虫的优雅、简洁，同时也具有更大的尺寸和更好的性能。其幕后功臣，即通用汽车公司的爱德华·科尔，是一位工程天才，而且勇于挑战公司令人望而却步的官僚体制。一个将“抛开该死的现状”当成座右铭的人怎能不惹人喜爱呢？摧垮考威尔的拉尔夫·纳德，也拥有同样优秀的洞察力和决心。他认为公司化的美国是冷酷无情的，从前确实如此，如今也偶有体现。而那场有关产品责任的法律诉讼为避免公司将利益的重要性放在个人之上提供了一种强有力的补救措施。

科尔和纳德是一对才华横溢、旗鼓相当的对手，就像是经典希腊戏剧中的主角和宿敌。科尔的狂妄毁灭了考威尔，但他在开发催化转化器以及倡导无铅汽油方面，却是一个往往被人遗忘的赎罪的故事。纳德也成为他自己傲慢的受害者，他在每个角落背后都能发现某种不法行为，使自己成为美国公众生活当中的一个怪老头。科尔与纳德的对抗是一场催生了美国法律诉讼社会化的巨人之战，也带来了政府机构监管范围的扩张，许多人对公司化的美国开始产生的不信任，通用汽车公司创新能力的削弱，以及最后纳德在 2000 年处于胶着状态的总统大选中为乔治·布什提供的帮助等影响。

历史学家们将福特 T 型车列为美国历史上最重要的汽车是没有问题的。但更饶有趣味的问题是，谁是第二重要的汽车。由于其戏剧性的历史，也由于其持久而广泛的影响力，我会把票投给带有致命缺陷的考威尔。

接下来，请诸位各抒己见。